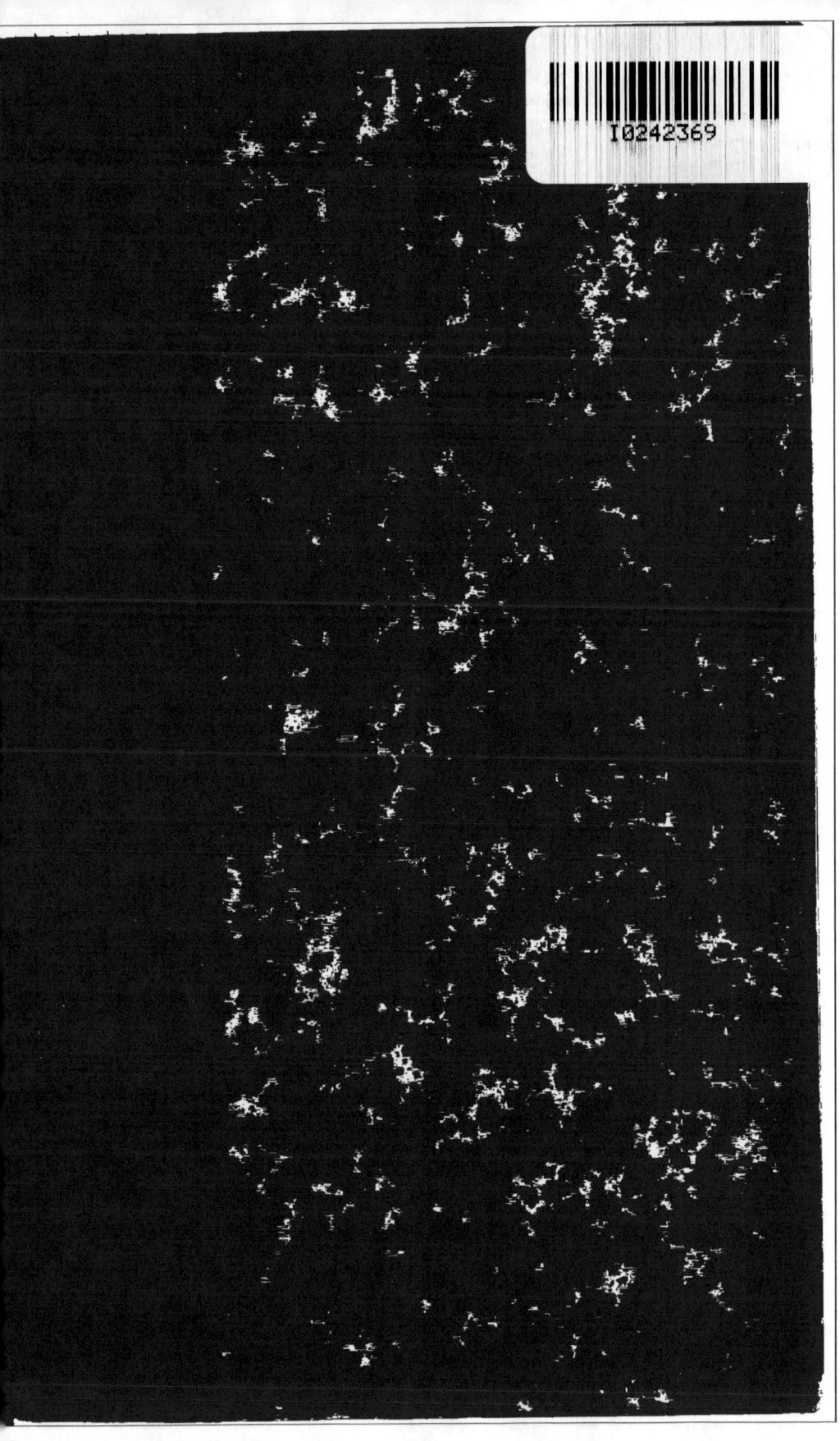

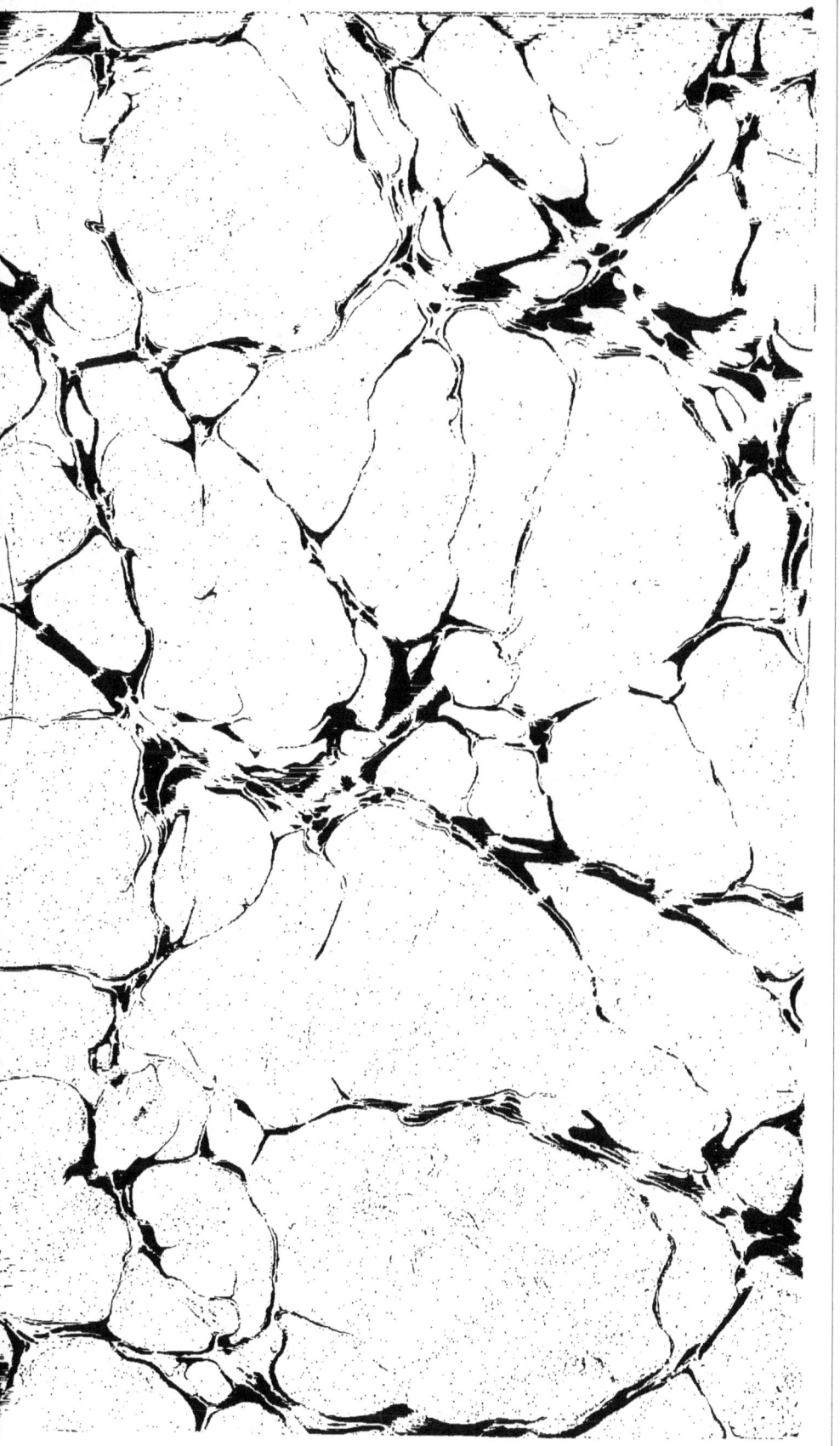

LA Guerre
DE
1870-71

CAMPAGNE DE L'ARMÉE DU NORD

I

VILLERS-BRETONNEUX

PARIS
LIBRAIRIE MILITAIRE R. CHAPELOT et Cⁱᵉ
IMPRIMEURS-ÉDITEURS
30, Rue et Passage Dauphine, 30

1903.
Tous droits réservés.

LA
GUERRE DE 1870-71

CAMPAGNE DE L'ARMÉE DU NORD

I

VILLERS-BRETONNEUX

Publié par la **Revue** d'Histoire

rédigée à la Section historique de l'État-Major de l'Armée

LA
Guerre

DE

1870-71

CAMPAGNE DE L'ARMÉE DU NORD

I

VILLERS-BRETONNEUX

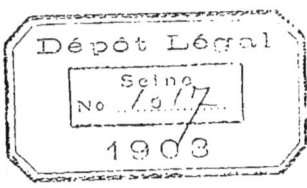

PARIS
LIBRAIRIE MILITAIRE R. CHAPELOT ET Cᵉ
IMPRIMEURS-ÉDITEURS
30, Rue et Passage Dauphine, 30

—

1903

Tous droits réservés.

SOMMAIRE

CAMPAGNE DE L'ARMÉE DU NORD

I

I. — Préparation de la défense	1
II. — Les opérations jusqu'au 19 novembre	23
III. — Préliminaires de la bataille de Villers-Bretonneux	38
IV. — La bataille de Villers-Bretonneux jusqu'à 1 heure de l'après-midi	75
V. — La bataille de Villers-Bretonneux depuis 1 heure jusqu'à la nuit. Capitulation de La Fère	96
VI. — La retraite et les opérations jusqu'au 3 décembre	125

Documents annexes.

CHAPITRES I et II	1
— III	42
— IV et V	51
— VI	85

ERRATA

Page 33, note 1 :

Lire : $\dfrac{4^e \text{ escadron}}{10^e \text{ dragons}}$, *au lieu de :* $\dfrac{4^e \text{ escadron}}{10 \text{ dragons}}$.

Lire : ..... les chiffres arabes en italiques désigneront les divisions, brigades, régiments; les chiffres arabes ordinaires désigneront les compagnies, escadrons, batteries légères et à cheval.

Au lieu de : ..... les chiffres arabes en italiques désigneront les divisions, brigades, régiments, compagnies, escadrons, batteries légères et à cheval.

LA GUERRE DE 1870-1871

CAMPAGNE DE L'ARMÉE DU NORD

I

Préparation de la défense.

Le 19 septembre, l'investissement de la capitale était un fait accompli, et la région du Nord isolée, séparée bientôt du reste de la France, formait un théâtre d'opérations distinct.

M. Testelin, nommé commissaire de la Défense nationale (1) dans les départements de l'Aisne, du Nord, du Pas-de-Calais et de la Somme, devait prendre les mesures qu'il jugerait nécessaires après entente avec les préfets et le général Espivent de la Villesboisnet, com-

---

(1) M. Testelin, médecin à Lille, fut nommé commissaire de la Défense nationale le 30 septembre.

mandant la 3ᵉ division territoriale (1). Bien que ses attributions fussent vaguement définies, il sut imposer son autorité, en l'exerçant avec discernement, sans s'immiscer dans le détail des questions militaires qui échappaient à sa compétence.

Les forces disponibles étaient celles-ci (2) :

Armée régulière.

Infanterie (3). — 1° Les dépôts des 6ᵉ, 24ᵉ, 33ᵉ, 40ᵉ, 43ᵉ, 64ᵉ, 65ᵉ, 75ᵉ et 91ᵉ régiments. A Mézières se trouvaient, en outre, 22 officiers et 1450 hommes provenant de l'armée de Châlons, et appartenant principalement au 3ᵉ régiment d'infanterie.

2° Les dépôts des 1ᵉʳ, 2ᵉ, 17ᵉ, 20ᵉ bataillons de chasseurs.

Chaque dépôt avait deux compagnies, d'un effectif d'environ 200 hommes chacune.

Cavalerie. — Cinq petits détachements des 2ᵉ, 4ᵉ, 5ᵉ, 8ᵉ et 12ᵉ dragons, comptant chacun quelques chevaux et une cinquantaine de cavaliers (4).

---

(1) Déposition de M. Testelin devant la commission d'enquête. La 3ᵉ division comprenait les départements du Nord, du Pas-de-Calais, de la Somme. Le général Desaint de Marthille commandait le département du Nord; le général de Chargère, celui du Pas-de-Calais; le général Paulze d'Ivoy, celui de la Somme.

(2) En comptant celles de Mézières, rattachées à la 3ᵉ division. (Lettre ministérielle du 18 octobre.)

(3) Les dépôts occupaient les garnisons suivantes : 6ᵉ Mézières, 24ᵉ Cambrai, 33ᵉ Arras, 40ᵉ Givet, 43ᵉ Péronne, 64ᵉ Calais, 65ᵉ Valenciennes, 75ᵉ Lille, 91ᵉ Lille.

1ᵉʳ bataillon de chasseurs, Saint-Omer; 2ᵉ bataillon de chasseurs, Douai; 17ᵉ bataillon de chasseurs, Douai; 20ᵉ bataillon de chasseurs, Boulogne. Voir les pièces annexes pour les effectifs.

(4) Les dépôts des régiments de cavalerie avaient été dirigés vers le midi de la France. Les emplacements des détachements étaient ceux-ci :

Artillerie (1). — Deux batteries incomplètes, la 1re *bis* et la 2e principale du 15e, stationnées l'une à Douai, l'autre à Lille. La 3e batterie du 12e, à Mézières.

Génie. — La 2e compagnie de dépôt du 3e régiment, à Arras.

Les magasins contenaient quelques pièces de 12, des bouches à feu de 4 et des pièces de montagne en assez grand nombre, environ 1500 fusils modèle 1866 (2), très peu de munitions.

L'armement des places était incomplet.

Les effets d'habillement, d'équipement, de harnachement manquaient presque complètement.

Garde nationale mobile.

Infanterie (3). — L'infanterie de la garde nationale mobile comptait 25 bataillons à 8 compagnies :

2e dragons, Cambrai ; 4e dragons, Lille ; 5e dragons, Maubeuge ; 8e dragons, Amiens ; 12e dragons, Valenciennes.

(1) La 1re batterie *bis* du 15e d'artillerie, à Douai, 63 hommes, 4 chevaux.

La 2e batterie principale du 15e d'artillerie, à Lille, 226 hommes, 111 chevaux.

La 3e batterie du 12e d'artillerie, à Mézières, 4 officiers, 180 hommes, 160 chevaux.

Les dépôts des régiments de la Fère et de Douai avaient été dirigés sur le centre de la France.

(2) 5 à Arras, 628 à Douai, 712 à Lille, 238 à Saint-Omer. (Armes disponibles le 1er novembre, état de la Direction d'artillerie de Douai.) Voir aux pièces annexes les situations détaillées, qui donnent une énumération complète du matériel disponible.

(3) Voir aux pièces annexes les emplacements et les effectifs des bataillons et des batteries de la garde nationale mobile.

Les deux bataillons du Gard avaient laissé chacun leur 8e compagnie à Nîmes.

Les 1re et 2e compagnies du 1er bataillon des Ardennes avaient été comprises dans la capitulation de Sedan.

10 bataillons du Nord; les 4ᵉ et 5ᵉ de l'Aisne; les 2ᵉ, 3ᵉ, 4ᵉ, 5ᵉ, 6ᵉ, 7ᵉ du Pas-de-Calais; les 2ᵉ, 3ᵉ du Gard; le 4ᵉ de la Somme; les 1ᵉʳ, 2ᵉ des Ardennes; les 2ᵉ, 3ᵉ de la Marne.

Chaque bataillon avait un effectif de 1200 à 1400 hommes.

L'armement, l'équipement, l'instruction étaient insuffisants; les cadres, enfin, sans valeur, étaient incomplets.

Artillerie. — 31 batteries sans cadres, sans instruction, sans matériel, ayant un effectif de 100 à 150 hommes.

On pouvait encore compter sur les ressources de la Direction d'artillerie de Douai (1), sur l'appui, tout au moins moral, des forteresses, sur le dévouement enfin d'une population, affranchie depuis longtemps des obligations du service militaire, mais prête à en supporter les charges.

Pour organiser une armée dans le Nord, comme dans les autres régions, il fallait donc, suivant l'expression de M. de Freycinet, tout produire, et créer même l'instrument de la production (2).

Le général Espivent de la Villesboisnet ne croyait pas à la possibilité d'utiliser d'aussi faibles moyens.

« La 3ᵉ division militaire », écrivait-il au commissaire de la Défense nationale, « se compose uniquement de dépôts, dans lesquels les cadres ne sont que bien juste

---

(1) Voir ces ressources aux pièces annexes.

(2) Le commandant Queillé, qui s'occupait, à l'état-major général de Lille, des questions concernant l'armement, considérait qu'il fallait un mois pour créer l'outillage nécessaire à la fabrication, à la transformation des armes portatives, et au fonctionnement des cartoucheries. (Notes du capitaine Rossel. Le capitaine du génie Rossel, s'était échappé de Metz après la capitulation, et avait été chargé de rendre compte de la situation dans le Nord.)

suffisants pour assurer l'instruction des recrues de la classe de 1870, dont les effectifs ne sont pas moindres de 1000 hommes par dépôt.

Les officiers n'ont été nommés que très récemment, et n'offrent pas toute l'expérience et la pratique du commandement que l'on pourrait désirer.

La partie, aujourd'hui disponible, de ces dépôts forme successivement des compagnies, que le Ministre de la guerre appelle à lui pour constituer l'armée dite de la Loire.....

J'ai bien de la peine à les constituer, tant les éléments font défaut. Il nous est donc impossible de songer à mobiliser une force quelconque de l'armée, en dehors des exigences ministérielles.

Reste la garde nationale mobile. Le Ministre, dans ses instructions, déclare que, ni par sa composition, ni par son instruction on ne peut songer à lui faire jouer le rôle de troupes de ligne; mais une partie vivace, si je puis m'exprimer ainsi, peut être appelée à former des compagnies d'éclaireurs volontaires, pour inquiéter les communications de l'ennemi; je n'ai pas perdu une minute pour faire un appel dans les bataillons, à l'effet que chacun constitue une de ces compagnies. »

Dans de pareilles circonstances, les conseils dictés par la volonté d'agir et la conviction d'un relèvement nécessaire, avaient plus de valeur que ceux de la froide raison.

M. Testelin s'adressa donc au colonel Farre (1), directeur des fortifications à Lille, dont la haute compétence et l'activité allaient donner une vigoureuse impulsion à l'organisation entreprise.

---

(1) Le colonel Farre, né le 5 mai 1816 à Valence (Drôme), avait été promu colonel le 10 août 1868. Il était directeur des fortifications à Lille, lorsqu'il fut adjoint au commissaire de la Défense nationale, le 22 octobre, puis nommé général de brigade le 31 octobre.

Le colonel Farre arrêta d'abord, en ces termes, quelques principes généraux (1) :

« *Troupes de ligne.* — Créer des cadres choisis dans le rang, ou parmi d'anciens officiers. Faire des bataillons prêts à marcher. Les réunir sur un point, en régiments de marche, pour compléter l'instruction et la discipline.

Garde mobile. — Réduire les bataillons à 800 hommes, ou 1000 hommes au plus. Les réunir ensuite en régiments, compléter l'instruction et la discipline, et employer immédiatement les bataillons les plus solides. Avec le surplus des effectifs, former de nouveaux bataillons où l'on ferait entrer la classe de 1870 ; en composer les cadres, autant que possible, avec d'anciens militaires.

Artillerie. — Porter à 120 hommes, au moins, les compagnies d'artillerie. Tâcher de se procurer des chevaux pour les pièces.

Garde sédentaire. — Organiser les compagnies mobilisables. Les armer le plus tôt possible, et, en attendant, les appeler successivement dans les places où se trouverait une réserve d'armes, pour les instruire et les dresser au service de place. En général, faire faire la majeure partie de ce service aux sédentaires, afin de laisser plus de temps aux mobiles pour l'instruction.

Logements. — Les gardes sédentaires chez l'habitant ; les troupes et les gardes mobiles en casernes, augmentées au besoin par des locaux à exiger des municipalités.

Matériel. — Le compléter par tous les moyens à l'étranger, en allant même au loin. Employer à cet effet des négociants habitués aux affaires. Créer dans les usines des ateliers pour des objets de toute nature,

---

(1) Cités par Daussy, *La ligne de la Somme.*

pour l'artillerie, et surtout pour la fabrication des munitions.

Places. — Établir un état des garnisons, de l'armement, des poudres et des approvisionnements nécessaires à une bonne défense. Faire, en conséquence, une répartition des ressources, tout en ménageant des réserves dans certaines places moins menacées, ou plus importantes. Composer une garnison suffisante avec les gardes sédentaires locales et les compagnies mobilisables des environs, de manière à laisser les troupes et la mobile toujours disponibles. Exercer les troupes à prendre leurs positions pour la défense, d'après un projet de dispositions arrêté à l'avance.

Discipline. — La maintenir rigoureusement avec fortes punitions disciplinaires, plutôt que de déférer les délits légers aux conseils de guerre.

Opérations de guerre. — Elles ne peuvent être entreprises qu'avec des forces bien organisées, et sur des renseignements soigneusement recueillis.

Avoir des agents nombreux et bien payés au besoin, avec une agence centralisant les renseignements obtenus, de manière à tenir l'autorité militaire toujours bien au courant de ce que fait l'ennemi. Commencer les opérations avec de petits corps de volontaires, appuyés par des bataillons de mobiles, au fur et à mesure qu'ils auraient été mis en état de marcher. Les employer d'abord isolément.

Tenir les chefs bien renseignés, et les obliger à rendre compte soigneusement, en leur laissant une certaine liberté d'action, avec des recommandations sur la conduite à tenir. Plus tard, quand les bataillons seront un peu aguerris, les réunir par groupes de deux ou trois pour des opérations un peu plus importantes...... »

On se mit à l'œuvre.

Une commission permanente de cinq membres, délégués par le Conseil général, coopérait aux travaux.

Les fonctionnaires reçurent des instructions pour l'organisation du service des renseignements (1), qui donna de bons résultats dès le début des opérations.

Le matériel fut mieux réparti dans les places, dont la mise en état de défense (2) absorbait cependant des ressources précieuses.

Les conscrits de la classe 1870, les engagés volontaires, les évadés de captivité furent versés dans les dépôts.

La défense locale fut encouragée (3); on créa des corps francs et des compagnies d'éclaireurs volontaires dans les bataillons de la garde mobile; mais d'accord avec les instructions ministérielles, on ne songeait pas encore à grouper ces éléments pour les utiliser en rase campagne.

Ces efforts paraissaient donc sans but, et la direction générale manquait, lorsque M. Gambetta arriva à Tours, le 9 octobre. La conviction de son patriotisme, la chaleur de ses accents allaient donner à la défense nationale une impulsion nécessaire, et rendre à la France la conscience de sa force.

Telle était la situation au moment où le général Bourbaki (4) fut nommé commandant supérieur des 2ᵉ et

---

(1) Voir aux pièces annexes les instructions envoyées à ce sujet aux fonctionnaires civils.

(2) Calais, Gravelines, Dunkerque, Bergues, Saint-Omer, Aire, Lille, Arras, Douai, la Fère, Condé, Valenciennes, Bouchain, Maubeuge, Amiens, Cambrai, Péronne, Landrecies, Mézières, Givet, Rocroi. Ces trois dernières places ne faisaient pas partie de la 3ᵉ division militaire.

(3) Décret du 14 octobre.

(4) Le général Bourbaki, né à Pau le 22 avril 1816, promu général de division le 12 août 1857, commandait la Garde impériale à l'armée du Rhin. Il avait quitté Metz pendant le siège, pour se rendre en mission

3ᵉ divisions territoriales, et des forces actives de la région du Nord (1).

Dès son arrivée à Lille, il donnait au Ministre de la guerre des indications précises sur la situation :

Le général Bourbaki au Ministre de la guerre.

Lille, le 24 octobre.

« Je suis arrivé à Lille le 20, à minuit, après m'être arrêté à Rouen, à Arras et à Douai.

J'ai rencontré des inquiétudes très vives à Rouen ; pendant la route, j'en ai recueillies sur Amiens, et je suis arrivé à Lille, avec la pensée de constituer un petit corps d'armée de 12,000 hommes et 36 pièces de campagne, de manière à pouvoir me porter sur les points vers lesquels se dirigerait l'ennemi.

Arrivé à Lille, je me suis fait remettre les situations d'effectifs, du matériel et des cadres, et j'avoue que mes espérances sont bien déçues.

Amiens se trouve, dans ce moment-ci, très menacé.

Le général de division de Lille lui a envoyé de gros renforts, puisque la garnison s'élève à près de 11,000 hommes, et qu'ils ont 6 pièces de canon. Préfet, général et ville, étaient très disposés à se défendre, quand l'ennemi était loin. Ils commencent à calculer que, s'ils étaient attaqués par des forces considérables, au lieu d'être tâtés par des avant-gardes, ils ne pourraient pas se défendre longtemps, et ils appellent mon atten-

---

en Angleterre. Revenu à Tours, il s'y était mis à la disposition du gouvernement. (Déposition du général Bourbaki devant la commission d'enquête.)

(1) Lettre du 18 octobre. Le siège du commandement de la 2ᵉ division territoriale, placée le 18 octobre sous les ordres du général Briand, était à Rouen.

tion sur la perte possible de ces six pièces de canon, qu'on a eu tant de mal à placer sur affûts, à atteler et à faire servir. En un mot, comme la perte d'Amiens est presque inévitable, le sacrifice de la résistance diminue d'heure en heure, et je ne sais ce que M. Testelin pensera de cette position. Car si je vois la démoralisation gagner, j'aime autant rappeler à moi les bataillons de la garde nationale mobile, et les batteries d'artillerie, que de voir tomber les uns et les autres, après un combat insignifiant, entre les mains de l'ennemi.

Si j'avais trouvé, dans la région du Nord, seulement une division de 10,000 à 12,000 hommes à former, et une trentaine de pièces de canon de campagne, j'aurais, sans nul doute, pensé à faire résister partout, pouvant aller moi-même attaquer les assaillants ; et si je ne réussissais pas à les faire se retirer, pouvant toujours prendre une position qui eût permis aux troupes de battre en retraite sous ma protection. Mais j'ai éprouvé une déception bien grande en apprenant que, jusqu'au jour de mon arrivée, par ordre du Ministre de la guerre, on avait enlevé à la région du Nord toutes les forces armées qui étaient à peu près organisées ; qu'on avait fait refluer sur les différents points où devait s'organiser l'armée de la Loire, canons, caissons et compagnies, et que ce mouvement n'avait pas discontinué jusqu'au 19, jour où les trois dernières compagnies organisées dans la région du Nord avaient été envoyées à Bourges.

Je me trouve donc au milieu d'énormes dépôts sans cadres, de gardes nationales mobiles très incomplètement armées et équipées. Vous vous en ferez une idée en sachant que nous n'avons que 300,000 cartouches chassepot. Pour créer quelques batteries d'artillerie, il faut que nous fassions construire les affûts, que nous achetions les chevaux, les harnais, et que nous trouvions les artilleurs et les cadres d'artillerie.

Il n'y a donc pas d'illusion à se faire, nous ne

pouvons que nous défendre dans les places fortes, plus ou moins longtemps, car la plupart d'entre elles ne possèdent que l'armement de sûreté, et le nombre de projectiles à tirer est, pour beaucoup de ces places, simplement de 150 par pièce.

Pour être à même de créer quelque chose, il nous faut du temps, et c'est suivant les forces dont l'ennemi disposera que nous pourrons espérer arriver à un petit résultat; car, s'il devient assez nombreux pour se mettre entre nos places, avant que nous n'ayons pu former un corps susceptible de tenir la campagne, toute création deviendra presque impossible.

Dans l'état de la question, je me préoccupe d'assurer la défense de Douai, de Lille, d'Arras, de Valenciennes, de Condé, de Bouchain, de Cambrai, de Maubeuge, de Landrecies, de Dunkerque, de Gravelines, de Saint-Omer, d'Aire, de Calais, de Boulogne, de Rocroi, de Mézières, de Givet, de Montmédy, de Longwy et de Thionville.

Enfin, je ferai pour le mieux, et si l'hiver nous donne un peu de temps devant nous, peut-être pourrai-je organiser un corps de toutes armes, d'une douzaine de mille hommes, qui deviendrait une menace pour l'ennemi.

Je regrette, monsieur le Ministre, d'avoir à vous tracer un tableau vrai, mais peu encourageant, des forces dont le gouvernement peut disposer dans la région du Nord.

Matériel, munitions, cadres, instruction, tout nous manque, nous n'avons que du patriotisme.....

Si, comme j'ai lieu de le croire, Amiens vient à être pris, et la ligne d'Amiens à Rouen coupée, je me trouverai sans communication avec vous.

Nous pourrons correspondre, s'il vous convenait, par Calais, Saint-Valery, Dieppe, Fécamp (on organiserait un service de diligences); puis, soit par mer, soit par le chemin de fer, le Havre, Honfleur et Lisieux. Je donnerai des ordres en conséquence. »

Le général Bourbaki au Ministre de la guerre.

Lille, le 22 octobre.

« On vient de me communiquer une dépêche, adressée aux commandants des divisions de Rouen, de Lille et de Mézières (1). Vous ordonnez de hâter l'organisation de nouveaux cadres de compagnies, afin que vous puissiez disposer très prochainement de tous les hommes de troupe qui ne sont pas de la classe de 1870.

Je ne préjuge pas la question de savoir s'il est plus utile d'augmenter l'armée de la Loire, que de laisser créer une division dans la région du Nord.

Mais, si votre intention était d'appeler à vous toutes les créations qui se feraient dans le Nord, ma mission ici se réduirait à peu de chose, et serait inutile.

Je cherche, dans ce moment, à me faire une colonne mobile de 8,000 à 10,000 hommes; à les habiller et à les équiper, à faire confectionner des cartouches, à acheter une batterie en Belgique; à en faire atteler trois nous appartenant; à me procurer le personnel, en appelant des artilleurs qui se trouvent en Belgique; mais si, à mesure que ces créations auront lieu, elles sont destinées à aller sur des points plus importants du territoire, je le répète, ma présence ici serait plus nuisible qu'utile, parce que je deviendrais une espérance déçue.

Amiens se trouve toujours menacé par l'ennemi qui se trouve à Conty, Montdidier et Saint-Quentin. J'ai ren-

---

(1) La subdivision de Mézières, placée sous les ordres du général Mazel, dépendait de la 4ᵉ division territoriale, dont le siège du commandement avait été à Reims.

forcé ce point autant que possible, et s'il ne se présente que 3,000 ou 4,000 hommes, nous serons parfaitement en mesure de les repousser. Si au contraire, il se présentait une forte colonne de 15,000 ou 20,000 hommes, j'ai ordonné au général Paulze d'Ivoy de combattre honorablement, mais pas de manière à compromettre les forces dont il dispose, et de battre en retraite militairement, et en combattant, soit sur Abbeville, soit sur Doullens, soit sur Arras.....

On m'annonce à l'instant que les colonnes qui nous environnaient ont l'air de remonter sur Mézières. On semble rattacher ce fait à une sortie du maréchal Bazaine, mais il est probable que ce mouvement se rapporte plutôt à l'investissement de Mézières (1). »

Si le gouvernement renforçait ainsi l'armée de la Loire, c'est qu'il avait eu un moment l'intention de la confier au général Bourbaki et de la diriger sur Rouen et la rive droite de la Seine, où elle se serait réunie aux contingents venus d'Amiens.

« M. le Ministre et cher ami, » mandait le général en chef (2), « je reçois votre lettre me proposant d'aller prendre le commandement de l'armée de Tours ; j'abandonne pour un instant le travail d'organisation d'une petite division de 10,000 hommes, qui est en très bon train, celui de l'établissement le plus rationnel de la défense des places du Nord, et cela pour vous dire ce que vous savez depuis longtemps, que je me soumettrai aux ordres donnés par le gouvernement de la Défense nationale, et que quelle que soit la position qu'il m'assigne, je ferai de mon mieux.

---

(1) Après la capitulation de Soissons, le 15 octobre, une partie de la 2ᵉ division de landwehr (cinq bataillons, deux escadrons, une batterie) avait reçu l'ordre de se diriger de cette place vers les Ardennes, pour observer Mézières.

(2) Lettre du 25 octobre au Ministre de la marine.

D'après votre lettre, je crois que vous destinez l'armée de la Loire à passer sur la rive droite de la Seine et à essayer, en forçant la ligne de circonvallation des Prussiens, de faire pénétrer un convoi de bestiaux dans Paris (1). »

Mais la chute de Metz contribuait à faire écarter ce projet, et les forces actives de la région du Nord alimentaient encore celles des autres théâtres d'opérations.

« Vous nous avez demandé hier 18 nouvelles compagnies pour former un régiment de marche, » écrivait le général Bourbaki (2), « or j'ai pu à grand'peine en organiser 13 ; c'est toute ma force, et, comme je vous l'ai fait connaître, par le télégraphe, elles me sont indispensables, à moins que votre intention ne soit de laisser aux gardes nationales seules la défense des places fortes.

Dans ces conditions, la résistance de la région du Nord sera singulièrement affaiblie, car je ne pourrai, à un moment donné, me porter au secours des points attaqués, et soutenir les dispositions plus ou moins vigoureuses des populations.

La tâche qui m'incombe est ingrate ; elle deviendra

---

(1) Ce projet d'opérations concorde avec le plan de sortie de la garnison de Paris par la basse Seine, tel qu'il a été exposé par le général Ducrot dans son ouvrage *La défense de Paris*, volume I, pages 316 à 321.

Le général Trochu y faisait allusion, dans un discours prononcé à une réunion du comité de défense à Paris :

« Rompre la ligne de blocus à Gennevilliers, et marcher sur Rouen, qui servirait de base pour l'approvisionnement de Paris ; ce ravitaillement se ferait par la Seine, l'aile gauche de l'armée avancerait en s'appuyant sur ce fleuve, l'armée du Nord couvrirait l'aile droite, et au besoin s'interposerait si des forces ennemies se dirigeaient sur Amiens et Paris. »

(2) Lettre du 29 octobre.

impossible si vous appelez à vous toutes les ressources que je peux retrouver, et si vous m'enlevez chaque élément de résistance dès qu'il est créé.....

Je ne pourrais dès lors que vous demander de vouloir bien me relever de mon commandement.

Il est d'autant plus important, selon moi, de ne plus dégarnir davantage la région du Nord, que si l'armée du prince Frédéric-Charles vient à reprendre sa liberté d'action, les Flandres ne tarderont pas à être envahies. »

Le même jour, un télégramme annonçait qu'à l'avenir on ne retirerait plus aucune force du Nord (1).

La nécessité d'éloigner l'invasion de ces provinces riches et peuplées, l'importance de nos communications avec la Belgique, par où de nombreux officiers, sous-officiers et soldats s'échappaient de captivité, l'espoir de menacer les lignes de ravitaillement des armées allemandes, de faciliter les opérations principales par une diversion, l'abandon, enfin, du projet de sortie de Paris par la basse Seine, toutes ces raisons avaient milité en faveur de l'utilisation sur place des ressources de la région.

Bien que la confiance du général Bourbaki fût limitée (2) par les difficultés qu'il rencontrait, il poursuivit et compléta l'organisation entreprise par le général Farre, avec le concours d'officiers d'élite.

Les dépôts des régiments d'infanterie, et des bataillons de chasseurs, formèrent chacun un bataillon de marche

---

(1) *Le Ministre de la guerre au général Bourbaki.*

Tours, 29 octobre, 5 h. 15 soir.

« A l'avenir on ne retirera plus aucune force de votre commandement. »

(2) Relation du général de Villenoisy et divers.

de 750 hommes, d'abord à 4, puis à 5 compagnies. Certains corps, le 24°, le 75°, purent même mobiliser deux bataillons avant le 27 novembre.

Les bataillons de garde nationale mobile furent ramenés à 800 ou 1000 hommes, et formèrent 4 compagnies, plus une compagnie de reconnaissance; neuf bataillons de gardes mobiles du Nord avaient déjà été groupés en trois régiments à 3 bataillons de 5 compagnies (1).

Chaque brigade devait avoir un régiment de marche à 3 bataillons, un régiment de garde mobile à 3 bataillons, et un bataillon de chasseurs.

Un bataillon de douaniers était réuni à Avesnes (2).

Les détachements de cavalerie (3), concentrés à Lille, formèrent le régiment de dragons du Nord (4), qui comptait deux escadrons le 17 novembre.

La gendarmerie fournit les éléments nécessaires à la constitution de deux escadrons.

L'artillerie, sous la direction de quelques spécialistes,

---

(1) 46°, 47°, 48° régiments, créés par décret du 2 septembre 1870. Chacun de ces régiments disposait encore de deux compagnies détachées et d'un dépôt. Les dépôts furent formés par les trois compagnies portant le n° 8.

(2) *Le Général commandant supérieur, à M. Giovanelli, inspecteur des douanes, à Avesnes.*

Lille, 28 octobre 1870.

« Vous allez recevoir l'ordre de réunir, à Avesnes, le bataillon de douaniers dont je vous donne le commandement. »

Le 4 novembre ce bataillon comprenait un chef de bataillon, trois capitaines, six lieutenants et sous-lieutenants, un aide-major, 402 sous-officiers, caporaux et soldats, appartenant aux directions de Dunkerque, Douai, Valenciennes.

(3) Sauf un détachement du 8° dragons resté à Amiens.

(4) Par un ordre du Ministre, en date du 17 novembre, ce régiment prit le numéro 7 dans la série des régiments de marche de dragons.

du général Treuille de Beaulieu, du colonel Briant, du lieutenant-colonel Desmarets, organisait sept batteries (1).

Une batterie de 4, à Douai (1re batterie *bis* du 15e).

Une batterie de 4, à Lille (2e batterie principale du 15e).

Une batterie de 4, à Lille, en dédoublant la précédente (2e batterie *ter* du 15e).

La 3e batterie du 12e, pièces de 12, rappelée de Mézières à Douai, devait former la 3e batterie *bis* du 12e d'artillerie (pièces de 8).

Deux batteries mixtes de 12, à Douai et à Lille, servies par des canonniers marins (2).

La 3e compagnie du 1er régiment du train d'artillerie était reconstituée à Douai, avec un noyau échappé de Sedan.

Deux ambulances, à peu près complètes en personnel et en matériel, arrivèrent de Sedan à la fin du mois d'octobre, avec deux fonctionnaires de l'intendance.

Les commandants de la Fère et de Mézières recevaient l'ordre de diriger sur Douai tout le matériel inutile à la défense de ces places.

Les fabriques de Fives et de Marquise fournirent des voitures, des affûts, des projectiles, et complétèrent ainsi la production de l'arsenal de Douai.

---

(1) Le général Treuille de Beaulieu commandait l'artillerie de la 3e division militaire.

Le colonel Briant était directeur de l'artillerie de Douai.

Le commandant Liégeard commandait l'artillerie de la place de Lille.

Le lieutenant-colonel Desmarets dirigeait la fabrication des fusées à Douai.

(2) Ces canonniers furent pris dans les bataillons de fusiliers marins, et parmi les canonniers brevetés, recrutés sur les côtes, et utilisés aussi comme pointeurs dans les autres batteries.

Villers-Bretonneux. 2

Les cartoucheries de Douai, Lille, Maubeuge, furent bientôt en pleine activité (1).

Il était plus difficile de se procurer les effets d'habillement, d'équipement, de harnachement, malgré le concours énergique de l'intendant militaire Richard (2), qui eut recours à l'industrie civile et aux achats faits à l'étranger.

Un décret du 24 novembre réglementa la réquisition des chevaux et des harnais. Des commissions de remonte fonctionnèrent à Amiens, Arras et Lille.

L'instruction des troupes d'infanterie était placée, le 4 novembre, sous la direction du général Lecointe. Elle avait fait l'objet d'une circulaire spéciale, dès le 20 octobre.

L'administration des bataillons de marche était réglementée par des prescriptions, en date du 18 novembre (3).

Le 22 octobre, le Ministre de la guerre faisait savoir au général Bourbaki qu'il dirigeait sur Lille la 2⁰ compagnie *bis* du 2⁰ génie avec son parc (4).

Dans les derniers jours d'octobre, trois bataillons de fusiliers marins (5) étaient envoyés à Lille, puis dans

---

(1) Cartouches modèle 1866 : 20,000 par jour à Douai, depuis le 1ᵉʳ novembre ; 40,000 par jour à Lille, depuis le 15 novembre.

Modèle 1863 : 5,000 par jour à Maubeuge, depuis le 1ᵉʳ novembre ; 40,000 par jour à Saint-Omer, depuis le 15 novembre. (Notes du capitaine Rossel.)

Pour les approvisionnements, voir les pièces annexes.

(2) L'intendant militaire Richard avait été mis à la disposition du général Bourbaki le 19 octobre 1870.

(3) Voir les pièces annexes.

(4) Effectif : 3 officiers, 200 hommes ; compagnie créée à Montpellier le 13 octobre ; elle trouva son parc, composé de 2 voitures d'outils, à Lyon.

(5) 1ᵉʳ et 2ᵉ bataillons de Brest, effectif de 45 officiers, 1543 hommes; chaque bataillon commandé par un capitaine de frégate, comptait 6 compagnies de 120 à 130 hommes, avec 3 officiers ; un lieutenant de

les places, et un bataillon d'infanterie de marine (1) à Amiens.

Enfin, l'arrivée de nombreux officiers, de sous-officiers, et même de soldats évadés de captivité permit de résoudre la plus grande difficulté, celle de la constitution des cadres. Parmi eux se trouvaient le général Lecointe, officier de troupe brave et distingué ; les colonels Derroja et du Bessol, que leurs qualités militaires vont placer au premier rang, et qui étaient nommés, l'un commandant supérieur à Cambrai, l'autre commandant de l'infanterie à Amiens ; le lieutenant-colonel de Villenoisy, appelé plus tard aux fonctions de sous-chef d'état-major ; le commandant Charon, placé à la tête de l'artillerie de l'armée (2).

Aussi, dès le 6 novembre, l'activité des autorités, le

---

vaisseau et un officier du commissariat étaient attachés à chaque bataillon.

Le 1er bataillon était réparti entre Valenciennes, Maubeuge, Avesnes, Landrecies.

Le 2e bataillon se rendait à Lille.

Un bataillon de marins venu de Toulon était également à Douai, au commencement de novembre; effectif : 10 officiers, 436 hommes.

(1) 8e bataillon d'infanterie de marine, 5 compagnies ; effectif : 22 officiers, 922 hommes.

(2) Le colonel Lecointe, né à Évreux le 12 juillet 1817, était colonel du 12 août 1864. Échappé de Metz au moment de la capitulation, il arrivait à Lille le 3 novembre et était nommé général de brigade le 14 novembre 1870.

Le colonel Derroja, né à Saint-Hippolyte (Pyrénées-Orientales), le 9 octobre 1822, était colonel du 12 septembre 1870. Évadé de Metz, il fut nommé commandant supérieur à Cambrai, puis le 20 novembre commandant de la 2e brigade.

Le colonel du Bessol, né à Beaulieu (Corrèze) le 25 février 1828, s'était évadé de Metz. Promu colonel le 18 novembre, il était nommé, le 20, au commandement de la 3e brigade.

Le lieutenant-colonel de Villenoisy, promu le 24 août 1870, s'était évadé de Metz ; il fut nommé commandant de génie du corps d'armée

dévouement de tous, firent prévoir la création possible du corps d'armée du Nord (1).

Mais ses éléments n'existaient pas encore, et les lettres du général en chef donnent des indications sur les forces réellement disponibles à cette époque :

Le général Bourbaki au Ministre de la guerre.

Lille, le 7 novembre.

« J'ai l'honneur de vous rendre compte, dans le tableau ci-joint (2), de la répartition des troupes dans la 3e division militaire.

J'ai pu constituer, au milieu de ces groupes, deux brigades, et la troisième est en voie de formation.

Nous organisons aussi sept batteries.

Je désire que l'ennemi nous laisse le temps d'agencer, le moins mal possible, ces éléments de défense.

Les points sensibles de mon commandement sont l'Andelle, le pays de Bray, Amiens et Avesnes.

On se défendra partout; les places fortes feront toutes, je l'espère, une honorable et longue résistance.

Mais, si ce qu'on nous annonce est vrai, que 80,000 Prussiens se dirigent sur Rouen et Amiens, que 35,000 se dirigent vers Thionville, Montmédy, Mézières, je ne vois pas quelle opposition sérieuse pourront faire mes 12,000 hommes à l'envahissement de nos contrées.

Il ne nous restera donc qu'à nous renfermer dans nos places et à nous y défendre courageusement. »

---

du Nord, le 6 novembre, puis chef d'état-major, par intérim, du 22e corps, le 21 novembre.

Le commandant Charon s'était évadé de Sedan.

(1) Voir la composition du corps d'armée du Nord aux pièces annexes (situations, emplacements).

(2) Voir cette situation aux pièces annexes.

Lille, le 11 novembre.

« Comme j'ai eu l'honneur de vous l'annoncer, l'armement des places comprises dans mon commandement a été complété, autant que faire se pouvait, avec les ressources qui existaient dans le Nord.....

Je compte recevoir, d'ici peu de jours, 50 pièces de la marine......

Les approvisionnements de subsistances ont été calculés, dans chacune des places, pour une durée de trois ou quatre mois.

J'ai prié M. le Commissaire général, MM. les préfets de prendre, de leur côté, des mesures pour assurer la nourriture des habitants. J'ai prescrit les dispositions nécessaires, pour qu'au moment voulu, la plus grande quantité possible de viande fût introduite dans les places, avec les éléments destinés à la consommation.

Comme colonne mobile, j'ai organisé trois batteries de 4, une de 8 et une de 12. Vu les ressources dont je dispose, il me sera bien difficile de dépasser ce chiffre. J'essaye, cependant, d'avoir deux batteries de 12 de plus.

Nous avons créé deux escadrons de cavalerie qui seront prêts d'ici trois ou quatre jours. Deux autres sont en voie de formation.

N'ayant pour base que six (1) dépôts d'infanterie et quatre de chasseurs à pied qui, lors de mon arrivée, venaient d'être épuisés par le prélèvement des compagnies de marche ayant rallié l'armée de la Loire, je n'ai pu organiser, avec le reste, que six bataillons de marche

---

(1) Voir, page 2, l'énumération de ces dépôts. Le général Bourbaki ne mentionnait pas les dépôts de Givet et de Mézières, ni celui du 64e, à Calais, qui avait en effet été envoyé à Paris, mais remplacé par deux compagnies *provisoires*.

à quatre compagnies, et trois bataillons de chasseurs à pied à trois compagnies.

J'ai divisé cet ensemble en deux brigades, comprenant chacune trois bataillons de marche de garde nationale mobile.

Cette division est pourvue de ses troupes du génie, et de ses services administratifs.

Jusqu'à ce que je trouve les éléments d'une troisième brigade, j'ai conservé, à titre de réserve générale, un bataillon d'infanterie de marine, un bataillon de marche du 43e de ligne et un bataillon de marche de chasseurs à pied. Le reste des bataillons de la garde mobile formera, avec les résidus des dépôts et la garde nationale sédentaire, la garnison des places.

Si les Prussiens se présentent en forces considérables du côté d'Amiens ou de Rouen, il me sera bien difficile de tenir bon avec de si faibles moyens. Mais s'il entrait dans vos plans que l'armée de la Loire passât, en totalité ou en partie, sur la rive droite, nous serons en mesure de former une aile gauche qui aurait sa valeur. Quand ce sera possible je voudrais bien savoir vos idées à ce sujet. »

On verra plus loin qu'à l'heure où le général Bourbaki sollicitait ainsi les instructions du gouvernement, les têtes de colonnes de la Ire armée allemande, en marche vers l'Oise, arrivaient sur la ligne Buzancy—Sainte-Menehould.

II

Les opérations jusqu'au 19 novembre.

Pendant cette période d'organisation, quelques combats étaient la conséquence des mesures prises, d'une part, par le quartier général allemand, pour assurer l'investissement de Paris, et de l'autre, par les autorités militaires ou locales, pour limiter les progrès de l'invasion.

Dès les premiers temps du siège, le ravitaillement des troupes allemandes avait été difficile, et l'approvisionnement des convois complété avec peine par des réquisitions (1).

La destruction du tunnel de Nanteuil ayant inutilisé provisoirement la voie ferrée de Nancy à Paris, il importait d'assurer le trafic par Châlons et Épernay, sur Reims et Chantilly, où des magasins devaient être établis.

Le nœud du chemin de fer de Creil acquérait donc une grande importance, et cette ville était occupée, dès le 26 septembre, par la *12e* division de cavalerie, avec un bataillon de la garde.

Pendant les journées précédentes, des gardes nationaux et des volontaires avaient attaqué de petits détachements envoyés en réquisition à Crouy, Rantigny et entre Creil et Clermont.

---

(1) Maréchal de Moltke, *La guerre de* 1870, page 172.

Le 27 septembre, le 3ᵉ bataillon de la Marne (1) évacuait Clermont à l'approche d'un bataillon, de six escadrons et de deux batteries, commandés par le général Krug de Nidda, et venant de Creil. Pendant la même journée, 200 volontaires et quelques francs-tireurs se défendirent avec succès, de midi à 4 heures, à l'Isle-Adam et au pont de Parmain, où une barricade avait été établie sur la rive droite de l'Oise (2).

Le surlendemain les Allemands revenaient en force (3) et établissaient un pont plus au Nord, à Mours; se voyant pris en flanc, les défenseurs évacuèrent Parmain vers 5 heures du soir, après avoir perdu environ 10 hommes tués ou blessés. Le village fut incendié par les Allemands, qui fusillèrent quelques habitants.

Le 30 septembre, la division de cavalerie saxonne, détachée du XIIᵉ corps, renforcée d'une batterie et de deux bataillons, entrait à Beauvais, et occupait avec des détachements, Chantilly, Creil, Clermont (4).

A Amiens, le général de cavalerie Paulze d'Ivoy, qui commandait la subdivision, disposait des forces suivantes (5) :

---

(1) *Historique du 3ᵉ bataillon des mobiles de la Marne.*
Ce bataillon venait d'arriver de Breteuil, où il avait été transporté en chemin de fer d'Abbeville par ordre du général commandant la subdivision. (Voir les détails aux pièces annexes.)

(2) Les forces allemandes comprenant le *3ᵉ* uhlans de la garde et le 1ᵉʳ bataillon du *71ᵉ*, qui attaquèrent l'Isle-Adam, y avaient été détachées du corps d'investissement de Paris, pour explorer le cours de l'Oise.

(3) Un bataillon, quatre escadrons, une compagnie de pionniers, une section d'artillerie, qui avaient pour mission de surveiller la basse Epte. (Major Kunz, *Campagne de la Iʳᵉ armée dans le Nord.*)

(4) *Historique du Grand État-Major prussien.*

(5) Lettre du général Paulze d'Ivoy du 20 octobre. Le général Paulze d'Ivoy, né le 24 décembre 1813, à Bourges, était général de brigade du 24 février 1869.

43ᵉ, à Amiens............................	650 hommes.
1ᵉʳ bataillon de marche du 2ᵉ chasseurs (1), à Amiens......	960 —
1ᵉʳ bataillon de la garde mobile du Nord, à Amiens	1,250 —
2ᵉ bataillon du Pas-de-Calais, à Amiens.......	1,200 —
3ᵉ bataillon de la Marne, à Amiens...........	1,260 —
2ᵉ bataillon de la Marne, à Poix.............	1,190 —
2ᵉ bataillon du Gard, à Corbie...............	980 —
3ᵉ bataillon du Gard, à Péronne.............	1,280 —
10ᵉ bataillon du Nord, à Boves et à Fouencamps.	1,195 —
4ᵉ bataillon de la Somme, à Dury, Hébécourt, Sains, Rumigny et Saint-Fuscien.........	1,160 —
3 compagnies de dépôt de la Somme, à Amiens.	280 —
20 cavaliers du 8ᵉ dragons..................	20 —

6 pièces de 4, détachées des batteries (2) en formation à Lille et à Douai ; la 8ᵉ batterie de la garde mobile de la Somme, sans matériel.

Dès le commencement du mois d'octobre, la garde de la voie ferrée de Tergnier à Amiens avait été confiée au 43ᵉ (3), tandis que le 4ᵉ bataillon de la Somme et deux compagnies du 2ᵉ du Gard, étaient envoyés respectivement (4) à Breteuil et à Montdidier.

Le commandement en chef de l'armée de la Meuse, informé de ces divers mouvements, dirigeait deux colonnes sur Breteuil, le 12 octobre; l'une venait de Clermont (5), l'autre de Beauvais (6).

---

(1) Formé le 2 octobre, à Douai, de trois compagnies des 1ᵉʳ, 2ᵉ, 17ᵉ bataillons.

(2) Une section de la 2ᵉ principale du 15ᵉ, deux sections de la 1ʳᵉ bis du 15ᵉ.

(3) La portion principale du 43ᵉ était à Amiens ; les 3ᵉ et 4ᵉ compagnies furent envoyées à Ham, puis sur Montdidier, qu'elles ne purent atteindre avant l'occupation de la ville par les Allemands; le dépôt était à Péronne, depuis le 28 septembre.

(4) Historiques des bataillons.

(5) 1 bataillon, 5 escadrons, 1 batterie (major Kunz, *Campagne de la Iʳᵉ armée dans le Nord*.)

(6) 2 compagnies, 4 escadrons, 2 sections d'artillerie (major Kunz, *Campagne de la Iʳᵉ armée dans le Nord*.)

Le 4ᵉ bataillon de la Somme avait été déployé au Sud de la ville, entre le bois du Gard, Caply et Montjoie. Battus de front par l'artillerie, tournés par la cavalerie, qui était arrivée à Fléchy, les gardes mobiles se retirèrent vers Ailly-sur-Noye, puis à Amiens, où ils restèrent jusqu'au 27 novembre (1).

Les deux compagnies du 2ᵉ du Gard évacuaient Montdidier le 17 octobre devant un détachement de trois compagnies, trois escadrons, quatre pièces, et perdaient, pendant la retraite, 150 hommes, blessés ou prisonniers (2).

Dans le département de l'Aisne, Saint-Quentin avait été occupé à la même époque par l'ennemi.

Le préfet, M. Anatole de la Forge, s'y était retiré après la prise de Laon, pour organiser la défense, avec un bataillon de gardes nationaux et quelques pompiers. Ces faibles forces résistèrent, le 8 octobre, à 700 hommes de landwehr venus de Laon, précédés par trois escadrons du 17ᵉ dragons, et qui attaquèrent, sans succès, le faubourg d'Isle d'abord, puis le pont sur le canal (3).

A la suite de ce combat, l'autorité militaire avait songé à défendre Saint-Quentin, mais un conseil de guerre, tenu à Lille le 17 octobre (4), en décida autrement, et

---

(1) Historique du 4ᵉ bataillon de mobiles de la Somme. 62 hommes furent tués, blessés ou faits prisonniers, le 12 octobre. (Voir les détails aux pièces annexes.)

(2) Historique du 2ᵉ bataillon du Gard. Ces deux compagnies, les 6ᵉ et 7ᵉ, étaient armées de fusils à piston et n'avaient que 6 cartouches par homme.

(3) Les Allemands perdirent environ 20 hommes, et les défenseurs de Saint-Quentin 15 hommes tués ou blessés. Voir aux pièces annexes le journal de marche de la garde nationale de Saint-Quentin.

Les 700 hommes de landwehr appartenaient au régiment de landwehr $\frac{12}{52}$.

(4) Lettre au Ministre de la guerre, le 17 octobre.

lorsque les Allemands, revenus de Laon, se présentèrent devant la ville, le 21 (1), à 11 heures du matin, ils obtinrent la reddition immédiate après avoir ouvert le feu sur le faubourg d'Isle, avec six pièces.

Dans ces divers engagements, les gardes mobiles, les gardes nationaux, les francs-tireurs, armés, la plupart, de fusils à piston, sans cadres et sans instruction, ne pouvaient, malgré leur bonne volonté, résister à un ennemi pourvu d'artillerie et supérieur en nombre.

Les compagnies de reconnaissance, formées le 10 octobre à Amiens, et destinées à agir en francs-tireurs, mais avec plus de garantie d'ordre et de discipline, rendaient cependant des services, en inquiétant les petites colonnes ennemies, et en surprenant les détachements isolés (2).

Un combat plus important était livré le 28 octobre à Formerie, sur la ligne d'Amiens à Rouen.

Le général Briand, commandant la 2ᵉ division, y avait groupé, sous les ordres du colonel d'Espeuilles, trois bataillons de mobiles, un d'infanterie (3), venu de Rouen, quatre escadrons du 3ᵉ hussards, avec mission de protéger la partie de la voie ferrée qui traverse le département de l'Oise.

Ayant appris, le 27 octobre, que les Allemands comptaient se porter le lendemain de Marseille sur Formerie, le colonel d'Espeuilles prit ses dispositions en conséquence.

---

(1) Le 21 octobre, les Allemands disposaient devant Saint-Quentin, de trois bataillons du régiment combiné de landwehr $\frac{8}{48}$, de trois escadrons du *17ᵉ* dragons, de six pièces.

(2) Trois compagnies à l'effectif de 40 hommes chacune, formées dans les bataillons de garde mobile, et placées sous les ordres du commandant Bayle.

(3) Le 1ᵉʳ bataillon du Pas-de-Calais, les 1ᵉʳ et 4ᵉ de l'Oise, le 5ᵉ bataillon de marche d'infanterie de ligne.

De son côté, le général Paulze d'Ivoy, mis au courant de la situation par un avis venu de Rouen, expédiait d'Amiens à Formerie le 1er bataillon du Nord avec une section d'artillerie (1).

Par suite d'un malentendu, ces troupes débarquèrent à Poix et n'arrivèrent à Grandvilliers que le 28, à 8 heures du matin, après avoir rallié à Equennes la 3e compagnie du 2e bataillon du Gard, détachée en reconnaissance de Poix, où ce bataillon était arrivé le 26; elles prirent part, néanmoins, à la fin de l'engagement, et contribuèrent à la retraite des Allemands, au moment où le bataillon d'infanterie de marine, qui avait été dirigé, par les voies ferrées, de Brest sur Amiens, entrait en gare à Formerie (2).

Le 29 octobre, le 1er bataillon du Nord, la section d'artillerie revenaient à Grandvilliers et y restaient jusqu'au 21 novembre pour couvrir Amiens, avec le 2e bataillon du Gard, posté à Fouilloy et à Poix, et le 1er bataillon de marche du 2e chasseurs, arrivé le 30 octobre à Feuquières. Toutes ces troupes étaient sous les ordres du commandant Boschis, qui poussait une reconnaissance jusqu'à Saint-Omer-en-Chaussée, le 14 novembre.

A la même époque, l'arrivée de la 1re division allemande devant Mézières (3) fit croire à une offensive dans

---

(1) Une section de la 2e batterie principale du 15e.

(2) Historiques de l'infanterie de marine et du 1er bataillon du Nord.

Les forces allemandes engagées à Formerie comprenaient : 3 compagnies, 5 escadrons et 6 pièces sous les ordres du général Senfft de Pilsach.

La description du combat de Formerie fera partie des opérations de l'Ouest.

(3) Garnisons de Mézières, Rocroy, Givet, vers le 15 novembre :

Mézières. — Infanterie, 2,617 hommes provenant du 3e de ligne et du dépôt du 6e. Artillerie, génie, 350 hommes; 800 mobilisés venus

la direction d'Avesnes, où l'on confiait au lieutenant-colonel Martin, le 1ᵉʳ bataillon des Ardennes, une partie des 46ᵉ, 47ᵉ et 48ᵉ régiments de garde mobile (1), le bataillon de douaniers et un détachement de 1000 hommes du 24ᵉ de ligne.

Le combat de Formerie « dans lequel les Français avaient opéré méthodiquement avec les trois armes (2) » produisait une sérieuse impression au quartier général allemand, qui complétait ses mesures défensives en faisant rompre les ponts de l'Epte, préparer la destruction des passages de l'Oise, de Creil à Beaumont, et tenir les troupes en alerte à Beauvais, Clermont et Gisors.

Par un effet inverse, M. Testelin, les représentants de l'autorité civile et l'opinion publique dans le Nord, se prononçaient, de plus en plus, pour une offensive immédiate.

Seul, le général Bourbaki, peu confiant, hésitant, voulait compléter l'organisation de ses forces et ne pas les engager dans des actions de détail.

« Il est un point qui ne saurait vous échapper », écrivait-il à M. Testelin : « c'est qu'il est essentiel que je ne me laisse pas absorber par les besoins de la défense d'une fraction relativement faible du territoire si étendu

---

de Givet, échangés avec ceux de Mézières ; 10 compagnies de francs-tireurs.

Rocroy. — 1,100 gardes mobiles du 2ᵉ bataillon des Ardennes.

Givet. — Dépôt du 40ᵉ de ligne, 878 hommes ; artillerie, 98 hommes, dont 29 de la 1ʳᵉ batterie du 13ᵉ ; 13 hommes du génie ; 1,048 mobilisés. (Notes du capitaine Rossel.)

(1) Voir le détail de ces troupes aux pièces annexes (situations et emplacements).

Le lieutenant-colonel Martin, d'abord commandant du 46ᵉ mobiles, était nommé commandant supérieur de l'arrondissement d'Avesnes.

(2) Grand état-major prussien.

que je suis chargé de faire respecter. En sacrifiant tout à une pensée de ce genre, je mériterais d'encourir le reproche d'avoir abandonné le reste de la région et de ne pas avoir cherché, dans la limite de mes moyens, à faciliter, par mes opérations, la tâche dévolue aux autres armées. »

Le désaccord s'accentua pendant une conférence qui eut lieu à Lille, le 8 novembre, et à laquelle assistèrent les préfets du Nord, du Pas-de-Calais et de la Somme.

M. Gambetta consulté, laissait sa liberté d'action au général en chef en télégraphiant, le 9 novembre, qu'il ne fallait pas se borner à défendre les places, mais s'organiser pour attaquer (1).

Le préfet de la Somme insistait cependant pour qu'on profitât de l'isolement des détachements allemands, à Beauvais et à Clermont (2).

Tandis que les troupes de la Seine-Inférieure feraient une forte démonstration en avant de Gournay, deux colonnes, de 4,000 hommes chacune, parties d'Amiens,

---

(1) Enquête sur les actes du Gouvernement de la Défense nationale.

(2)   *Commissaire de défense Nord à Gambetta. Tours.*

Lille, 13 novembre, 11 h. 45 matin.

« Lardière, notre excellent préfet de la Somme, vient de proposer à Bourbaki une expédition importante et facile. S'il ne l'a pas exécutée, d'ici 48 heures, il sera jugé. Je viendrai à Tours m'expliquer sur l'état du Nord, où l'on ne fait rien, et où l'on pourrait beaucoup. »

Le général Paulze d'Ivoy recevait le 17 novembre, la lettre suivante :

Amiens, le 17 novembre 1870.

« Général, d'après les renseignements qui me parviennent à chaque instant, je ne saurais trop vous engager, en attendant l'arrivée de nos troupes, à faire exécuter une marche en avant aux différents corps qui se trouvent déjà à Amiens et dans les environs, en enlevant vivement Beauvais et Clermont et en faisant, après ce mouvement dont le succès n'est pas douteux, refluer nos petites forces, afin de couvrir nos lignes;

se dirigeraient sur Beauvais par Breteuil et Conty. On se porterait ensuite, soit sur les derrières de l'ennemi, tenu en tête à Gournay par les troupes de Normandie, soit, par une marche rapide, sur Clermont et Creil, où la destruction des ponts de l'Oise pourrait avoir de fâcheuses conséquences pour le ravitaillement des Allemands.

Informé d'une sortie probable de l'armée de Paris, le général en chef finit par céder à ces suggestions ; il se prépara donc à cantonner ses troupes entre Amiens, Poix et Abancourt, pour se relier aux troupes de Normandie, et entreprendre ensuite une marche sur Beauvais (1).

Il en avisa le gouvernement, le 14 novembre, et lui demanda en même temps de conserver le général Lecointe qui avait été rappelé la veille à Tours (2).

Le 17 novembre, il écrivait encore :

Monsieur le Ministre,

« Je vais me rapprocher d'Amiens avec trois brigades

---

vous inspirerez à nos populations une confiance dont elles ont vivement besoin.

« Agréez, Général, mes salutations les plus distinguées.

« LARDIÈRE,
« *Préfet de la Somme.* »

(1) Rapport du général Farre sur la bataille de Villers-Bretonneux, et déposition du général Bourbaki devant la Commission d'enquête de l'Assemblée nationale.

(2) *Le général Bourbaki au Ministre de la guerre.*

Lille, le 14 novembre.

« Je demande à conserver Lecointe. Je compte porter trois brigades du côté d'Amiens. »

Le général Lecointe avait été appelé le 13 novembre à Tours.

d'infanterie, quatre batteries d'artillerie, deux escadrons de dragons et deux escadrons de gendarmes.

J'aurai l'honneur de vous rendre compte de mon départ, dès que le jour sera fixé. L'ennemi dirige en ce moment ses efforts sur la place de Mézières, d'une part; sur celle de la Fère, de l'autre; ces deux places possèdent les éléments nécessaires pour résister convenablement à une attaque sérieuse.

L'ennemi a coupé les communications télégraphiques et fait des réquisitions dans le voisinage des places..... »

Le général Bourbaki n'avait pas tort en attendant pour concentrer ses forces que leur organisation fût complète; mais son expérience n'était secondée ni par l'espoir du succès, ni par la volonté d'agir et de vaincre; ancien commandant de la garde impériale, il inspirait, en outre, peu de confiance à une partie de la population, et compliquait cette situation difficile par son désaccord avec les autorités civiles (1).

Le gouvernement se décida donc à l'appeler sur un autre théâtre d'opérations, et lui fit connaître sa nouvelle situation par le télégramme suivant:

Tours, 18 novembre.

« Par décision du Ministre, vous avez été appelé au commandement du 18ᵉ corps d'armée à Nevers, et votre successeur est désigné. En attendant son arrivée à Lille, je vous prie de remettre le service, par intérim, à M. le général Farre et de venir ici vous-même, sans retard, car le 18ᵉ corps est formé et a besoin de vous.

---

(1) Lettre de M. de Freycinet au Ministre de la guerre, du 13 novembre 1870. (*Dépêches et discours de Léon Gambetta*.)

Les opérations militaires, en cours, exigent que vous soyez à Nevers sans aucun retard. Vous prendrez vos instructions au passage à Tours.

Le général de la Villesboisnet est lui-même appelé au commandement d'une division active, mais il attendra l'arrivée de son successeur.

C. de Freycinet. »

Des renseignements très précis sur la marche de la Ire armée allemande, composée des Ier, VIIe, VIIIe corps, de la *3e* division de réserve, et de la *3e* division de cavalerie, parvenaient depuis quelques jours à Lille.

Elle avait été formée après la capitulation de Metz, et le général de Manteuffel, qui la commandait depuis le 27 octobre, recevait pour mission d'assiéger Thionville, Montmédy, de fournir la garnison de Metz, d'atteindre enfin l'Oise entre Saint-Quentin et Compiègne, afin de couvrir l'investissement de Paris, au Nord, avec la plus grande partie de ses forces.

Le VIIe corps, la *3e* division de réserve furent d'abord désignés pour assiéger Thionville, Montmédy et occuper Metz.

Puis, dès le 5 novembre, la *4e* brigade du Ier corps une batterie et un escadron (1), s'embarquèrent à Pont-à-Mousson pour entreprendre, sans retard, le siège de la Fère, qui interceptait la voie ferrée de Reims à Amiens et à Paris. Ces forces devaient être complétées à Soissons par une compagnie de pionniers, six compagnies d'artillerie de forteresse, et par le parc de siège dispo-

---

(1) Régiments n^{os} *5* et *45*, $\dfrac{4^e \text{ escadron}}{10^e \text{ dragons}}$, batterie $\dfrac{\text{VI}}{\text{I}}$.

Pour l'armée allemande, les chiffres romains désigneront les corps d'armée, les bataillons, les batteries lourdes ; les chiffres arabes en *italiques* désigneront les divisions, brigades, régiments, compagnies, escadrons, batteries légères et à cheval.

nible, depuis le 15 octobre, par suite de la reddition de cette place (1).

Quant au gros de la Ire armée, il ne quitta les bords de la Moselle que le 7 novembre, pour arriver le 8 à hauteur d'Étain.

C'est alors que le général de Manteuffel reçut une dépêche du grand quartier général, lui prescrivant d'assiéger Mézières et d'observer Rocroi et Givet. Il désigna, pour cette mission, la *1re* division (13 bataillons, 4 escadrons, 24 pièces) qui se dirigea, le 10 novembre, du Chesne sur Mézières.

Après avoir parcouru l'Argonne, la *3e* division de cavalerie venait se placer, le 11, à Clermont, entre le Ier corps à Buzancy et le VIIIe à Sainte-Menehould (2).

Le 15, la *1re* division était informée qu'elle allait être remplacée devant Mézières par la *3e* division de réserve (3), devenue disponible.

Ce même jour, la droite de la Ire armée arrivait à Rethel, sa gauche à Reims, sa cavalerie à Tagnon ; elle ne comptait à ce moment que 31 bataillons, 27 escadrons, 150 pièces (4).

C'est aussi le 15 novembre que le général de Zglinitzki, commandant la *4e* brigade, complétait l'investissement de la Fère. De Soissons, il s'était dirigé par étapes, le 11, sur Coucy-le-Château et Chauny, pour sommer la place le 13.

---

(1) *La guerre de 1870-71*, par le maréchal de Moltke. Le parc de siège comprenait 32 pièces.

(2) Ordre avait été donné, le 29 octobre, à la 3e division de cavalerie de disperser les francs-tireurs qui avaient enlevé quelques postes allemands dans l'Argonne.

(3) Cette division avait été affectée, en grande partie, à la garde et à l'escorte des prisonniers de Metz.

(4) Voir à la fin du chapitre III l'ordre de bataille de la Ire armée, le 15 novembre.

Sur la rive droite de l'Oise, le 5ᵉ régiment s'établissait à Travecy, Quessy, Tergnier, Vouël, Beautor ; sur la rive gauche, le 15ᵉ régiment était à Danizy, Charmes, Audelain (1).

La Fère, commandée par le capitaine de frégate Planche, avait des approvisionnements en vivres et en munitions pour quatre mois.

L'armement comprenait 113 bouches à feu, mais elles étaient servies par des gardes nationaux inexpérimentés.

La garnison, entièrement composée de gardes mobiles et de francs-tireurs, s'élevait à 2,811 hommes et comprenait (2) :

Le 3ᵉ bataillon de garde mobile du Pas-de-Calais ; trois compagnies du 4ᵉ bataillon de garde mobile de l'Aisne ; trois compagnies de francs-tireurs, dont une de la Somme et une de Boulogne-sur-Mer ; 40 ouvriers d'artillerie ; deux batteries de garde mobile de l'Aisne, et une de la Seine-Inférieure ; une demi-batterie d'anciens artilleurs volontaires.

Les abris étaient insuffisants (3) dans une ville d'autant plus exposée au bombardement, que les hauteurs, situées à 1500 mètres à l'Est, la dominent complètement.

Des inondations, dont la largeur atteignait trois kilomètres sur certains points, entouraient le mur d'enceinte, qui se complétait par un tracé bastionné, en avant de la

---

(1) *Historique du Grand État-Major prussien.* Voir la carte des environs de la Fère.
(2) Rapport officiel du conseil d'enquête ; journaux de marche.
(3) Au commencement d'août 1870, le chef du génie réclama la construction de blindages. Il signalait la nécessité de protéger les magasins à poudre ; rien ne fut fait. (Gœtze. *Opérations du corps du génie prussien en 1870-1871.*)

gare, et par quelques ouvrages en terre, sur le front Ouest (1).

L'attention du général Paulze d'Ivoy (2), ayant été appelée sur l'isolement relatif de la fraction du corps d'investissement, établie sur la rive droite de l'Oise, une opération, dont la mauvaise direction allait assurer l'insuccès, fut tentée le 19 novembre.

Cinq compagnies du 2ᵉ bataillon du Gard (3), avec une section d'artillerie, se dirigèrent par voie ferrée d'Amiens sur Ham, où 800 volontaires de la Somme stationnaient déjà.

Cette colonne, arrivée à Frières à 8 heures du matin, se fractionnait en deux détachements. Tandis que le 2ᵉ bataillon du Gard se portait sur Quessy par Ménessy, les volontaires de la Somme et l'artillerie marchaient sur Vouël, où ils furent accueillis, vers 11 heures, par les tirailleurs ennemis, qui les rejetèrent en désordre. En même temps, le bataillon du Gard était arrêté à Quessy et refoulé sur Vouël.

Le combat, engagé par des fractions isolées, sans

---

(1) La gare était couverte au Sud par un couronné, qui se composait de trois bastions en terre, avec fossés pleins d'eau. Sur le front Ouest, une crémaillère couvrait le faubourg au Sud, et reliait l'enceinte à l'ouvrage à cornes, élevé entre le canal et l'Oise.

(2) Général, Amiens, à général Bourbaki, Lille.

« La Fère investie, au Nord, par 1200 ou 1500 Prussiens; au Sud davantage : ceux du Sud ont six lieues à faire, à cause des inondations, pour secourir ceux du Nord. Puis-je envoyer trois bataillons en reconnaissance ? »

(3) Au début de la campagne, le 2ᵉ bataillon du Gard comprenait 7 compagnies, ayant un effectif total de 1350 hommes; mais il avait perdu 150 hommes à Montdidier, et deux de ses compagnies restèrent à Amiens lorsqu'il fut dirigé, le 18 novembre, d'Amiens sur Ham. Les 7 compagnies venaient de recevoir des fusils modèle 1867. (*Historique du 2ᵉ bataillon du Gard.*)

renseignements et sans but précis, se terminait à 2 heures (1).

Mieux conçue, exécutée par des forces sérieuses, cette expédition pouvait réussir, car le corps d'investissement de la Fère était exposé, non seulement par la configuration du terrain et par les inondations de la place, mais par son isolement à plus de 80 kilomètres des têtes de colonnes de la Ire armée.

A la date du 18 novembre, la Ire armée (2) atteignait, en effet, la ligne Sissonne, Braine, et la *3e* division de cavalerie recevait, à Pancy, des instructions, d'après lesquelles elle devait couvrir l'armée, maintenir la population en occupant les principales localités en avant du front, donner le change à l'ennemi par l'envoi, sur différents points, de colonnes de toutes armes, obtenir des renseignements précis.

Ces régiments de cavalerie n'étant pas armés de la carabine (3), le *8e* puis le *1er* bataillon de chasseurs leur étaient successivement adjoints.

---

(1) Historique du 2e bataillon du Gard.
Les volontaires de la Somme perdaient 6 blessés.
Le 2e bataillon du Gard et les volontaires revenaient ensuite à Ham.
(2) Réduite au VIIIe corps, à la *3e* division de cavalerie, à la *3e* brigade d'infanterie, à l'artillerie de la *2e* division, moins une batterie, et à l'artillerie de corps du Ier corps.
(3) *Historique du Grand État-Major prussien*, et la *Campagne de la Ire armée dans le Nord*, par le major Kunz.

III

Préliminaires de la bataille de Villers-Bretonneux.

20 et 21 novembre. — La date du 20 novembre est celle de l'entrée en fonctions du général Farre, et de l'arrivée sur l'Oise des têtes de colonnes de la Ire armée. Elle marque donc le début des grandes opérations.

Le départ du général Bourbaki, avec son état-major (1), causait un certain désarroi (2), et même un doute sur la destination future des troupes.

---

(1) Sauf le commandant Fœrster qui faisait des achats en Angleterre.

Le commandant d'état-major Fœrster s'était évadé de Metz ; il était nommé lieutenant-colonel le 24 novembre.

(2) *Le général Farre au Ministre de la guerre, à Tours.*

Lille, 20 novembre.

« Impossible d'abandonner lieutenant-colonel de Villenoisy. Les officiers du corps d'armée sont tous partis avec le général Bourbaki. Villenoisy est seul ici en état de me seconder, pour continuer un travail d'organisation fructueux, mais énorme. Envoyez d'urgence 5 ou 6 officiers d'état-major pour reconstituer l'état-major général. »

Le Général de la Villesboisnet au Ministre, à Tours.

Lille, 20 novembre.

« Le général Bourbaki parti pour Tours aujourd'hui. La suppression des commandants régionaux, et l'ordre de départ donné au général

Aussi, le gouvernement faisait-il bientôt connaître que le général de division Faidherbe, arrivé récemment d'Oran, était nommé commandant en chef du corps d'armée du Nord, dénommé 22ᵉ corps (1), et que le général Farre réunissait tous les pouvoirs pour exercer le commandement par intérim.

Cette décision était d'autant plus nécessaire que les nouvelles de l'ennemi se complétaient avec précision, et ne laissaient aucun doute sur la direction prise par la Iʳᵉ armée (2).

Le général Farre télégraphiait, le 20 novembre, qu'un corps ennemi, commandé par le général de Manteuffel, et évalué à 40,000 hommes, dont on suivait la marche depuis Audun-le-Roman, s'était dirigé vers Rethel, puis continuait, par Sissonne et Neufchâtel, sur Compiègne, indiqué comme lieu de rassemblement.

Le 21, ces renseignements étaient confirmés par le général Paulze d'Ivoy :

« Les corps d'armée », disait-il, « commandés par le général de Manteuffel, sont en marche de Reims sur

---

Lecointe, font penser que toutes les troupes de ligne disponibles devront être envoyées à l'armée de la Loire, ainsi que le prescrivait votre dépêche du 18 octobre. »

(1) Décision du 20 novembre. Le général Faidherbe, né à Lille le 3 juin 1818, sortait du corps du génie ; il avait été gouverneur du Sénégal avant de commander en Algérie.

Ordre général du 23 novembre : « Par décision ministérielle du 20 novembre 1870, le corps d'armée du Nord a reçu la dénomination de 22ᵉ corps. Ce corps d'armée est placé sous les ordres du général Faidherbe ; le général Farre conserve les fonctions de chef d'état-major général, et commandera, par intérim, le corps d'armée jusqu'à l'arrivée du général commandant en chef. Les brigades réunies à Amiens sont placées sous le commandement du général Lecointe. »

(2) Dépêches du parquet de Lille, qui centralisait un service de renseignements ; des commissaires de surveillance administrative sur les voies ferrées ; des préfets ; des sous-préfets ; des maires, etc.....

Amiens et Rouen, en deux colonnes, l'une par Flavy et Ham, l'autre par Noyon, Roye et Montdidier. Une concentration de troupes, se reliant à ces mouvements d'ensemble, a lieu à Beauvais. On annonce 1200 hommes à Roye pour demain. »

Il ajoutait, qu'en prévision d'une attaque pour la fin de la semaine, le 2e bataillon du Gard et les volontaires de la Somme étaient rappelés de Ham (1).

Le général Farre prit alors la résolution de concentrer aux environs d'Amiens toutes les forces à peu près organisées.

A la garnison allait donc se joindre le 22e corps (2) qui comprenait sept batteries (trois de 4 : 1re batterie *bis*, 2e principale, et 2e *ter* du 15e; trois de 12 : 1re et 2e batteries mixtes, 3e batterie principale du 12e; une de 8 : 3e batterie *bis* du 12e), deux compagnies de fusiliers marins, une du génie (2e compagnie *bis* du 2e génie), deux escadrons de dragons, deux de gendarmes, et trois brigades d'infanterie : la première, sous les ordres du général Lecointe (2e bataillon de marche du 2e chasseurs; les 1ers bataillons du 65e, du 75e, et du 91e; les 1er, 2e, 3e bataillons du Nord, formant le 46e mobiles); la deuxième, confiée au colonel Derroja (1er bataillon de chasseurs; 1er et 2e bataillons du 24e; 1er du 33e; les 4e, 5e, 6e bataillons du Nord, formant le 47e mobiles); la troisième, sous les ordres du colonel du Bessol (20e bataillon de chasseurs; 8e bataillon d'infanterie de marine; 1er bataillon du 43e; les 7e, 8e, 9e bataillons du Nord, formant le 48e mobiles).

Trois autres bataillons, dont la préparation n'était pas complète, le 17e de chasseurs, le 2e du 75e, le 5e du

---

(1) La compagnie de francs-tireurs de Saint-Quentin restait aux environs de Ham.

(2) Voir à la fin du chapitre III la composition détaillée du 22e corps d'armée, et les jours d'arrivée à Amiens des différents éléments.

Pas-de-Calais, ne devaient rejoindre que le 26 novembre à Corbie et à Bray.

Les ordres de mouvement par les voies ferrées furent établis le 21 novembre et motivés plus tard, en ces termes, dans le rapport du général Farre :

« L'avis de la marche vers Amiens des forces placées sous les ordres du général de Manteuffel, ainsi que la vague indication de tentatives sérieuses que l'armée de Paris et l'armée de la Loire devaient entreprendre, m'avaient conduit à cette opération. Elle m'était imposée par la nécessité de ne pas laisser l'ennemi s'emparer sans coup férir de l'importante ville d'Amiens, et par celle de maintenir, vers le Nord, des forces considérables qui pouvaient se porter sur Paris. »

Ces forces, c'était la Ire armée.

Après avoir franchi, en quinze jours, les 250 kilomètres qui séparent la Moselle de l'Oise, le général de Manteuffel comptait donner quelques jours de repos à son armée, en attendant les ordres du grand quartier général et les renseignements de la cavalerie.

Sa droite, qu'il avait renoncé à étendre jusqu'à Saint-Quentin, devait être couverte par la *3e division de cavalerie*, dont une brigade, deux compagnies de chasseurs, une batterie, se trouvaient à Guiscard, le 20 novembre, et le reste à Chauny, tandis que les fractions avancées des Ier et VIIIe corps atteignaient respectivement Chauny et Compiègne.

Le général de Manteuffel était lui-même à Soissons, lorsqu'il apprit que 15,000 hommes se trouvaient déjà à Amiens, et y étaient renforcés chaque jour.

Il recevait en même temps du grand quartier général, l'ordre de prolonger son mouvement jusqu'à Rouen, après avoir occupé fortement Amiens (1).

---

(1) « Le commandant de la Ire armée est informé que Sa Majesté le Roi, approuvant les opérations faites jusqu'ici, ordonne que la Ire armée, par-

Le 21 novembre, le VIII⁰ corps se concentre près de Compiègne, jette son avant-garde sur les routes de Montdidier, de Beauvais, et prend le contact vers Senlis, avec l'armée de la Meuse ; la *3ᵉ* brigade, l'artillerie de la *2ᵉ* division, moins une batterie, et l'artillerie de réserve du Iᵉʳ corps, c'est-à-dire tout ce qui reste disponible de ce corps d'armée, se concentrent à Chauny ; le commandant de la *3ᵉ* division de cavalerie entre à Ham, avec cinq escadrons, une compagnie de chasseurs, une section d'artillerie, et envoie des reconnaissances sur Amiens et Saint-Quentin. Enfin, la *1ʳᵉ* division d'infanterie est informée à Laon qu'elle doit rejoindre par voie ferrée (1).

Pendant cette période, la cavalerie ne semble pas avoir montré une activité suffisante ; douze escadrons étaient répartis dans les corps d'armée, et la *3ᵉ* division, chargée d'explorer sur la droite, arrive le 19 à Coucy-le-Château, ne parcourt que 25 kilomètres, pendant la journée du 20, pour atteindre Guiscard où elle séjourne jusqu'au 23.

22 et 23 novembre. — Le 22 novembre, la concentration du 22ᵉ corps (2) était commencée par l'arrivée de la

---

tant de la ligne de Compiègne, Noyon, continue son mouvement dans la direction de Rouen.

« La question de savoir si le gros des forces devra passer par Amiens dépend de la détermination que prendra l'ennemi, soit de maintenir dans cette région les forts rassemblements qui sont signalés, soit plutôt de se replier devant la 1ʳᵉ armée. Dans tous les cas, Amiens est une position assez importante, par elle-même, pour la faire occuper et garder par un fort détachement. »

De Moltke. »

(1) *Historique du Grand État-Major prussien.*
(2) Voir à la fin du chapitre le tableau indiquant le point de départ de chacun des éléments, et les jours de leur arrivée à Amiens ou aux environs.

1ʳᵉ brigade (1), et le général Lecointe, maintenu définitivement dans le Nord (2), recevait le commandement des troupes réunies à Amiens.

Le 23, le 4ᵉ bataillon du Nord arrive à Longueau ; le 7ᵉ bataillon du Nord, les deux escadrons de dragons et la 2ᵉ compagnie *bis* du 2ᵉ génie, cantonnent à Corbie.

Dans Amiens même, se trouvent la garnison, sous les ordres du général Paulze d'Ivoy, une partie de la 1ʳᵉ brigade, la 1ʳᵉ batterie *bis*, la 2ᵉ principale et la 2ᵉ *ter* du 15ᵉ.

La ville est couverte, au Sud, par le 1ᵉʳ bataillon de marche du 2ᵉ chasseurs, à Quevauvilliers (3), par le 2ᵉ bataillon de la Marne, à Poix, et le 4ᵉ de la Somme, à Dury, Hébécourt, Sains, Saint-Fuscien, Rumigny.

Une partie (4) de la brigade du Bessol est cantonnée à l'Est de la ville : le 20ᵉ bataillon de chasseurs a deux compagnies à Cachy, et les trois autres à Gentelles, occupé déjà par le 43ᵉ ; à Villers-Bretonneux se trouve l'infanterie de marine.

Après avoir reconnu le terrain, le commandant de la 3ᵉ brigade se rendit compte qu'il ne disposait pas encore de forces suffisantes pour étendre sa droite jusqu'à Boves et pour surveiller Albert comme il en avait reçu l'ordre.

---

(1) Sauf le 1ᵉʳ bataillon du Nord et le 2ᵉ bataillon du 2ᵉ chasseurs à pied, arrivés précédemment.

La 1ʳᵉ brigade cantonnait à Amiens, sauf le 46ᵉ mobiles qui était à Saint-Fuscien, Rivery, Cagny.

(2) *Guerre à Testelin, commissaire de la défense dans le Nord.*

« Nous désirons faciliter vos opérations et non vous entraver ; donc nous ratifions vos arrangements, consistant à garder Lecointe, et à laisser le commandement supérieur au général Farre ; nous laissons également à votre disposition l'officier du génie qui avait été mandé à Tours (lieutenant-colonel de Villenoisy). »

(3) Il y resta jusqu'au 25 novembre, et fut cantonné ensuite à Saleux.

(4) Le 7ᵉ bataillon du Nord est à Corbie.

Il écrivit au général Farre (1) « que sa position était mauvaise, avec des effectifs trop faibles pour porter la défense jusqu'à la tête des ravins qui débouchent sur l'Avre et la Luce, sans risquer d'être tourné par Harbonnières et Villers-Bretonneux.

En se portant, au contraire, en arrière et en appuyant sa gauche à la Somme, il était obligé de livrer combat en plaine, avec des hommes qui n'avaient pas vu le feu, et une rivière à dos. »

Pendant la même journée, les compagnies de reconnaissance du commandant Bayle (2) se dirigeaient de Rosières vers le Quesnel, où elles ouvraient le feu sur l'escadron d'avant-garde du *14º* uhlans (3), suivi par 40 chasseurs à pied et deux pièces venues de Roye. Vers 4 heures, le commandant Bayle, insuffisamment soutenu par 300 francs-tireurs, dénommés tirailleurs volontaires du Nord (4), était obligé de se retirer devant le feu de l'artillerie allemande, qui incendiait le Quesnel. Il se déployait une seconde fois à l'Ouest du village, puis se repliait sur Guillaucourt et Caix, avec une perte de six hommes tués ou blessés.

L'escadron et les chasseurs allemands arrivaient dans la soirée à Hourges, où ils passaient la nuit (5).

Derrière ces premiers éléments, la *3ᵉ* division de cavalerie était arrivée à Roye le 23, laissant un détachement à Ham, tandis que d'autres fractions éclairaient vers Saint-Quentin, Péronne, Chaulnes, Bray, Montdidier et Breteuil.

---

(1) Rapport du colonel du Bessol.
(2) Rapport du commandant Bayle. Voir page **27**.
(3) *3ᵉ* division de cavalerie.
(4) Les tirailleurs volontaires étaient sous les ordres du commandant Pousseur; ils étaient partis le 21 novembre de Lille.
(5) Les Allemands perdirent 15 hommes tués ou blessés, d'après une dépêche du général Lecointe.

Renseigné par sa cavalerie, le général de Manteuffel se décida à marcher sur Amiens, sans attendre l'arrivée des fractions détachées du Ier corps. Il espérait disperser les troupes françaises avant leur concentration complète, mais était encore influencé par d'autres considérations (1).

Bien que le roi Guillaume eût conservé un souvenir très précis de la défense nationale, en France, pendant la campagne de 1814, les généraux allemands affectaient, en effet, un certain mépris pour les troupes de nouvelle formation, et la bataille de Coulmiers, loin de les convaincre, leur avait causé un dépit qu'ils désiraient effacer.

L'ordre suivant fut donc donné dans la journée du 23 :

Compiègne, 23 novembre 1870.

« Le VIIIe corps d'armée devra occuper, demain 24, le front Ressous, Léglantiers ; le 25, Montdidier et les environs. Un détachement, bien pourvu de cavalerie, sera poussé vers la gauche de l'armée et dirigé, par Saint-Just-en-Chaussée, vers Breteuil ; il enverra des patrouilles plus à gauche encore, sur Marseille-le-Petit, sur Clermont et Beauvais, pour se lier à l'armée de la Meuse, et au Nord, vers Poix et Amiens, pour correspondre avec la *3e division de cavalerie*.

Le général de Bentheim (commandant le Ier corps) échelonnera ses troupes disponibles entre Noyon-sur-Oise et Roye, se reliera à la brigade de la Fère (2) et fera rejoindre, par Noyon, les détachements restés en arrière.

---

(1) D'après le comte Wartensleben, chef d'état-major du général de Manteuffel.
(2) 4e brigade.

La *3ᵉ* division de cavalerie gardera, jusqu'à nouvel ordre, le point d'appui de Ham, et s'éclairera vers Saint-Quentin; elle fera détruire immédiatement les chemins de fer partant d'Amiens; celui d'Arras et, s'il est possible, celui d'Abbeville, seront ruinés de fond en comble; les autres ne le seront que dans la mesure nécessaire pour empêcher l'ennemi de s'en servir actuellement. Avec le gros de ses forces, la division de cavalerie se portera, le 25, sur Moreuil, pour avoir des nouvelles, couvrir le front et le flanc droit de l'armée.

Je laisse aux commandants de corps d'armée le soin de prescrire à quelle distance leurs gros équipages devront suivre; ceux du Iᵉʳ corps appuyeront le plus possible derrière son aile gauche.

Mon quartier général sera transféré le 25 à Montdidier.

MANTEUFFEL ».

24 et 25 novembre (1). *Combat de Mézières.* — Pendant la matinée du 24, le colonel du Bessol devait diriger une reconnaissance sur la route de Roye.

Il quitta ses cantonnements, à 7 heures du matin, avec le bataillon d'infanterie de marine, un bataillon du 43ᵉ, trois compagnies du 20ᵉ chasseurs (2), la 2ᵉ batterie principale du 15ᵉ, composée de pièces de 4, et un détachement de cavalerie. Deux bataillons de gardes mobiles du Nord (3), le 3ᵉ de la Marne, deux batte-

---

(1) Voir la carte au 1/80000ᵉ.

(2) Les 1ʳᵉ, 3ᵉ et 5ᵉ compagnies cantonnées à Gentelles. Le reste du 20ᵉ chasseurs à pied était à Cachy; le 43ᵉ, le bataillon d'infanterie de marine venaient de Villers; le 7ᵉ bataillon du Nord restait à Corbie.

(3) Les 1ᵉʳ et 3ᵉ bataillons du 46ᵉ régiment; ils venaient des baraques de Saint-Fuscien et de Cagny.

ries (1) l'appuyaient. Enfin, cinq autres bataillons suivaient en réserve vers Villers-Bretonneux (2).

Le 1ᵉʳ bataillon du Nord et le 3ᵉ de la Marne, venus d'Amiens, repoussèrent, à Domart, l'escadron et les chasseurs cantonnés la veille à Hourges, tandis que le détachement du colonel du Bessol, parti de Villers-Bretonneux, franchissait la Luce à Demuin, prenait le chemin de Moreuil et se dirigeait sur Mézières par la route de Roye.

En avant-garde marchait le bataillon d'infanterie de marine, dont la tête était formée par la compagnie K (3); la compagnie H, puis l'artillerie, suivaient en avant du gros; sur la droite, la compagnie J flanquait la colonne, la cavalerie enfin se trouvait au Nord de la route.

La compagnie K s'étant déployée dans le bois au Sud de Demuin, la compagnie H arriva à sa hauteur et fut surprise par le feu des chasseurs ennemis, qui garnissaient la lisière du bois de Mézières.

Une section d'artillerie allemande entrait également en action près de la Maison-Blanche, tandis que le 14ᵉ uhlans se tenait en réserve.

La 2ᵉ batterie principale du 15ᵉ ouvrit alors le feu sur la route, au Sud de la cote 85, pendant que la compagnie H, après un moment d'hésitation, se portait en avant au pas gymnastique. La compagnie K se plaça à sa droite, la compagnie I à sa gauche.

---

(1) Rapport du colonel du Bessol.
(2) Le 2ᵉ bataillon de marche du 2ᵉ chasseurs, les bataillons du 75ᵉ, du 91ᵉ, le 4ᵉ bataillon du Nord, et trois compagnies du 10ᵉ bataillon du Nord. Toutes ces troupes rentraient le soir dans leurs cantonnements.
(3) Les compagnies du 8ᵉ bataillon d'infanterie de marine étaient désignées par les lettres H, I, J, K, L. (Tous ces détails sont extraits de la relation du commandant Brunot, capitaine d'infanterie de marine à la bataille de Villers-Bretonneux, puis chef du bataillon.)

Devant ce déploiement, les Allemands se retirèrent rapidement vers la Maison-Blanche, qu'occupait une compagnie du *8e* chasseurs, et où ils arrêtèrent les premiers efforts tentés par l'infanterie de marine pour déboucher du bois.

Mais celle-ci fut bientôt appuyée à droite par la compagnie J, à gauche par une compagnie du 43e (1).

Plus au Nord enfin, deux compagnies de gardes mobiles (2) prononçaient un mouvement tournant, qui décidait la retraite des Allemands.

La batterie de 4 traversait alors le ravin et ouvrait le feu, à hauteur de Mézières, sur l'ennemi, qui se repliait vers Bouchoir (3), en abandonnant quelques prisonniers.

Il était 2 heures, on apercevait des masses dans le lointain; la reconnaissance, dont le but aurait pu être atteint par d'autres moyens, avait du moins fortifié le moral des troupes; le colonel du Bessol donnait donc l'ordre de la retraite; il rentrait lui-même, vers 3 h. 1/2, à Villers-Bretonneux (4), et toutes les troupes regagnaient leurs cantonnements.

Pendant la journée, les corps de la brigade Derroja débarquaient à Longueau; le 1er bataillon du 24e s'ar-

---

(1) La 1re compagnie du 43e.
(2) Deux compagnies du 3e bataillon du 46e régiment.
(3) Le gros de la division de cavalerie allemande se trouvait alors à Bouchoir avec les deux bataillons de chasseurs.
(4) Le général Farre rendait compte de cet engagement par le télégramme suivant :

Général Farre, commandant par intérim le 22e corps, au Ministre de la guerre.

Lille, 24 novembre.

« Hier 23, engagement de francs-tireurs repoussés par 500 Prussiens au Quesnel. Aujourd'hui, le général Lecointe a dirigé de ce côté une grande reconnaissance qu'il a appuyée avec une brigade; l'ennemi a été.

rêtait à Boves, avec le 1ᵉʳ chasseurs à pied, dont une compagnie s'établissait en grand'garde à Fouencamps; le 2ᵉ bataillon du 24ᵉ gagnait Saint-Acheul.

Le 1ᵉʳ bataillon du 33ᵉ avait trois compagnies à Camon, la 4ᵉ à Glisy, la 5ᵉ à Lamotte-Brebière; à Longueau s'arrêtaient les 5ᵉ et 6ᵉ bataillons du Nord; à Corbie les 8ᵉ et 9ᵉ complétaient la brigade du Bessol.

Retenu jusqu'alors à Lille par l'organisation et la mise en route des différents éléments, le général Farre, accompagné seulement du lieutenant-colonel de Villenoisy, partit pour Amiens le 25 novembre, et descendit à la préfecture, où sa présence était réclamée en termes pressants (1).

A la même date les deux escadrons de gendarmerie arrivaient à Blangy, la 3ᵉ batterie principale et la 3ᵉ *bis* du 12ᵉ à Amiens. Les troupes restaient dans leurs can-

---

repoussé au delà de Mézières. Pertes légères, celles de l'ennemi plus fortes. »

Pertes, d'après les rapports officiels et les historiques :

Infanterie de marine : 34 tués ou blessés ; une compagnie du 43ᵉ : 1 blessé ; 1ᵉʳ bataillon des mobiles du Nord : 4 blessés.

Artillerie : 1 officier tué, 4 artilleurs tués ou blessés.

Pertes des Allemands, d'après les rapports officiels : 26 tués ou blessés.

(1) *Le Préfet à M. Testelin, commissaire central, à Lille.*

Amiens, 25 novembre.

« L'ennemi nous menace de tous côtés ; il nous faut ici un général en chef, afin d'avoir l'unité de commandement qui n'existe pas à cette heure.

Le Préfet au général Farre.

Amiens, 25 novembre.

« Votre présence me paraît indispensable ici ; il faut de l'unité dans le commandement et nous ne l'avons pas en ce moment. L'ennemi avance et peut attaquer la ville dès demain. »

Villers-Bretonneux.

tonnements, à l'exception des bataillons du 65e, du 24e et du 33e, envoyés, le premier à Villers-Bretonneux, les deux autres à Cachy (1). Un peloton de dragons atteignait Morlancourt, au Sud d'Albert.

Sur plusieurs points, nos avant-postes repoussaient la cavalerie ennemie, devenue nombreuse et entreprenante. Un groupe de 50 uhlans se heurtait vers Domart à une compagnie du 20e chasseurs à pied; dans Moreuil, les compagnies de reconnaissance rencontraient un détachement, et lui faisaient quelques prisonniers, dont les renseignements concordaient. On apprenait de toutes parts l'approche de l'armée allemande.

Pendant la journée du 25 novembre, la *16e* division atteignait, en effet, Rocquencourt et Breteuil, l'aile droite du VIIIe corps (2) dépassait Montdidier, où s'installait le quartier général; il y apprenait que les troupes françaises occupaient Boves, Gentelles, Cachy, Villers-Bretonneux et Corbie, que les ponts sur la Somme étaient détruits ou gardés (3).

D'accord avec le général de Gœben, commandant le VIIIe corps, et avec son chef d'état-major, le général de Manteuffel se décidait alors à continuer l'offensive; ordre était donné à la *3e* brigade et à l'artillerie de la *2e* division, arrivées à Roye, de rejoindre la *3e* division de cavalerie au Quesnel, le 26 novembre; aux autres fractions (4) du Ier corps, de serrer sur Roye, l'artil-

---

(1) Ces bataillons rentraient le soir dans leurs cantonnements.
(2) *15e* division.
(3) Comte Wartensleben, *Opérations de la 1re armée*, page 83. L'ordre avait été envoyé, dès le 21, de préparer la destruction des ponts sur la Somme entre Péronne et Corbie, et de l'exécuter si l'ennemi s'avançait en force de Nesles sur Chaulnes. (Mémento du lieutenant-colonel Queillé.)
(4) Les détachements de la *1re* division arrivés à cette époque (quatre bataillons, deux escadrons, deux batteries) et l'artillerie de corps, étaient échelonnés, le 25 novembre, de Roye à Noyon. (Comte Wartensleben.)

lerie de corps poussant jusqu'à Bouchoir; au gros du VIIIe corps, de s'arrêter entre Moreuil et Essertaux.

26 novembre. Combats de Gentelles et de Fouencamps.
— Dans la nuit du 25 au 26, une compagnie du 20e chasseurs à pied patrouillait de Gentelles à Moreuil; elle rentrait à 4 heures du matin, sans avoir rencontré l'ennemi; mais, une autre reconnaissance revenait vers 11 heures de Thennes, en signalant l'approche de fractions assez importantes; trois compagnies (1) prenaient les armes, au moment où l'ennemi se jetait dans le bois, à l'Ouest de Gentelles (2), et le bataillon tout entier était successivement engagé à la Tuilerie d'abord (3), à l'Ouest du village ensuite.

Le combat se poursuivait, avec des alternatives diverses, lorsqu'une compagnie du 43e, soutenue en arrière par le 33e, arrivait, vers 2 heures, de Villers-Bretonneux et repoussait l'ennemi.

Au Sud de Boves, la lutte était plus violente. Une compagnie (4) du 1er chasseurs à pied, attaquée, vers 11 heures, à Fouencamps par trois compagnies du *68e*, se retirait sur Saint-Nicolas, où elle occupait le talus du chemin de fer.

Le commandant Jan, sortant alors de Boves avec la 5e compagnie, fut blessé mortellement, au moment où la 6e se déployait à sa gauche (5); sur la route de Roye, le 24e (6) s'engageait aussi et mettait fin au combat, vers

---

(1) 1re, 3e et 5e compagnies du 20e bataillon de chasseurs, cantonnées à Gentelles.
(2) Une compagnie du *28e* régiment et une du *68e*. (Major Kunz.)
(3) Où la 5e compagnie se trouvait en grand'garde.
(4) La 2e compagnie.
(5) Les deux autres compagnies restaient en réserve. Les cinq compagnies du 1er chasseurs à pied étaient numérotées de 2 à 6.
(6) Deux compagnies en réserve.

4 heures, par une brillante charge à la baïonnette; mais Fouencamps ne fut pas réoccupé, et la 5ᵉ compagnie du 1ᵉʳ chasseurs à pied, restait en grand'garde au Sud de Boves (1).

Pendant ces engagements, le général Farre se rendait d'Amiens à Villers-Bretonneux, pour y prendre les dispositions que devait lui suggérer l'examen du terrain et des éventualités à prévoir.

Ses observations, limitées par le peu de durée du jour, autant que par l'étendue des cantonnements, motivèrent les résolutions dont il rendit compte, en ces termes, après la bataille :

« Le général Bourbaki avait eu le projet de s'établir au Sud d'Amiens, le long du chemin de fer de Rouen. Cette position était fort bonne pour se porter sur Beauvais ou Creil, mais n'était pas acceptable, quand l'ennemi s'avançait en force par la route de Montdidier, par celle de Roye, et le long du chemin de fer de Tergnier, en s'étendant jusqu'à la Somme (2).

Il fallait nécessairement être à portée de repousser une attaque de ce côté.

Afin d'éviter le campement sous la tente, trop pénible en cette saison, les trois brigades furent cantonnées à Amiens, et dans les villages situés à l'Est, jusqu'à Corbie et Villers-Bretonneux.

Il fallait aussi garder soigneusement la Somme, entre Péronne et Corbie, pour protéger la ligne de retraite et la voie ferrée du Nord. Trois bataillons, organisés en

---

(1) Pertes : 1ᵉʳ bataillon du 24ᵉ : 1 officier, 11 hommes; 20ᵉ bataillon de chasseurs : 17 hommes; 1ᵉʳ bataillon de chasseurs : 1 officier, 23 hommes; une compagnie du 43ᵉ : 2 blessés.

Pertes des Allemands : 6 officiers et 64 hommes. (Major Kunz.)

(2) Voir aux pièces annexes les renseignements reçus.

dernier lieu (1), furent appelés de Lille et d'Arras, sur cette rivière, dont tous les ponts furent détruits, à l'exception de ceux occupés par nous.

Quant à la position de combat, elle ne pouvait se borner à la rive droite de la Somme, très forte en raison des hauteurs qui dominent la vallée marécageuse de cette rivière.

Sur cette ligne, exclusivement défensive, notre armée eût été immobilisée, et la protection donnée à Amiens se réduisait à la défense directe des retranchements construits autour de cette ville par les autorités locales. Or, ces retranchements, établis, il est vrai, dans de bonnes positions, étaient incomplets ; leur profil était faible, leur développement énorme. Pour y tenir, avec quelque chance de succès et lutter contre l'artillerie, beaucoup plus nombreuse, de l'ennemi, il aurait fallu joindre aux 12 pièces, que la ville était parvenue à y établir, les 42 pièces du 22e corps. Cette disposition aurait compromis Corbie, clef de la voie ferrée d'Amiens à Arras.

Je me décidai, en conséquence, à porter nos efforts sur les hauteurs de la rive gauche, comprises entre la Somme et l'Avre, dont le point culminant est occupé par la petite ville de Villers-Bretonneux, et dont l'arête est couverte par les bois de Blangy et de Cachy. Dans cette situation, où les deux brigades, cantonnées en dehors d'Amiens, pouvaient être rapidement réunies, on faisait face au corps principal de l'ennemi signalé à l'Est, en s'établissant le long d'une ligne transversale de Villers à Cachy et à Gentelles, la droite appuyée à la vallée de l'Avre.

A Villers-Bretonneux comme pivot, commençait une

---

(1) Le 17e chasseurs à pied, le 2e bataillon du 75e, le 5e bataillon du Pas-de-Calais qui arrivèrent le 26, le premier à Corbie, les deux autres à Albert.

seconde ligne défensive suivant l'arête qui descend de cette petite ville à Longueau, arête couverte de bois et qui prend en flanc les défenses d'Amiens. La retraite vers la rive droite de la Somme pouvait s'opérer par les pentes douces qui descendent vers la rivière, et les ponts nombreux conservés dans cette partie de son cours.

Cette position était certainement bonne, mais son étendue, trop grande pour nos forces, ne pouvait point être réduite.

En outre, l'ennemi ne nous laissa pas le temps d'y ajouter quelques retranchements en avant de la petite ville de Villers-Bretonneux, point capital à conserver, et au village de Boves, qui couvrait la trouée de Longueau par où l'Avre s'écoule dans la Somme.

La 3ᵉ brigade, sous les ordres du colonel du Bessol, occupait Corbie et les villages environnants, Villers-Bretonneux, Cachy et Gentelles. La 2ᵉ était installée à Boves, sur l'Avre, à Camon, sur la Somme, et dans le voisinage, sous les ordres du colonel Derroja. La 1ʳᵉ était à Amiens, sous les ordres du général Lecointe.

Dès que les divers incidents de la journée du 26 se dessinèrent, je pris des dispositions pour renforcer les positions menacées.

L'ordre fut expédié, de bonne heure, à la 1ʳᵉ brigade de venir s'établir entre la 2ᵉ et la 3ᵉ (1).

Je fis monter à Villers-Bretonneux, toutes les troupes de la 3ᵉ brigade, et renforcer, en même temps, les positions de Cachy et de Gentelles.

Ces mouvements furent terminés, avec ordre, à la nuit tombante (1). Je prescrivis, en outre, à la 1ʳᵉ et à la 2ᵉ brigade d'envoyer le lendemain, dans la matinée, chacune deux bataillons en reconnaissance sur la ligne de

---

(1) La 1ʳᵉ brigade vint cantonner à Corbie, et aux environs, le 26 au soir, elle ne se plaça entre les 2ᵉ et 3ᵉ brigades que le 27 au matin.

hauteurs entre Villers-Bretonneux et Longueau, afin de bien éclairer le pays, et de tenir le surplus des troupes prêtes à marcher, pour venir en aide aux points qui seraient menacés.

En quittant le colonel du Bessol, à Villers-Bretonneux, je lui recommandai d'attirer à lui l'artillerie, la cavalerie et la partie de la 1re brigade qui était à Corbie, dès le matin du 27, si les apparences devenaient menaçantes.

Ces précautions n'étaient que de simples mesures de prudence. Le temps était pluvieux, les terres labourées peu praticables, et les efforts de l'ennemi ne m'avaient point paru assez considérables, le 26, pour faire présumer, avec certitude, une action générale dès le lendemain. »

Conformément aux ordres du général en chef, le colonel du Bessol écrivait, à 4 heures du soir, au lieutenant-colonel Duhamel, du 48e mobiles, à Corbie :

« Mon Colonel, au reçu de cette dépêche, vous réunirez vos trois bataillons, et vous vous mettrez en route pour me rejoindre à Villers-Bretonneux, votre nouvelle résidence ; ne perdez pas de temps, on tire des coups de fusil près de nous. »

Dans la soirée (1), le 48e mobiles arrivait à Villers, où se trouvaient déjà le 43e (2), l'infanterie de marine ; le 20e chasseurs à pied se réunissait à Gentelles.

A la brigade Derroja, deux compagnies du 33e restaient à Cachy ; le reste de ce bataillon était à Camon ; le 1er chasseurs à pied, le 1er bataillon du 24e occupaient Boves ; le 2e du 24e, Longueau et Saint-Acheul ; le

---

(1) Le 48e mobiles arriva à 7 heures du soir à Villers ; il avait laissé une compagnie à Fouilloy.

(2) Le bataillon du 43e restait à Villers et ne partait pour Cachy que le lendemain matin, à 7 heures.

4ᵉ bataillon du Nord, Camon; le 5ᵉ, Longueau; le 6ᵉ, Querrieux, où il gardait un convoi.

Quant à la 1ʳᵉ brigade, partie d'Amiens à midi, elle groupait ses cantonnements aux environs de Corbie (1).

Les 20 bataillons du 22ᵉ corps ne comptaient que 15,000 hommes. En ajoutant à ce chiffre celui des officiers, les effectifs de l'artillerie, du génie et de la cavalerie, on obtient un total de 383 officiers, 16,611 hommes, 42 pièces et 1404 chevaux (2), destinés à défendre un front de 12 kilomètres.

Sur cette ligne étendue, le service de sûreté, établi à

---

(1) Les cantonnements de la 1ʳᵉ brigade se répartissaient ainsi : 2ᵉ bataillon du 2ᵉ chasseurs, Vaire-sous-Corbie; 65ᵉ et 75ᵉ, Corbie; 91ᵉ, Fouilloy et Hamelet; 1ᵉʳ bataillon du Nord, Aubigny; 2ᵉ bataillon, Vecquemont et Daours; 3ᵉ bataillon, Bussy-les-Daours.

(2) Sans compter les états-majors, les officiers d'artillerie, les chevaux des batteries mixtes.

Le chiffre de 15,000 hommes d'infanterie est donné par le rapport du général Farre.

Les journaux de marche des corps de troupe indiquent cinq compagnies par bataillon, un commandant, un docteur, un officier-payeur par bataillon; 3 officiers par compagnie et de 700 à 775 sous-officiers et soldats par bataillon. Il faut tenir compte des exceptions suivantes :

Le 20ᵉ bataillon de chasseurs n'avait qu'un chef de bataillon, 3 capitaines et 8 lieutenants ou sous-lieutenants.

Le bataillon d'infanterie de marine comptait 22 officiers et 922 hommes, le 7 novembre.

Le bataillon du 65ᵉ comptait 14 officiers et 835 sous-officiers et soldats.

Le 1ᵉʳ bataillon du Nord avait 7 compagnies, avec un effectif de 15 officiers et 1,150 sous-officiers et soldats.

Le total concorde donc avec le rapport du général Farre, et donne 15,000 hommes en chiffres ronds; exactement 351 officiers et 14,907 hommes :

Artillerie : 5 batteries à 180 hommes et 160 chevaux; les 2 batteries mixtes, servies par les marins, ne comptaient que 75 combattants.

Génie : 5 officiers, 200 sous-officiers et soldats, 12 chevaux.

Cavalerie : 2 escadrons de gendarmerie, 12 officiers, 216 cavaliers, 216 chevaux; 2 escadrons de dragons, 15 officiers, 238 cavaliers, 238 chevaux.

des distances rapprochées des cantonnements, n'assurait ni le repos, ni la liberté d'action des troupes.

L'infanterie de marine devait en effet diriger des reconnaissances sur la Luce, et établir des postes autour de Villers ; deux sections de la compagnie J se trouvaient sur le chemin d'Ignaucourt, au deuxième pont sur la voie ferrée ; d'autres détachements étaient au Sud de Villers-Bretonneux, sur le mouvement de terrain coté 98, et à l'Est vers la briqueterie Leroy ; la compagnie H au moulin à vent, au Sud de Villers ; la compagnie L à la gare.

Aidés par les habitants du pays, les chefs de postes avaient fait approfondir les fossés des chemins, dont les terres, rejetées à proximité et sur les talus, formaient ainsi des abris, vers la cote 98, à la briqueterie Catel, et sur le chemin de Hamel, au Nord de la briqueterie Leroy. Au deuxième pont sur la voie ferrée, existaient enfin des retranchements, qui allaient jouer un rôle important pendant la bataille.

En avant du 20ᵉ chasseurs à pied, s'établissaient sa 2ᵉ compagnie, à l'embranchement de la route de Roye et du chemin vicinal de Gentelles, sa 4ᵉ au cimetière de Gentelles, dans la direction de Boves.

Sur le front de la brigade Derroja, la 5ᵉ compagnie du 1ᵉʳ chasseurs à pied gardait le chemin de Boves à Fouencamps.

Distincte du 22ᵉ corps, la garnison d'Amiens, sous le commandement du général Paulze d'Ivoy, occupait les emplacements suivants :

Bataillon du 43ᵉ, commandant Fradin de Linières, Amiens.

1ᵉʳ bataillon de marche du 2ᵉ chasseurs à pied, commandant Boschis : Saleux, Vers, Bacouel, Plachy et Buyon.

4ᵉ bataillon de la Somme, commandant Huré : deux

compagnies à Dury, trois compagnies entre Dury et la lisière Nord du bois d'Hébécourt.

3⁰ bataillon de la Marne, commandant du Hamel de Breuil, campé entre Dury et Amiens.

2⁰ bataillon du Gard, commandant Doucet, campé près de Pont-de-Metz.

3⁰ bataillon du Gard, commandant Poilpré, à Saint-Acheul.

10⁰ bataillon du Nord, commandant Benoist de Laumont, à Conty.

1ᵉʳ bataillon, et compagnie du génie de la garde nationale mobilisée, à Amiens.

Compagnies de reconnaissance, commandant Bayle, à Boves.

La garde nationale sédentaire, deux compagnies de fusiliers marins, et un détachement du 8⁰ dragons, à Amiens.

Le 2⁰ bataillon de la Marne était à Poix, y restait pendant la journée du 27, et se repliait ensuite sur la Normandie.

Dans la citadelle, se trouvaient 130 artilleurs de la 8⁰ batterie de garde mobile de la Somme, qui devaient être renforcés, le 28 novembre, par 300 hommes du 10⁰ bataillon du Nord.

Il faut enfin mentionner les volontaires de la Somme, une compagnie de francs-tireurs de l'Aisne, et une de tirailleurs volontaires du Nord.

L'effectif total de l'infanterie de la garnison s'élevait à 6,614 combattants (1).

Le matériel comprenait deux batteries de 4, appartenant à la garde nationale mobilisée, et dont l'une devait être servie par les fusiliers marins; une mitrail-

---

(1) Sans compter les officiers, les francs-tireurs, dont l'effectif n'est pas connu, le 2⁰ bataillon de la Marne, la garde nationale mobilisée,

leuse de la garde nationale sédentaire ; 37 pièces dans la citadelle.

Un comité militaire, institué le 20 octobre, avait entrepris l'organisation de la ligne de défense, destinée à couvrir la ville depuis Petit-Saint-Jean jusqu'au moulin, entre Cagny et Saint-Acheul, en passant par le mouvement de terrain coté 110.

A la date du 26 novembre, ces ouvrages étaient à peu près terminés ; ils consistaient en épaulements, situés sur les routes d'Amiens à Salouel, Saleux, Dury, Saint-Fuscien, Cagny, et reliés par des redans, ayant des faces de 15 à 20 mètres, ou des courtines, dont quelques-unes à crémaillère. On avait adopté le profil de la fortification semi-permanente ; les fossés en avant, et même, sur certains points, en arrière du talus, atteignaient une profondeur de $2^m,50$ (1).

L'armement de ces retranchements devait comprendre deux canons Armstrong, trois canons Witt-

---

enfin la garde nationale sédentaire et les volontaires de la Somme qui ne furent pas engagés.

Les chiffres donnés par les journaux de marche, sont :

Bataillon du 43e, 5 officiers............	600 hommes.
1er bataillon de marche du 2e chasseurs...	900 —
4 bataillons de gardes mobiles, en déduisant les pertes probables depuis le début de la campagne (les 2e et 3e bataillons du Gard comptaient 7 compagnies, après avoir laissé une compagnie à Nîmes ; le 3e de la Marne, et le 4e de la Somme comptaient 8 compagnies)............	4,000 —
Compagnies de reconnaissance..........	117 —
1 bataillon de la garde nationale mobilisée.	850 —
2 compagnies de fusiliers marins........	247 —

Le 10e bataillon du Nord comptait 750 hommes ; 300 hommes des 2e, 7e et 8e compagnies furent laissés dans la citadelle le 28 novembre.

(1) *Notice sur l'organisation de la défense d'Amiens*, 1873, et Rapport du commandant Thiébaud, chef du génie.

worth, dont personne ne connaissait la manœuvre, et seize autres pièces provenant de Douai, ou de la citadelle, presque toutes inutilisables faute d'engins, et même d'affûts.

La veille de la bataille, les pièces suivantes étaient seules en batterie :

Sur le chemin de Salouel, deux pièces de la garde nationale mobilisée; sur le chemin de Dury, trois pièces de 12 de place, rayées; sur le chemin de Cagny à Saint-Acheul, deux obusiers de 15 centimètres.

Leur approvisionnement en munitions n'avait pas été constitué, et le personnel sans instruction, devait être suppléé, le lendemain, par les marins.

En arrière de ces lignes, cinq camps baraqués, pouvant contenir un bataillon chacun, se trouvaient à proximité des chemins d'Amiens à Salouel, Saleux, Dury, Saint-Fuscien et Longueau.

Quant aux parcs et convois de toute l'armée, ils ne comprenaient que quelques voitures de réquisition portant les bagages des officiers, un approvisionnement de munitions dirigé, les 25 et 26 novembre, de Douai sur Amiens (1), une ambulance administrée par un sous-

---

(1) *Le Directeur de l'artillerie au Commandant de l'artillerie de l'armée, à Amiens.*

Douai, 26 novembre, 8 h. 56 soir.

« J'ai envoyé hier 180 caisses de double approvisionnement de 4 rayé. Aujourd'hui en voitures, caisses ou barils, 328,000 cartouches chassepot; 270,000 tabatière; quel autre double approvisionnement voulez-vous? Est-ce du 4 rayé ou du 12 rayé, en caisses ou sur caissons? Renvoyez voitures vides. »

En note sur la dépêche :

« Envoyez encore 200,000 cartouches 1867 et le double approvisionnement de 12 et de 8. »

Les pièces de 12 et de 8 paraissent donc n'avoir eu que leur approvisionnement de 1re ligne, soit 96 coups par pièce, pendant la journée du 27. (Voir les pièces annexes.)

intendant et établie à Villers-Bretonneux, enfin un convoi de vivres de 200 voitures, stationné à Querrieux.

Pour couvrir Amiens, le général en chef voulait donc combiner une défense directe avec l'occupation des passages de la Somme. Il immobilisait ainsi la plus grande partie de ses troupes, dans des positions tactiques défavorables, sans indiquer de plan d'ensemble pour le combat, qu'il ne prévoyait pas avec certitude. En outre, cinq bataillons allaient être distraits du champ de bataille, où leur présence aurait pu donner des résultats décisifs (1).

Certaines propriétés du terrain avaient été étudiées avec soin, mais on est frappé, en le parcourant, de l'impossibilité d'en tirer parti avec les effectifs disponibles, et par conséquent de la disproportion entre les moyens et le but qu'on se proposait d'atteindre.

Avant de suivre les péripéties du combat, il importe de faire connaître l'état matériel et moral des troupes.

Le général en chef était l'âme même de l'armée, à l'organisation de laquelle il avait présidé, mais, moins ancien que le général Paulze d'Ivoy, privé de son état-major, il exerçait le commandement dans des conditions difficiles.

Les commandants de brigade et les chefs de corps, inconnus les uns aux autres, arrivés la veille, n'étaient pas mieux partagés.

Parmi eux, le général Lecointe, les colonels du Bessol, Derroja, de Gislain, Pittié, de jeunes chefs de bataillon, Aynès, Giovanninelli, Zédé, Tramond, d'autres

---

(1) Le 17e bataillon de chasseurs à pied à Sailly-Lorette, le 2e bataillon du 75e et le 5e bataillon du Pas-de-Calais, à Bray ; le 6e du Nord, à Querrieux, pour la garde d'un convoi, le 2e de la Marne, à Poix.

encore, tous instruits, ardents, formaient des éléments solides, dont on verra les effets. Mais les gradés subalternes manquaient, et quelques officiers échappés de captivité (1) ne suffisaient pas pour encadrer des volontaires, des rappelés, surtout des conscrits (2).

L'ensemble était discipliné, et, sinon enthousiaste, du moins conscient de ses devoirs.

L'équipement, l'habillement se complétaient au moment du départ (3); l'armement consistait en fusils modèle 1866, avec 90 cartouches par homme.

Dans la garde nationale mobile, quelques anciens capitaines retraités (4), ou démissionnaires, menaient au feu des gradés et des hommes sans instruction, peu confiants dans leurs fusils « à tabatière ».

---

(1) Voir aux pièces annexes (situations, emplacements) la situation par corps des officiers, sous-officiers et soldats évadés de captivité, et ayant rejoint l'armée du Nord pendant la campagne.

(2) Extraits des journaux de marche :

Chasseurs à pied. — 1er bataillon, 9 officiers échappés de Sedan et de Metz ; 1er bataillon de marche du 2e chasseurs, formé le 2 octobre ; 2e bataillon de marche du 2e chasseurs, composé presque uniquement de jeunes soldats venant de Bretagne et ne comprenant pas un mot de français ; 17e bataillon, formé le 15 novembre ; 20e bataillon, formé le 10 novembre : les trois quarts des chasseurs de ce bataillon étaient de jeunes soldats ayant un mois de service, venus du Pas-de-Calais, de la Gironde, de la Dordogne ; les sous-officiers nommés à la hâte étaient très inexpérimentés et dénués d'instruction générale ; les officiers étaient en grande partie des évadés de Sedan et de Metz.

Infanterie de ligne. — Bataillon du 33e, formé le 15 novembre ; bataillon du 65e, formé le 16 novembre et composé presque uniquement de jeunes soldats ; bataillon du 91e, formé le 19 novembre ; 1er bataillon du 43e, formé le 21 novembre.

(3) Le 20e bataillon de chasseurs n'avait que 300 manteaux, les 2/3 des pièces de rechange pour les fusils et 63 cartouches par homme. (Dépêche du 20 novembre.)

(4) Six officiers supérieurs seulement avaient servi dans l'armée active. Plusieurs bataillons n'avaient pas de sacs.

Quant à la garde nationale, elle était pourvue de fusils Wilson, Snider, Migné, dont elle connaissait à peine le maniement.

Attelée avec des chevaux incomplètement dressés, conduite par des gardes mobiles, ou des hommes du train, servie par des hommes à peine habillés (1), ou par des marins comme pointeurs, l'artillerie avait une diversité de calibres nuisible à son emploi.

La cavalerie, enfin, trop peu nombreuse pour pouvoir rendre des services, fut fractionnée pour le service des escortes.

Dans la soirée du 26, la Ire armée occupait les emplacements suivants (2) :

De Rosières, la *3e* division de cavalerie (général de Groeben) poussait son avant-garde à Fresnoy-en-Chaussée, à Beaucourt-en-Santerre, et ses reconnaissances vers Bray et Corbie.

La *3e* brigade d'infanterie cantonnait au Quesnel, à Hangest, Arvillers, Cayeux-en-Santerre, avec ses avant-postes à Hourges, Demuin, Ignaucourt.

Derrière elle stationnaient le *1er* régiment d'infanterie et l'artillerie de corps du Ier corps d'armée.

La *30e* brigade d'infanterie (général de Strubberg) occupait le cours de la Luce, de Domart à Thézy, avec le *28e* régiment à droite et le *68e* à gauche ; un bataillon du *28e* était au Plessier, avec le quartier général de l'armée ; deux compagnies du *28e* (3) avaient la garde du convoi du VIIIe corps.

---

(1) Rapport du général Farre sur la bataille de Villers-Bretonneux. Voir les pièces annexes.

(2) Major Kunz, *la Campagne de la 1re armée dans le Nord de la France* et *Historique du Grand Etat-Major prussien.*

(3) Une de ces compagnies rejoignait, le lendemain matin, le bataillon du *28e* qui était au Plessier.

La *29e* brigade (colonel de Bock) était à Castel et à Moreuil, où se trouvaient les quartiers généraux du corps d'armée et de la division.

A Ailly-sur-Noye stationnait le *29e* régiment (*31e* brigade) moins un bataillon posté à Breteuil avec l'artillerie de corps du VIIIe corps. Le *69e* (*31e* brigade) était à Rouvrel, à Merville-aux-Bois et aux avant-postes.

Le *40e* régiment, de la *32e* brigade, stationnait à Berny-sur-Noye ; le *70e* régiment, avec trois escadrons du *9e* hussards, à Essertaux. Une compagnie avait été détachée au convoi.

En arrière, entre Bouchoir et Coucy, s'échelonnaient les autres fractions de la *1re* division, rappelées de Mézières, mais qui arriveront trop tard pour faire sentir leur action.

En récapitulant, parmi toutes ces forces, celles qui devaient prendre part à la bataille du lendemain, on trouve un total de 25,059 hommes d'infanterie, 3,300 chevaux et 136 pièces (1).

Le général de Kummer, commandant la *15e* division, s'était trouvé du côté de Fouencamps, sur le terrain de l'action. Il connaissait donc la situation et en avait rendu compte dans la soirée au général de Goeben, qui, à Moreuil, se tenait à proximité du quartier général de la Ire armée.

---

(1) D'après le grand état-major prussien, les effectifs étaient ainsi répartis, le 21 novembre :

	Fantassins.	Chevaux.	Pièces.
Ier corps	15,287	1,039	78
VIIIe corps	19,629	1,139	90
3e division de cavalerie	»	2,210	6
Total	34,916	4,388	174

Mais les forces suivantes du 1er corps ne devaient pas prendre part à l'action :

Mais le général de Manteuffel apprenait, d'autre part, que des groupes importants stationnaient sur la rive droite de la Somme, dont les ponts étaient détruits ou gardés, que la ligne de la Luce avait été abandonnée, et il en concluait que le général Farre se bornerait à défendre les abords immédiats d'Amiens (1).

Les ordres furent donnés, en conséquence, dès 5 heures du soir :

Plessier, 26 novembre 1870.

« Le VIIIe corps d'armée poursuivra sa marche sur notre objectif Amiens, en occupant le terrain entre la Noye et la Celle ; ses avant-gardes devront s'établir demain sur le front Hébécourt, Sains, Fouencamps. Il

---

    3e, 43e, 41e régiments d'infanterie ;
    Deux batteries ;
    Deux escadrons de dragons n° *1*, 300 chevaux ;
    La 2e compagnie de pionniers, 170 hommes.

Le Ier corps n'allait donc engager que 8,200 fantassins, 720 chevaux, 66 pièces.

Du VIIIe corps, il faut défalquer :
    Une compagnie du *65e*, aux convois ;
    Une compagnie du *68e*, aux convois ;
    Un bataillon du *29e*, à l'artillerie de corps ;
    Deux compagnies du *29e*, aux convois ;
    Une compagnie de pionniers ;
    Une compagnie du *40e*, aux convois ;
    Un bataillon du *70e*, en garde-flanc ;
    Le 3e escadron du *9e* hussards, en garde-flanc ;
    Quatre batteries de l'artillerie de corps ;
    Une compagnie du *8e* bataillon de chasseurs, à Ham ;
    Deux pièces de l'artillerie à cheval, à Ham.

Total : 2,770 hommes, 140 chevaux et 26 pièces.

La 3e division de cavalerie avait détaché à Ham un escadron de cuirassiers n° *8*, et 3 escadrons 1/2 du 7e uhlans. (Major Kunz et *Historique du Grand État-Major prussien*.)

(1) *Historique du Grand État-Major prussien* et divers.

poussera des patrouilles au Nord, sur Amiens, à l'Ouest dans la direction de Poix et de Marseille-le-Petit.

Le Ier corps se reliera au VIIIe. Le gros de ses forces se portera demain sur la Luce, à peu près sur le front Thézy, Demuin.

La division de cavalerie, qui restera jusqu'à nouvel ordre sous le commandement du général commandant le Ier corps, ira fouiller le terrain en avant, entre la Luce et la Somme ; elle devra reconnaître toute la ligne de la Somme, pour y chercher des passages, et recueillir des renseignements sur les positions de l'ennemi en arrière.

Les passages sur les cours d'eau, entre les Ier et VIIIe corps, seront étudiés avec soin. Le VIIIe corps reconnaîtra ceux de la Noye, le Ier corps ceux de l'Avre, et chaque corps d'armée établira le nombre de passerelles nécessaires pour assurer la liaison.

Manteuffel. »

Contrairement aux indications du général de Manteuffel, son objectif n'aurait pas dû être Amiens ; il avait intérêt, sans doute, à utiliser la ligne de la Somme pour couvrir l'investissement de Paris, à en occuper les points de passage et les localités importantes, mais sans perdre de vue son but principal : la destruction des forces capables de le menacer. Une occasion s'offrait à lui de l'atteindre ; il la perdit, et ne donna pas les ordres pour une bataille, devenue probable après les engagements précédents.

En outre, au contact même de l'ennemi, la 1re armée conservait un front de 25 kilomètres, à peine inférieur à celui qu'elle avait sur l'Oise, en y arrivant le 20 novembre ; elle allait obliquer de plus en plus vers l'Ouest, alors que les résultats décisifs ne pouvaient être obtenus qu'au Nord d'Amiens. Les abords de la ville n'avaient pas été reconnus au Sud, et les voies ferrées, dont la destruction avait été prescrite le 23 novembre, restaient intactes.

Quel a donc été le résultat des reconnaissances de cette cavalerie, qui couvrait la plaine, en inquiétant nos avant-postes depuis plusieurs jours? Quel a été le rôle, en particulier, des régiments de cette arme répartis dans les divisions d'infanterie?

Il était malheureusement difficile, pour le général Farre, de profiter des fautes de son adversaire.

Si l'armée du Nord avait eu de la consistance, si son ravitaillement avait été assuré, elle aurait pu se concentrer, le 26 au soir, vers Corbie et Villers-Bretonneux, et prendre l'offensive dans la matinée du 27, avec une réserve composée des trois bataillons détachés sur la Somme, et des 2,000 marins inutilisés dans les places; mais tel n'était pas le cas.

D'autre part, l'opinion publique impatiente, le commissaire général, le préfet de la Somme, n'admettaient pas qu'on abandonnât Amiens. Ils ne se rendaient pas compte de l'impossibilité d'utiliser ce terrain avec des forces aussi restreintes, et du danger auquel on allait s'exposer, en y attendant le choc d'une armée, pourvue d'une puissante artillerie.

Pour résister à de pareilles sollicitations, il aurait fallu une autorité plus solidement établie que celle du général en chef qui, lui aussi, voulait *faire quelque chose*, et croyait à la nécessité de défendre Amiens. Il avait déployé son armée sur une ligne très étendue, son aile gauche n'était pas protégée et, sans réserve, il était sans moyens pour répondre aux coups décisifs, ou pour en porter.

On a également reproché au commandement de n'avoir pas fait appel aux troupes de Normandie. Pour réfuter cette critique, qui paraît justifiée en principe, il faut se rappeler qu'il n'était pas facile à un général en chef « par intérim », de prendre une pareille décision, que les ressources de la région du Nord n'étaient pas même suffisantes pour ravitailler les troupes qui en dépendaient, que l'appoint enfin des 10,000 hommes et des dix pièces du général Briand n'auraient pas assuré le succès, dans les conditions où la lutte allait s'engager.

Le général de Manteuffel disposera en effet, le lendemain de la bataille, de la 3e division de cavalerie, de six batteries, de treize bataillons qui n'auront pas été engagés la veille, de la brigade de La Fère qui ne tardera pas à suivre, et le 22e corps aurait difficilement échappé à un sort menaçant, si la diversion de Normandie ne l'avait pas dégagé.

On peut donc se demander si l'existence même des nouvelles formations devait être compromise pour la défense d'une ville ouverte, importante sans doute, mais dont la perte n'entrainait pas celle de la ligne de la Somme.

L'armée française, intacte au Nord de ce fleuve (1), menaçante pour les communications de l'ennemi, c'était l'obligation pour le général de Manteuffel, soit d'immobiliser et d'exposer un détachement considérable, soit d'entreprendre des opérations pendant lesquelles l'armée du Nord pouvait reprendre l'offensive, et livrer bataille dans de meilleures conditions tactiques.

Il paraît utile, avant d'entreprendre le récit de la bataille qui va s'engager le 27 novembre, d'indiquer en détail, dans les tableaux suivants, l'ordre de bataille de la Ire armée allemande, ainsi que la composition et les emplacements du 22e corps d'armée, le 26 novembre au soir.

---

(1) Le général Farre avait eu d'abord l'idée de concentrer le 22e corps sur la rive droite de la Somme, et de placer des avant-postes sur la rive gauche. (Notes du capitaine Rossel.)

Composition et emplacements du 22ᵉ corps d'armée, le 26 novembre (1).

Général en chef par intérim : général de brigade FARRE, à Amiens.
Faisant fonctions de chef d'état-major : lieutenant-colonel DE VILLENOISY, à Amiens.
Commandant de l'artillerie : chef d'escadron CHARON, à Amiens.

Artillerie.

1ʳᵉ batterie bis du 15ᵉ, pièces de 4, capitaine RAVAUT, à Amiens.
3ᵉ batterie bis du 12ᵉ, pièces de 8, capitaine DE MONTEBELLO, à Amiens.
1ʳᵉ batterie mixte de 12, capitaine GIRON, à Amiens.
2ᵉ batterie mixte de 12, capitaine MEUNIER.
3ᵉ batterie principale du 12ᵉ, pièces de 12, capitaine CHATON, à Corbie.
2ᵉ batterie principale du 15ᵉ, pièces de 4, capitaine PIGOUCHE, à Villers-Bretonneux.
2ᵉ batterie ter du 15ᵉ, pièces de 4, capitaine GRANDMOTTET, à Villers-Bretonneux.

Génie.

Commandant du génie : commandant THOUZELLIER.
2ᵉ compagnie bis du 2ᵉ régiment, capitaine ALLARD, à Blangy.
Parc du génie (2 voitures), à Blangy.

Cavalerie.

Deux escadrons de gendarmes à cheval de la 3ᵉ légion, commandant DE COURCHANT, à Blangy.
Deux escadrons de dragons du Nord, commandant MILLAS, à Corbie.

---

(1) *Officiers supérieurs évadés de captivité :*

Évadés de Sedan : commandants Charon, Enduran, Hecquet.
Évadés de Metz : Général Lecointe; colonels Derroja, du Bessol; lieutenants-colonels Pittié, de Gislain, de Villenoisy, Fœrster; commandants Giovanninelli, Cottin, Zédé, Jan, Roslin, Moynier, Tramond, Martin, Thouzellier.

Infanterie.

1re *brigade*, général de brigade LECOINTE, à Amiens.

2e bataillon de marche du 2e chasseurs à pied, commandant GIOVANNINELLI, à Vaire-sous-Corbie.

Régiment d'infanterie de marche, lieutenant-colonel DE GISLAIN :

1er bataillon de marche du 63e, commandant ENDURAN, à Corbie.

1er bataillon de marche du 75e, commandant AYNÈS, à Corbie.

1er bataillon de marche du 91e, commandant COTTIN, à Fouilloy, Hamelet.

46e régiment de garde mobile du Nord, lieutenant-colonel DE FIERVILLE :

1er bataillon, commandant J. DE LALÈNE DE LAPRADE, à Aubigny.

2e bataillon, commandant BOITELLE, à Vecquemont, Daours.

3e bataillon, commandant POLLET, à Bussy-les-Daours.

2e *brigade*, colonel DERROJA, à Amiens.

1er bataillon de marche de chasseurs à pied, commandant JAN (1), à Boves.

Régiment d'infanterie de marche, lieutenant-colonel PITTIÉ :

1er bataillon de marche du 24e, commandant TALANDIER, à Boves.

2e bataillon de marche du 24e, commandant MARTIN, à Longueau et Saint-Acheul.

1er bataillon de marche du 33e, commandant ZÉDÉ, trois compagnies à Camon, 4e et 5e compagnies à Cachy.

47e régiment de garde mobile du Nord, lieutenant-colonel GALLIER :

4e bataillon, commandant PATOUX, à Camon.

5e bataillon, commandant BAUDART, à Longueau.

6e bataillon, commandant DE SAINT-MART, à Querrieux (2).

3e *brigade*, colonel DUFAURE DU BESSOL, à Villers-Bretonneux.

20e bataillon de marche de chasseurs à pied, commandant HECQUET, à Gentelles.

---

(1) Tué pendant la journée du 26.

(2) Détaché à Querrieux pour y garder un convoi de vivres de 200 voitures.

1er bataillon de marche du 43e, commandant Roslin, à Villers-Bretonneux.

8e bataillon du 2e régiment d'infanterie de marine, commandant DE LA BROUE, à Villers-Bretonneux.

48e régiment de garde mobile du Nord, lieutenant-colonel Duhamel :
7e bataillon, commandant Phalempin, à Villers-Bretonneux.
8e bataillon, commandant Monnier, à Villers-Bretonneux.
9e bataillon, commandant DE Brigode, à Villers-Bretonneux.

Troupes non embrigadées.

Bataillon de marche du 17e bataillon de chasseurs, commandant Moynier, à Corbie (1).

2e bataillon de marche du 75e, commandant Tramond, à Bray (2).

5e bataillon de garde mobile du Pas-de-Calais, commandant Matis, à Bray.

Ordre de bataille de la Ire armée le 15 novembre.

Commandant en chef : général DE Manteuffel.
Chef d'état-major : colonel DE Wartensleben.

Ier CORPS D'ARMÉE

Commandant en chef : général DE Manteuffel.
Chef d'état-major : lieutenant-colonel DE Burg.

1re division d'infanterie : général DE Bentheim.

1re brigade d'infanterie, colonel DE Boecking.
1er régiment de grenadiers (Prince royal).
5e régiment de la Prusse orientale, n° 41.

2e brigade d'infanterie, général-major DE Falkenstein.
2e régiment de grenadiers de la Prusse orientale, n° 3.
6e régiment d'infanterie de la Prusse orientale, n° 43.

---

(1) Arrivé le 26 au soir, se rend à Sailly-Lorette le 27 au matin.
(2) Débarque à Albert le 26 et arrive le même jour à Bray.

1er bataillon de chasseurs de la Prusse orientale.
1er régiment de dragons.
1er groupe du régiment d'artillerie de campagne de la Prusse orientale, n° *1* (Ire et IIe batteries lourdes, 1re et 2e batteries légères).
2e compagnie de pionniers de campagne.
3e compagnie de pionniers de campagne.

2e division d'infanterie : général DE PRITZELWITZ.

3e brigade d'infanterie, colonel DE BUSSE.

3e régiment de grenadiers de la Prusse orientale, n° *4*.
7e régiment d'infanterie de la Prusse orientale, n° *44*.

4e brigade d'infanterie, général-major DE ZGLINITZKI.

4e régiment de grenadiers de la Prusse orientale, n° *5*.
8e régiment d'infanterie de la Prusse orientale, n° *45*.

10e régiment de dragons de la Prusse orientale.
3e groupe du régiment d'artillerie de campagne de la Prusse orientale, n° *1* (Ve et VIe batteries lourdes, 5e et 6e batteries légères).
1re compagnie de pionniers de campagne, avec l'équipage de pont léger.
Détachement sanitaire n° *2*.

Artillerie de corps.

Groupe à cheval du régiment d'artillerie de campagne de la Prusse orientale, n° *1* (2e et 3e batteries à cheval).
2e groupe du régiment d'artillerie de campagne de la Prusse orientale, n° *1* (IIIe et IVe batteries lourdes, 3e et 4e batteries légères).

VIIIe CORPS D'ARMÉE.

Commandant en chef : général d'infanterie DE GOEBEN.
Chef d'état-major : colonel DE WITZENDORFF.

15e division d'infanterie : général DE KUMMER.

29e brigade d'infanterie : colonel DE BOCK.
Régiment de fusiliers de la Prusse orientale, n° *33*.
5e régiment d'infanterie rhénane, n° *65*.

30ᵉ brigade d'infanterie : général-major DE STRUBBERG.

2ᵉ régiment d'infanterie rhénane, n° *28*.

6ᵉ régiment d'infanterie rhénane, n° *68*.

8ᵉ bataillon de chasseurs rhénans.

7ᵉ régiment de hussards.

1ᵉʳ groupe du régiment d'artillerie de campagne rhénane, n° *8* (Iʳᵉ et IIᵉ batteries lourdes, 1ʳᵉ et 2ᵉ batteries légères).

2ᵉ compagnie de pionniers de campagne.

Détachement sanitaire n° *1*.

16ᵉ division d'infanterie : général DE BARNEKOW.

31ᵉ brigade d'infanterie : général-major NEIDHARDT DE GNEISENAU.

3ᵉ régiment d'infanterie rhénane, n° *29*.

7ᵉ régiment d'infanterie rhénane, n° *69*.

32ᵉ brigade d'infanterie : colonel DE BEYER DE KARGER.

Régiment de fusiliers de Hohenzollern, n° *40*.

8ᵉ régiment d'infanterie rhénane, n° *70*.

2ᵉ régiment de hussards, n° *9*.

3ᵉ groupe du régiment d'artillerie de campagne rhénane, n° *8* (Vᵉ et VIᵉ batteries lourdes, 5ᵉ et 6ᵉ batteries légères).

1ʳᵉ compagnie de pionniers de campagne avec l'équipage de pont léger.

3ᵉ compagnie de pionniers de campagne.

Détachement sanitaire n° *2*.

Artillerie de corps.

Groupe à cheval du régiment d'artillerie de campagne rhénane, n° *8* (1ʳᵉ, 2ᵉ et 3ᵉ batteries à cheval).

2ᵉ groupe du régiment d'artillerie de campagne rhénane, n° *8* (IIIᵉ et IVᵉ batteries lourdes, 3ᵉ et 4ᵉ batteries légères).

Colonnes de munitions du régiment d'artillerie de campagne rhénane, n° *8*.

Colonnes de munitions d'artillerie n°ˢ *1* à *5*; colonnes de munitions d'infanterie n°ˢ *1* à *4*; équipage de pont.

Bataillon du train, n° 8; dépôt de réserve d'ambulance; dépôt de remonte; colonne de boulangerie de campagne; colonnes de subsistances n°ˢ *1* à *5*; ambulances de campagne n°ˢ *1* à *12*; escadron d'escorte du train.

3° division de cavalerie : général DE GROEBEN.

6° brigade de cavalerie : général-major DE MIRUS.
8° régiment de cuirassiers rhénans.
7° régiment de uhlans rhénans.

7° brigade de cavalerie : général-major DE DOHNA.
5° régiment de uhlans de Westphalie.
2° régiment de uhlans de Hanovre, n° *14.*
1re batterie à cheval du VIIe corps d'armée.
Demi-détachement sanitaire du VIIe corps d'armée.
Une ambulance de campagne du VIIe corps d'armée.

3° division de réserve : général-major SCHULER DE SENDEN.

Brigade combinée d'infanterie : général-major DE BLANCKENSEE.
2° régiment d'infanterie de Posen, n° *19.*
1er régiment d'infanterie hessoise, n° *81.*

3° brigade de cavalerie de réserve : général-major DE STRANTZ.
1er régiment de dragons de réserve.
3° régiment de hussards de réserve.

Groupe d'artillerie du Ve corps d'armée.

Ire et IIe batteries lourdes, batterie légère de réserve.
Demi-détachement sanitaire du Ier corps.

IV

La bataille de Villers-Bretonneux jusqu'à 1 heure [1].

Les positions sur lesquelles le général Farre allait engager ses troupes comprennent d'abord un plateau, limité au Nord-Est par la Somme, au Nord par les bois d'Aquenne, de Blangy, et par le bois l'Abbé, à l'Ouest par l'Avre, au Sud par la Luce.

Au milieu même du plateau, les villages de Marcelcave, de Villers-Bretonneux, de Cachy et de Gentelles forment d'excellents points d'appui grâce au terrain, découvert sur une étendue de 1500 à 2,000 mètres, qui les sépare de la Luce.

Mais, sur les pentes Nord de cette dernière vallée, s'alignent les bois de Morgemont, de Hangard, de Domart, de Fleye et de Gentelles qu'il aurait fallu occuper si des effectifs suffisants avaient permis de donner tout le développement voulu à ce système de défense. Sur la Luce même, tous les villages, d'Ignaucourt à Thézy, s'imposaient aussi comme postes détachés.

En réalité, le général Farre avait dû se borner à tenir Villers-Bretonneux, Cachy, Gentelles avec la 3e brigade, et à prévoir le déploiement, entre Villers-Bretonneux et

---

[1] Voir le plan de la bataille au 1/50,000e.

les bois d'Aquenne et de Blangy, de la 1ʳᵉ brigade restée le 26 au soir à Corbie.

A l'Ouest de ce plateau, la vallée de l'Avre forme une large brèche de deux kilomètres, que dominent les ruines du château de Boves. Ici la 2ᵉ brigade allait former trait d'union avec la garnison d'Amiens, postée à cinq kilomètres plus à l'Ouest, dans les retranchements élevés par les soins des autorités locales. Bien que le développement de ces ouvrages fût énorme, suivant l'expression du général Farre, et leur armement très insuffisant, ils acquéraient une certaine valeur par suite du relief du terrain dont ils épousaient les formes.

La crête demi-circulaire, que suivait la ligne de défense, et qui est cotée 110 au point culminant sur la route de Dury, est, en effet, précédée de pentes uniformes et découvertes, d'où l'on domine toute la région environnante. Elle serpente à trois kilomètres au Sud de la ville, entre la Celle à l'Ouest, et Cagny à l'Est ; un mamelon isolé, sur lequel se trouvaient deux pièces de 15 centimètres, prolonge ce plissement de terrain, au Nord de Cagny.

C'est de ce côté que se présentera le gros des forces ennemies, car le VIIIᵉ corps va progresser entre l'Avre et la Celle, et pousser ses avant-gardes sur la ligne Hébécourt, Sains, Fouencamps.

Sur la Luce, au contraire, la *3ᵉ* brigade seule, mais suivie des autres fractions du Iᵉʳ corps, occupera la ligne Thézy-Demuin.

Quant à la *3ᵉ* division de cavalerie, elle doit s'avancer dans la direction d'Amiens, entre la Luce et la Somme, dont elle a reçu l'ordre de reconnaître les passages.

La défense d'Amiens (1) comprend quatre combats

---

(1) Sauf les exceptions qui seront indiquées, tous les détails de ce récit ont été puisés, pour l'armée française, dans les journaux de

distincts, à Villers-Bretonneux, à Cachy-Gentelles, à Boves, et aux retranchements de Dury.

Sur tous ces points, un temps d'arrêt, ou un événement décisif, se produisit vers 1 heure de l'après-midi.

L'étude successive de chacun de ces engagements, jusqu'à 1 heure d'abord, puis jusqu'à la nuit, donnera plus de clarté au récit, et permettra de mieux apercevoir l'ensemble du champ de bataille.

Les renseignements fournis pendant la nuit, par les maires des communes avoisinantes, et par les habitants du pays, faisaient connaître que les forces ennemies se rapprochaient du cours de la Luce ; 12,000 hommes, environ, étaient signalés entre Moreuil et Domart, et de nombreux feux de bivouac éclairaient l'horizon.

Le colonel du Bessol écrivit d'abord au lieutenant-colonel de Gislain, commandant provisoirement la 1re brigade à Corbie (1), pour lui demander son concours conformément aux instructions données la veille, sur le terrain, par le général en chef.

Dès 6 heures du matin, le 48e régiment de garde mobile était rassemblé devant la mairie de Villers, et le bataillon du 43e partait pour Cachy.

Vers 9 heures, une reconnaissance de la compagnie H (2) signalait la présence de l'ennemi au bois de Hangard, et un escadron de uhlans, trompé par le brouillard, se heurtait à la grand'garde de la briqueterie Leroy.

---

marche et les rapports, dont des extraits figurent aux pièces annexes; pour l'armée allemande, dans l'*Historique du Grand État-Major prussien* et dans les ouvrages du général de Wartensleben et du major Kunz.

(1) En remplacement du général Lecointe, resté à Amiens.

(2) Cette reconnaissance partait du moulin à vent, à la jonction du chemin de Hangard à Villers-Bretonneux avec celui de Boves à Marcelcave.

Dans le lointain, on entendait la fusillade des reconnaissances augmenter d'intensité sur différents points.

Le colonel du Bessol fit alors connaître la situation au général Farre, puis au général Lecointe (1) et prit ses dispositions.

De l'infanterie de marine (2), la compagnie H se plaçait à un kilomètre au Sud de Villers-Bretonneux, à droite du chemin de Hangard, où elle fut bientôt rejointe par les francs-tireurs de l'Aisne, et quelques pompiers. La compagnie L occupait la gare, et 45 hommes de la compagnie J la tranchée-abri, à la cote 98. A l'Est de la ville, la compagnie I était en arrière de la briqueterie Leroy, avec la compagnie K en réserve.

Le reste de la compagnie J (3) se tenait au deuxième pont sur la voie ferrée, à 1500 mètres à l'Est de la ville, où des terres de déblai, ayant 3 à 4 mètres de hauteur, sur une étendue de 600 mètres environ, formaient un sérieux point d'appui (4).

A l'extrémité de cette ligne, du côté de Marcelcave, la compagnie du génie (5) établissait un épaulement, qui n'était pas achevé lorsqu'elle fut ramenée vers la bri-

---

(1) *Colonel du Bessol à général Lecointe, Amiens.*

Villers-Bretonneux, 9 h. 40 matin.

Les Prussiens arrivent de deux côtés, par Marcelcave et Domart. Je crois que c'est sérieux ; la fusillade a commencé.

(2) Relation du commandant Brunot, capitaine au 8e bataillon, puis commandant de l'infanterie de marine.

(3) 15 hommes de la compagnie J étaient à la briqueterie Leroy.

(4) Ces buttes existent encore ; elles ont 10 mètres de large et forment deux groupes : le premier, à l'Ouest du pont, a 350 mètres de long ; entre le premier et le second, se trouve, à hauteur du pont, un espace libre de 50 mètres ; le deuxième groupe a 150 mètres de long et se prolongeait par un épaulement.

(5) Le parc rejoignit à Villers dans la matinée.

queterie Catel, déjà occupée par une compagnie du 9ᵉ bataillon du Nord.

Le 8ᵉ bataillon de mobiles, au Nord-Est de Villers-Bretonneux, la gauche appuyée au chemin d'Hamelet, avait trois compagnies déployées, une seule en soutien (1); les 7ᵉ et 9ᵉ bataillons (2) séparés par le chemin de Demuin, se massaient en colonne serrée, le 7ᵉ à droite, vers la sortie Sud de Villers.

Toute la 1ʳᵉ brigade, sauf une compagnie du 65ᵉ détachée à Sailly et une du 75ᵉ restée à Corbie, quittait ses cantonnements à 10 heures (3); deux compagnies du 65ᵉ, sous les ordres du commandant Enduran, s'établissaient dans des tranchées, en avant de la briqueterie Leroy, avec deux sections en réserve.

Le 2ᵉ bataillon de marche du 2ᵉ chasseurs à pied traversait Villers, déjà encombré de gardes mobiles, de voitures, d'effets et d'*impedimenta* de toutes sortes. Il déployait quatre compagnies entre le chemin de Demuin et le deuxième pont sur la voie ferrée (4).

Le bataillon du 75ᵉ (5) s'arrêtait entre les chemins de Villers-Bretonneux à Cachy et à Domart, avec deux compagnies en première ligne; à la gauche du 75ᵉ se trouvaient deux compagnies du 7ᵉ bataillon du Nord (6), à la droite deux du 65ᵉ (7).

Le 91ᵉ garnissait la lisière du bois d'Aquenne, avec ses réserves en arrière.

---

(1) Une compagnie avait été laissée à Fouilloy.
(2) Moins la compagnie de la briqueterie Catel.
(3) Plusieurs corps n'avaient pas mangé avant le départ. (Journaux de marche.)
(4) La 1ʳᵉ compagnie, commandée par le capitaine de Négrier, se trouvait au pont.
(5) Moins la compagnie restée à Corbie.
(6) Les 1ʳᵉ et 2ᵉ compagnies.
(7) Les 4ᵉ et 5ᵉ compagnies.

Enfin le 1ᵉʳ bataillon du Nord se tenait au bois l'Abbé ; le 2ᵉ, puis le 3ᵉ, déployés obliquement au premier, suivaient la crête, et s'étendaient jusqu'au bois de Gentelles, avec deux compagnies dans le pli de terrain, à l'Est de Boves.

Ce déploiement prématuré, ordonné la veille, enlevait toute liberté d'action au général en chef, dont l'unique réserve partielle à Villers-Bretonneux, constituée par deux bataillons de garde mobile (1), allait fondre au premier effort. Sur la route de Péronne, six compagnies (2) devaient rester inactives pendant la plus grande partie de la journée. Du côté de Gentelles, les troupes s'échelonnaient mieux en profondeur ; mais quinze bataillons et trente pièces ne suffisaient pas pour garnir une ligne de défense de douze kilomètres, dont le colonel du Bessol avait signalé les inconvénients, et dont l'occupation, disait-il, n'était destinée qu'à donner satisfaction aux intérêts commerciaux de la ville d'Amiens (3).

Après s'être concerté avec le chef d'escadron Charon, commandant l'artillerie, il appela la batterie de 8 (4), qui attendait des ordres au cabaret du Petit-Blangy, plaça la batterie de 12 (5) à l'Est de Villers, entre la voie ferrée et la route de Péronne, la batterie Pigouche (6) derrière le talus du chemin de Demuin, à la droite du 2ᵉ chasseurs à pied, la batterie Grandmottet (7) en réserve.

---

(1) Les 7ᵉ et 9ᵉ bataillons, moins les 1ʳᵉ et 2ᵉ compagnies du 7ᵉ bataillon et une compagnie du 9ᵉ.
(2) Quatre compagnies du 8ᵉ bataillon du Nord, deux du 65ᵉ.
(3) Rapport du colonel du Bessol au général Farre.
(4) Cette batterie, 3ᵉ *bis* du 12ᵉ, commandée par le capitaine de Montebello, avait quitté Amiens à 9 h. 1/2.
(5) 3ᵉ batterie principale du 12ᵉ, capitaine Chaton.
(6) 2ᵉ batterie principale du 15ᵉ.
(7) 2ᵉ batterie *ter* du 15ᵉ.

Elles devaient toutes dissimuler leurs emplacements, et n'ouvrir le feu que sur l'artillerie ennemie.

En face de ce dispositif voici celui des Allemands.

En s'avançant dans la matinée par la route de Roye, le général de Bentheim, commandant le Ier corps, apprenait par les patrouilles du *10*^{e} dragons, que les Français occupaient Gentelles, Cachy, Villers-Bretonneux, et envoyaient des reconnaissances dans les bois.

Craignant alors d'être attaqué sur son flanc droit, il donna l'ordre de déployer l'avant-garde sur le plateau (1).

Arrivé vers 10 heures à Hangard, le *4*^{e} régiment d'infanterie fut dirigé avec deux batteries sur les bois de Domart et de Hangard, et le *44*^{e}, accompagné d'une batterie, sur le bois de Morgemont. Le gros du Ier corps devait rester sur la Luce, de Hourges à Ignaucourt.

Si ces dispositions facilitaient le débouché au delà de la Luce, elles avaient l'inconvénient d'engager l'artillerie isolément et d'augmenter l'étendue du front, en créant un vide entre les Ier et VIIIe corps.

---

(1) Ordre de marche du Ier corps d'armée (*Historique du Grand État-Major prussien*) :

Avant-garde..
$\begin{cases} \text{Tête : } \dfrac{\text{Il et F}}{4}, \dfrac{2 \text{ et } 3}{10^e \text{ dragons}}, \text{ batterie } \dfrac{5}{1}; \\ \text{Gros : } \dfrac{1}{4} \text{ et } 44^o \text{ régiment}, \dfrac{1}{10^e \text{ dragons}}, \text{ batterie } \dfrac{\text{V. C}}{1}, \\ 1^{re} \text{ compagnie de pionniers.} \end{cases}$

Gros........
$\begin{cases} 1^{er} \text{ échelon : régiment de grenadiers Prince-Royal} \\ n^o \text{ } 1, \dfrac{3 \text{ et } 4}{1^{er} \text{ dragons}}, \text{ batteries } \dfrac{\text{I, II}}{1}, \text{ artillerie de corps} \\ \text{et } 3^e \text{ compagnie de pionniers;} \\ 2^e \text{ échelon : } \dfrac{1}{3}, \dfrac{1 \text{ et F}}{41}, \text{ batterie } \dfrac{2}{1}. \end{cases}$

Les autres éléments formaient deux échelons, dont les têtes de colonnes devaient atteindre Roye le 27 novembre.

Sur la droite, la *3ᵉ* division de cavalerie avait quitté ses cantonnements de Caix et de Rosières ; précédée par ses reconnaissances vers Bray et Corbie, elle y prenait le contact avec deux pelotons de dragons (1) ; mais, trouvant les ponts gardés, elle s'était rabattue sur Lamotte-en-Santerre, où pénétraient, à 10 heures, les sept compagnies de chasseurs qui l'accompagnaient ; les batteries à cheval envoyaient alors quelques projectiles sur la briqueterie Leroy, puis restaient inactives jusqu'à midi.

A ce moment, deux compagnies de la colonne de gauche de la *3ᵉ* brigade (2) s'avançaient entre les bois de Hangard et de Morgemont, puis se déployaient sur le plateau ; elles y étaient accueillies par le feu de l'infanterie de marine, qui les rejetait sur le saillant Nord-Est du bois de Hangard ; une batterie (3) ouvrit néanmoins le feu au Nord du bois de Morgemont, et facilita l'occupation (4), par trois compagnies de la colonne de droite, des taillis qui se trouvent à proximité.

Derrière cet écran, le gros du *44ᵉ* entrait bientôt en ligne.

Le major Dallmer, profitant du pli de terrain qui remonte entre le bois de Morgemont et Marcelcave engageait son régiment avec décision, mais le déployait tout

---

(1) Les deux escadrons de dragons, cantonnés à Corbie, détachaient, pendant la journée du 27, deux pelotons sur la rive droite de la Somme et deux pelotons sur les routes d'Albert et de Bray. Un peloton était à Morlancourt depuis le 25 ; un peloton était à Villers-Bretonneux, aux ordres du général en chef. Le reste était fractionné par le service des escortes.

(2) $\frac{7, 8}{4}$.

(3) $\frac{6}{1}$.

(4) Par les compagnies $\frac{1, 2, 4}{44}$

entier, sans autre réserve que deux compagnies (1) restées au Sud-Est du bois. En même temps les deux batteries à cheval, soutenues par les chasseurs, ouvraient le feu à l'Ouest de Marcelcave, en avant de la *3ᵉ* division de cavalerie, rassemblée à l'Est.

Le commandant Giovanninelli (2ᵉ chasseurs à pied), se voyant menacé, avait dirigé une deuxième compagnie sur le pont d'Ignaucourt (2); la batterie Grandmottet, qui venait d'entrer en action au Sud de Villers-Bretonneux, entre les chemins de Domart et de Hangard, se portait également en avant; mais, accueillie par un feu violent, elle avait une pièce démontée, et n'était dégagée que par l'intervention de la 1ʳᵉ compagnie du 7ᵉ bataillon du Nord, envoyée par le colonel du Bessol.

Pendant ce temps, le *44ᵉ* (3) s'avançait jusqu'à 250 mètres des buttes, et les enlevait après un effort décisif.

Le commandant Giovanninelli, le capitaine de Négrier étaient blessés, et les défenseurs rétrogradaient lentement vers le premier pont, tandis que deux compagnies (4) du *44ᵉ* s'efforçaient de progresser en suivant la voie ferrée, très encaissée à cet endroit; derrière elles, la batterie $\frac{6}{1}$ traversait le pont d'Ignaucourt, et ouvrait le feu sur la briqueterie Catel.

Cette offensive fut bientôt arrêtée par la compagnie J, et les francs-tireurs de l'Aisne, établis au premier pont; à leur gauche se déployaient trois sections, dont une de

---

(1) $\frac{10, 12}{44}$.

(2) Deuxième pont sur la voie ferrée, entouré par les buttes.

(3) De droite à gauche, les compagnies étaient déployées dans l'ordre suivant : 8ᵉ, 5ᵉ, 6ᵉ, 7ᵉ, 9ᵉ, 11ᵉ, 3ᵉ.

(4) $\frac{5, 8}{44}$.

la compagnie I, une du génie, la troisième de gardes mobiles (1). La batterie $\frac{6}{7}$, criblée de projectiles, se reportait alors à l'Est du bois de Morgemont, afin de répondre à une contre-attaque (2) qui allait réussir, grâce au concours de l'artillerie.

Il était environ 1 heure, le brouillard assez intense dans la matinée, commençait à se dissiper; de Villers-Bretonneux on distinguait facilement Cachy, la lisière des bois, Marcelcave; aussi la batterie Grandmottet avait-elle pris comme objectif les troupes qui occupaient les deux saillants du bois de Hangard; à sa gauche la batterie Pigouche tirait sur l'artillerie de Marcelcave, et sur les buttes; au Nord de la voie ferrée, la batterie de 8 entrait en action près de la batterie de 12, dont deux pièces étaient au Sud de Villers, vers la cote 98.

Du côté de Cachy, le 91e, ayant à sa gauche les deux compagnies du 65e, avait occupé dans la matinée la lisière du bois d'Aquenne (3). Les reconnaissances, envoyées de Cachy sur Demuin, signalaient bientôt l'approche de l'ennemi, et le 20e chasseurs à pied, qui avait pris les armes de bonne heure, en était également informé. A 11 h. 1/2, la 2e compagnie de ce bataillon, en grand'garde sur la route de Roye, ouvrit le feu sur deux compagnies du 4e régiment (4), et se replia vers la Tuilerie, tandis que la 1re compagnie se déployait à

---

(1) Une compagnie du 9e bataillon, qui se trouvait à la briqueterie Catel.
(2) Voir, chapitre V, la bataille à partir de 1 heure.
(3) Trois compagnies en première ligne, les 1re et 5e en réserve. Une section restait sur la route d'Amiens.
(4) Sur les compagnies $\frac{9.11}{4}$, voir page 81 le déploiement de la 3e brigade allemande.

gauche, contre quatre colonnes du Ier bataillon du 4e régiment, qui débouchaient par le ravin au Sud de Cachy. La 3e compagnie de chasseurs se plaça bientôt entre les 1re et 2e, et le reste en réserve, au cimetière, près de l'église de Gentelles.

Sur la gauche de l'infanterie allemande s'avançait un escadron (1); en arrière une batterie ouvrait (2) le feu dans une partie défrichée du bois de Domart.

Le commandant Hecquet (20e chasseurs à pied), qui devait se replier devant des forces supérieures, crut alors nécessaire de faire *sonner la retraite*. Ce mouvement s'étant opéré simultanément, et avec une certaine précipitation, pour les fractions en première et en deuxième ligne, la 4e compagnie, et deux sections de la 5e, se portèrent sur la lisière du bois l'Abbé, tandis que les autres se retiraient vers le bois de Blangy.

A 1 heure, Gentelles fut occupé par les Allemands, et leur batterie prit position à l'Est de la Tuilerie, pour ouvrir le feu sur Cachy.

De ce côté, le 43e s'était porté en avant au moment où l'action s'engageait à Gentelles; il se déployait (3) entre le ravin au Sud-Ouest de Cachy et le chemin de Hangard, face à deux compagnies (4) du 4e régiment qui commençaient à déboucher vers le saillant Nord-Ouest du bois de Hangard; à 500 mètres sur leur gauche, une nouvelle batterie (5) entrait en action, tandis que la 2e compagnie

---

(1) $\dfrac{1}{10^e \text{ dragons}}$.

(2) La batterie $\dfrac{V}{1}$.

(3) Quatre compagnies en première ligne.

(4) $\dfrac{10, 12}{4}$.

(5) $\dfrac{5}{1}$.

du 4ᵉ régiment garnissait la lisière du bois de Fleye ; en arrière de ce groupe se tenaient, en réserve, les pionniers et la 5ᵉ compagnie.

Le 43ᵉ s'avança jusqu'à 300 mètres des tirailleurs allemands, pour les empêcher de déboucher des bois ; mais le commandant Roslin ayant été mortellement frappé, et une compagnie (1) étant venue renforcer l'ennemi, les Français rétrogradèrent lentement sur Cachy, vers 1 h. 1/2.

Ni le général en chef, ni le colonel Derroja (2), arrivé la veille au soir à Amiens, n'avaient malheureusement eu le temps de se rendre compte du danger qui les menaçait à Boves ; deux bataillons (3) y étaient isolés, entre Gentelles et les lignes d'Amiens, sur une étendue de huit kilomètres, et dans une situation topographique défavorable.

Boves, placé au fond d'un entonnoir, formé par l'Avre et la Noye, dominé à l'Ouest par un plateau sans défense, et au Sud par les hauteurs de Fouencamps, se présentait à l'ennemi comme un objectif désigné. Pour le défendre, il aurait fallu occuper Fouencamps, les bois de Cottenchy et de Gentelles, s'étendre du côté de l'Ouest, adopter un dispositif en profondeur, avoir enfin des effectifs proportionnés au but à atteindre.

Vers 10 heures, les fractions avancées du 1ᵉʳ chasseurs à pied (4) ouvraient le feu, au Paraclet, sur des patrouilles de hussards, bientôt suivies par des détachements d'infanterie.

---

(1) $\frac{6}{4}$.

(2) *Souvenirs du général Derroja*. Il était arrivé à Amiens sans cheval, sans officier d'ordonnance, et avait été mis vaguement au courant de la situation par le général Lecointe, pendant le dîner.

(3) Le 1ᵉʳ bataillon du 24ᵉ et le 1ᵉʳ bataillon de chasseurs.

(4) 5ᵉ compagnie.

Le général de Gœben, commandant le VIII⁰ corps, avait en effet prescrit à la *30⁰* brigade de s'établir entre Fouencamps et Estrées, à la *29⁰* de se concentrer vers Sains, à la *16⁰* division d'atteindre la ligne Rumigny-Plachy, en poussant éventuellement jusqu'à Dury, tandis que l'artillerie de corps se réunirait à Grattepanche et à Oresmaux. Son flanc gauche devait être protégé par un détachement à Conty.

Conformément à ces ordres, la *30⁰* brigade, couverte par les II⁰ et III⁰ bataillons du *28⁰*, se rassemblait, dans la matinée, à Hailles, avec deux escadrons du 7⁰ hussards et deux batteries (1).

La 5⁰ compagnie du *28⁰*, à la pointe d'avant-garde, se déploya devant le Paraclet à midi, suivie des 7⁰ et 8⁰, et d'une section d'artillerie qui s'établissait entre Thézy et Cottenchy.

Le Paraclet fut alors évacué par les chasseurs, et occupé par deux compagnies du *68⁰* qui suivaient le *28⁰*.

Pendant que la 5⁰ compagnie du 1ᵉʳ chasseurs se retirait vers l'église de Boves, le bataillon réuni au cimetière rendait les derniers honneurs au commandant Jan, frappé mortellement la veille ; les positions furent donc rapidement occupées à l'Est de l'église et aux ruines, où se tenait la 2⁰ compagnie avec les francs-tireurs du commandant Bayle.

A la gauche des chasseurs, en avant de Saint-Nicolas, le 24⁰ avait déployé sa 2⁰ compagnie dès 9 heures, entre les routes de Roye et de Montdidier, et la 3⁰ sur la chaussée de Boves à Fouencamps.

Ces dispositions parurent insuffisantes au colonel Der-

---

(1) $\frac{\text{I, II}}{8}$.

roja qui arriva vers midi (1) ; il prescrivit de renforcer la première ligne, puis se reporta du côté de Gentelles, où le combat semblait plus sérieux (2). La 2ᵉ compagnie du 24ᵉ s'établit alors dans la tranchée-abri, près du pont de la voie ferrée ; la 3ᵉ à sa gauche, les 1ʳᵉ et 4ᵉ à 150 mètres en arrière, avec une seule section en réserve, contre le talus de la voie ferrée.

A ce moment, un secours inattendu se rapprochait des défenseurs de Boves.

En exécution des ordres, donnés la veille par le général en chef, le commandant Zédé quittait Longueau dans la matinée, pour reconnaître Dury, Saint-Fuscien, Hébécourt, avec trois compagnies du 33ᵉ et deux du 5ᵉ bataillon du Nord (3).

Il traversa Cagny, arriva à un kilomètre de Saint-Fuscien ; mais des renseignements inexacts, fournis par les habitants du pays, ne lui faisant pas connaître la proximité de l'ennemi, il prit la résolution de marcher vers Boves.

La *29ᵉ* brigade (régiments nᵒˢ *65* et *33*, batteries $\frac{1,2}{8}$,

---

(1) *Colonel commandant 2ᵉ brigade à général Farre, préfet, et général Lecointe.*

Boves, midi 15.

« Fort engagement à Boves depuis 10 heures. Dirigez du monde de ce côté. Ennemi nombreux. »

(2) Rapport du colonel Derroja.

(3) La colonne du commandant Zédé comprenait les 2ᵉ, 3ᵉ, 4ᵉ compagnies du 33ᵉ, les 5ᵉ et 7ᵉ du 5ᵉ bataillon du Nord.

Les 1ʳᵉ et 5ᵉ compagnies du 33ᵉ étant revenues fatiguées de Cagny, la 1ʳᵉ compagnie restait en réserve à Longueau et la 5ᵉ était envoyée à Lamotte-Brebière.

Le 5ᵉ bataillon du Nord ne comprenait que les 1ʳᵉ, 3ᵉ, 5ᵉ, 7ᵉ compagnies. La 2ᵉ compagnie était restée à Douai ; la 4ᵉ à Vervins ; la 6ᵉ faisait une reconnaissance de La Capelle vers Saint-Quentin ; la 8ᵉ formait le dépôt à Lille. Les 1ʳᵉ et 3ᵉ compagnies restèrent le 27 novembre à Longueau.

un escadron du 7e hussards) entrait cependant en ligne.

Son chef, le colonel de Bock, après après avoir rassemblé ses troupes sur le chemin de Moreuil à Ailly, arrivait à Sains vers 1 heure. Un escadron du 7e hussards et les Ier et IIe bataillons du 65e atteignaient même Saint-Fuscien, lorsque le général de Kummer, commandant la 15e division, fut mis au courant de la situation et prescrivit de marcher sur Boves ; la brigade se disloqua alors sur une étendue de sept kilomètres ; six compagnies du 65e restèrent à Saint-Fuscien (1), les deux premières compagnies du 33e furent postées à Sains ; les fusiliers du 65e, les 3e et 4e compagnies du 33e prirent Boves comme direction, et le IIe bataillon du 33e occupa le Cambos avec une batterie (2), pour faire face à la colonne Zédé, dont la marche venait d'être signalée.

A la même heure, le général de Strubberg, qui commandait la 30e brigade (régiments n°s 28 et 68, batteries $\frac{I.II}{8}$, deux escadrons du 7e hussards), informé de l'offensive des Ier et VIIIe corps, prenait la résolution de marcher également sur Boves.

La IIe batterie lourde renforce aussitôt la Ire batterie, à l'Est de Fouencamps ; trois compagnies de fusiliers du 68e se déploient à la droite du IIe bataillon du 28e, où elles allaient bientôt s'engager avec le 1er bataillon du 24e, et plus tard avec les fractions de droite du lieutenant-colonel Pittié (3) ; les fusiliers du 28e se portent à la

---

(1) La compagnie $\frac{8}{65}$ gardait les convois ; la compagnie $\frac{4}{65}$ avait été envoyée à Petit-Cagny. Le bataillon $\frac{III}{33}$ restait en réserve.

(2) $\frac{1}{8}$.

(3) Voir, chapitre V, le déploiement de la colonne du lieutenant-colonel Pittié.

gauche du II⁰ bataillon, la 2ᵉ compagnie du *68ᵉ* se place à l'aile gauche du *28ᵉ*, une compagnie de fusiliers du *68ᵉ* occupe le passage de Cottenchy et le IIᵉ bataillon de ce régiment s'établit en réserve au Paraclet.

Pendant que Boves était ainsi menacé à l'Ouest et au Sud, les défenseurs de Dury se préparaient au choc de la *32ᵉ* brigade.

Une patrouille de dragons, détachée de l'escorte du général Paulze d'Ivoy, lui ayant fait savoir, dès les premières heures du matin, qu'une grand'garde allemande se trouvait à Oresmaux, des dispositions avaient été prises pour retarder l'ennemi.

Le bataillon Boschis (1ᵉʳ bataillon du 2ᵉ chasseurs à pied) (1) reçut l'ordre de se diriger sur Dury, d'y rallier le 4ᵉ de la Somme et, suivi par le 3ᵉ du Gard, de marcher sur Hébécourt.

Sur ces entrefaites, la 1ʳᵉ compagnie du 2ᵉ chasseurs, envoyée en reconnaissance de Plachy sur Saint-Sauflieu, s'était déjà engagée avec la tête d'avant-garde de la *32ᵉ* brigade.

Le général de Barnekow avait en effet dirigé la *16ᵉ* division sur Rumigny et Hébécourt, en la faisant précéder par la *32ᵉ* brigade, formant deux colonnes distinctes.

A gauche, le *70ᵉ* régiment, qu'accompagnaient deux escadrons du *9ᵉ* hussards et une batterie (2), étant arrivé à Saint-Sauflieu vers 10 heures, les chasseurs à pied se retirèrent sur Hébécourt, où ils furent rejoints par le gros de la 1ʳᵉ compagnie, puis bientôt par la 2ᵉ. Quant à la colonne de droite (3) de la *32ᵉ* brigade elle

---

(1) Cantonné à Saleux, Vers, Bacouel, Plachy et Buyon.

(2) La batterie $\frac{V}{8}$. Le bataillon $\frac{II}{70}$ et l'escadron $\frac{3}{9^e \text{ hussards}}$ avaient été envoyés à Conty.

(3) Régiment nº *40*, sauf une compagnie aux convois, et la batterie $\frac{5}{8}$.

traversait Rumigny et déployait bientôt une compagnie, suivie par deux autres en réserve (1), contre la lisière Est d'Hébécourt.

Une première attaque fut repoussée, puis les 3ᵉ et 4ᵉ compagnies des chasseurs français étant arrivées en renfort, un violent combat s'engagea dans les maisons, jusqu'au moment où l'entrée en ligne du Iᵉʳ bataillon du 70ᵉ, au Sud, déterminait la retraite des défenseurs. Les deux escouades qui les flanquaient sur la chaussée de Brunehaut furent chargées par deux escadrons du 9ᵉ hussards, puis secourues par deux autres escouades, après une mêlée, dans laquelle le porte-étendard allemand fut difficilement dégagé, et qui fit perdre aux hussards 2 officiers, 13 hommes et 29 chevaux.

Le reste du 2ᵉ chasseurs à pied, suivi par le 4ᵉ bataillon de la Somme, venait de se déployer au Sud du grand bois d'Hébécourt ; vers 11 heures, une batterie allemande (2) ouvrait le feu, au Nord-Ouest de Rumigny, sur le petit bois dans lequel se trouvaient quelques fractions de la 3ᵉ compagnie.

Après un combat d'une demi-heure, le IIᵉ bataillon du 40ᵉ put occuper cette parcelle boisée. Bien que la 3ᵉ compagnie de chasseurs eût été renforcée par la 5ᵉ, le Iᵉʳ bataillon du 40ᵉ suivi par le Iᵉʳ du 70ᵉ, attaqua à la même heure le bois par le Sud, pendant que deux compagnies de fusiliers se déployaient à l'Ouest de la route.

Le commandant Boschis, menacé par ces masses considérables et par les mouvements tournants de la cavalerie, se retira vers Dury, où il rallia le 3ᵉ bataillon du Gard, puis sur les retranchements.

---

(1) La compagnie $\frac{2}{40}$ déployée ; les compagnies $\frac{3,\ 4}{40}$ en réserve.

(2) $\frac{5}{8}$.

Ce violent engagement ayant été poussé plusieurs fois jusqu'au corps à corps, les Allemands mettaient près d'une heure pour se rallier au Nord du bois.

Pendant ce temps, la garnison d'Amiens occupait les postes de combat désignés à l'avance dans les retranchements : les 2º et 3º bataillons du Gard, entre le chemin de Salouel et la route départementale de Beauvais ; les chasseurs à pied, à droite et à gauche de la route de Dury ; le 4º de la Somme, à droite et à gauche des chasseurs à pied ; le 3º de la Marne, sur le chemin de Rumigny ; le 43º, à sa gauche. Quelques instants après, le bataillon de garde nationale mobilisée se plaçait en deuxième ligne entre celui de la Somme et le 3º du Gard, le 1ᵉʳ bataillon de garde nationale sédentaire, à droite de la ligne, vers le Petit-Saint-Jean.

Restaient en réserve : cinq compagnies du 2º bataillon de garde nationale sédentaire, derrière la droite des ouvrages ; trois autres, entre la ville et l'épaulement de Dury ; les volontaires de la Somme, plus près d'Amiens.

« A midi, » rapporte le général Paulze d'Ivoy, « la ligne d'ouvrages, exécutés par les ordres du comité de défense, était garnie de toutes les troupes composant encore la garnison.

« Après avoir, d'un temps de galop, reconnu toute la ligne, et m'être assuré que chacun occupait le poste fixé par nos exercices précédents, je crus sage de répartir sur plusieurs points quelques petits groupes de marins et de chasseurs, afin que le voisinage des fusils chassepot encourageât les mobiles. Par malheur, tous les efforts de la ville n'avaient pu obtenir que les pièces de position, en réserve à la citadelle, fussent placées et approvisionnées, et l'ennemi ouvrait son tir, que je me trouvais sans une gargousse à lui opposer.

« Mais les batteries ennemies étaient trop près pour faire grand mal aux tirailleurs placés sur les banquettes; toutefois, nos hommes étaient de plus en plus anxieux en ne voyant poindre aucune pièce, et réclamaient de l'artillerie avec les instances les plus pressantes. »

L'offensive des Allemands avait, en effet, recommencé vers midi et demi ; le *70ᵉ* régiment occupa la lisière Nord de Dury ; deux compagnies du *40ᵉ* la Tuilerie, deux autres les bois entre Dury et Petit-Cagny ; quatre batteries entrèrent en action à l'Est de Dury (1).

« Vers 1 heure, » ajoute le général Paulze d'Ivoy, « M. le lieutenant de vaisseau Meunier survint, sur sa propre inspiration, avec la 2ᵉ batterie mixte de 12 rayé (2). J'arrivai, non sans peine, à la mettre en position, n'ayant rien pour la couvrir, mais le tir précis et la bravoure admirable de ses servants nous furent d'un puissant secours. D'abord les jeunes et vigoureux chevaux de ses attelages, effrayés par la quantité d'obus que l'ennemi dirigeait sur cette petite colonne, en file le long de la grande route, embarrassèrent les avant-trains dans les arbres que la mitraille décapitait.

« Puis, il me fallut abattre, par les premières salves, une partie de la crête des épaulements. En un quart d'heure, la batterie de 12 éprouvait des pertes sérieuses, la deuxième pièce démontée, l'adjudant tué, six servants hors de combat, dix chevaux à terre ; mais rien ne pouvait lasser la vigueur, l'énergie de nos braves marins de Brest, et de leur héroïque capitaine Meunier. Leur nombre ne suffisait pas, cependant, pour servir les six pièces, et j'étais obligé, tantôt de faire tirer l'une, tantôt

---

(1) $\frac{5.\ V,\ 6,\ VI}{8}$.

(2) Cette batterie venait d'arriver à Amiens; elle se mit en batterie à la gauche des trois pièces de 12 qui étaient déjà en position sur la route de Dury, mais qui n'avaient pas ouvert le feu.

l'autre. A la fin du combat, M. le lieutenant Gaigneau, qui avait pris le commandement à la place de son capitaine emporté par un obus (1), ne pouvait plus servir qu'un seul canon.

« Tandis que la batterie de 12 entretenait son feu, les compagnies de marins des lieutenants Rolland et Bertrand, 247 hommes en tout, prenaient en main deux sections de 4, appartenant à la garde nationale de la ville, lesquelles avaient été amenées par leur lieutenant (2). La première fut mise en position sur la droite de l'ouvrage de Dury, et l'autre sur le flanc gauche de la batterie Meunier. L'émulation fut de suite admirable entre les servants du 12 et ceux du 4, bien que ces derniers eussent, dès le premier instant, trois pièces avariées, deux canons démontés, le capitaine Bertrand hors de combat. »

Si l'on jette maintenant un coup d'œil d'ensemble sur le champ de bataille, on voit qu'à 1 heure, la *32e* brigade était immobilisée devant les retranchements de Dury, que les *29e* et *30e* menaçaient Boves à l'Ouest et au Sud.

Sur la gauche, le colonel du Bessol préparait un brillant retour offensif, que l'intervention de l'artillerie de corps du Ier corps, et des renforts allemands, allaient limiter.

Au centre, le général de Manteuffel se dirigeait vers

---

(1) Le lieutenant de vaisseau Meunier avait déjà été blessé trois fois, lorsqu'à 3 heures un projectile lui brisa les reins. Sur 75 combattants, la 2e batterie mixte de 12 perdait 30 sous-officiers ou hommes et 30 chevaux.

(2) Le lieutenant Chantegreil, qui reçut trois blessures successives.
Le rapport du capitaine Rolland dit que ces pièces arrivèrent vers 1 heure.

Gentelles, tandis qu'à sa rencontre, sur la route de Roye, s'avançaient deux bataillons conduits par le lieutenant-colonel Pittié. Le général Farre, le général Lecointe, le lieutenant-colonel de Villenoisy les suivaient; ils avaient quitté la préfecture d'Amiens vers midi, et se hâtaient pour intervenir dans les péripéties de la lutte, engagée partout.

V

La bataille de Villers-Bretonneux depuis 1 heure jusqu'à la nuit.

CAPITULATION DE LA FÈRE

Au moment où le 44e régiment allemand pénétrait dans les ouvrages, à l'Est de Villers-Bretonneux, l'artillerie française redoublait son feu ; le colonel du Bessol, placé au premier pont sur la voie ferrée, ralliait la compagnie J et le 2e bataillon de chasseurs, les renforçait à droite par le 9e bataillon du Nord, plaçait en réserve trois compagnies (1) du 7e bataillon, puis, faisant avancer les deux pièces de 12, la compagnie L en soutien, il reportait le tout en avant.

Entre Cachy et Villers, deux compagnies du 75e et les 4e et 5e du 65e prononçaient en même temps leur offensive sur le bois de Hangard.

Ce mouvement, secondé au Nord de la voie ferrée par les francs-tireurs de l'Aisne, se produisit avec ordre, sauf pour les bataillons de gardes mobiles, assaillis en flanc par une violente fusillade.

---

(1) 4e, 5e et 6e compagnies. Le 7e bataillon comprenait les 1re, 2e, 4e, 5e, 6e compagnies.

Entre la voie ferrée et le chemin de Demuin, les chasseurs et les gardes mobiles combattaient pêle-mêle en première ligne.

Ils continuèrent néanmoins à avancer, et pénétrèrent dans les retranchements, tandis que les chasseurs et l'infanterie de marine enlevaient le pont à la baïonnette.

Le 44ᵉ, qui n'avait pas été soutenu, ne put résister à cette vigoureuse impulsion; quatre compagnies (1) se réfugièrent dans les dernières excavations, et vers l'épaulement, tandis que le reste (2) se ralliait au Sud, face à Cachy.

Plus à gauche, les deux premières compagnies du 44ᵉ bordaient la lisière du bois de Morgemont, avec la 4ᵉ à leur droite; elles avaient devant elles, dans les bouquets de bois, quelques groupes de chasseurs à pied; à l'Est, quatre batteries de l'artillerie de corps (3) entraient bientôt en action.

Le commandant de cette unité cheminait, en effet, entre Plessier et Moreuil, sous la garde du 1ᵉʳ régiment d'infanterie, lorsque le bruit du combat l'avait déterminé à se porter vers le Nord. Il avait fait monter 90 grenadiers (4) sur les caissons, et débouchait à 1 h. 1/2 sur le champ de bataille, où il entrait en action à l'Est du bois de Morgemont.

Le major Dallmer fit alors avancer ses deux compagnies de réserve.

Ébranlés par ce nouvel effort, et par le feu puissant de quarante bouches à feu, les Français évacuèrent les

---

(1) $\frac{5, 6, 7, 8}{44}$.

(2) $\frac{3, 11, 9}{44}$.

(3) $\frac{2, 3}{1}$ à cheval, $\frac{3, 4}{1}$ légères. Les deux batteries lourdes continuaient sur Moreuil.

(4) La compagnie $\frac{1}{1}$.

Villers-Bretonneux.

ouvrages vers 2 h. 1/2 ; le désordre était très grand, et le commandant de la 3ᵉ brigade faisait des efforts surhumains pour rallier ses jeunes troupes.

Il y parvint avant d'arriver au premier pont, que venait de traverser le 8ᵉ bataillon de mobiles (1).

Au Nord de la voie ferrée, le 65ᵉ conversait à droite, pour se déployer sur la route de Péronne, en avant de la briqueterie Leroy.

Deux compagnies du 8ᵉ bataillon renforcèrent d'abord les troupes déjà engagées au Sud de la voie ferrée ; à leur droite se placèrent ensuite les autres. Le colonel du Bessol appela à lui la compagnie H, et se reporta en avant.

Alors, les taillis au Nord du bois de Morgemont furent atteints, occupés par des groupes de gardes mobiles et de chasseurs à pied, le deuxième pont fut repris, des tirailleurs se jetèrent dans les premières excavations, mais ne parvinrent pas à couronner la crête des buttes.

A l'autre extrémité des retranchements, l'ennemi restait également abrité dans les fonds, ou derrière les tranchées.

Deux batteries allemandes (2), qui avaient accompagné le mouvement offensif, reprirent leurs anciens emplacements, et sur ce point la fusillade continua, avec des alternatives diverses, jusqu'à 3 heures environ.

Mais, avant d'arriver aux buttes, le colonel du Bessol avait été renversé par son cheval criblé de balles.

En se relevant il reçut un projectile qui l'obligea à

---

(1) Le 8ᵉ bataillon avait quitté ses positions, au Nord de la route de Péronne, sans ordres et par suite d'un malentendu. (Rapport du chef de bataillon.)

(2) 3ᵉ et 4ᵉ légères de l'artillerie de corps.

quitter le champ de bataille pour se faire panser. Revenu, en voiture, sur le terrain de l'action, il rencontra le général Farre, et le lieutenant-colonel de Villenoisy, qui arrivaient de Gentelles (1).

Toutes les troupes étant déjà engagées, l'intervention du général en chef ne pouvait plus avoir d'influence sur l'issue de la lutte. Deux pièces de la batterie de 12, et la compagnie L, furent néanmoins reportées au Nord de la voie ferrée pour assurer la ligne de retraite.

L'artillerie subissait des pertes sérieuses, et ses munitions s'épuisaient. Le commandant Charon avait eu un cheval tué sous lui ; la batterie Grandmottet perdait 30 hommes et 23 chevaux, la batterie Pigouche 20 hommes et 23 chevaux.

Bien que l'infanterie manquât aussi de cartouches, elle faisait encore bonne contenance sous le feu de 46 bouches à feu.

Au 2ᵉ chasseurs à pied, six officiers manquaient et les hommes, groupés au Sud du pont, abrités par les accidents de terrain, combattaient individuellement.

Du côté des Allemands, la situation n'était guère meilleure. La 4ᵉ compagnie du *44ᵉ* perdait le quart de son effectif ; tous les officiers, sauf un, manquaient aux 7ᵉ et 8ᵉ compagnies du *4ᵉ* régiment qui abandonnaient le saillant du bois de Hangard, à deux compagnies du 75ᵉ.

Les deux batteries à cheval de l'artillerie de corps étaient rappelées du côté de Cachy, mais remplacées par trois batteries lourdes (2).

Telle était la situation vers 3 heures.

Le colonel du Bessol croyait le moment venu de

---

(1) Rapport du colonel du Bessol.

(2) $\dfrac{\text{II, III, IV}}{1}$.

rompre le combat, afin d'échapper à une destruction complète (1).

On aurait pu, tout au moins, occuper solidement les abords immédiats de Villers-Bretonneux, se rallier en arrière, préparer ainsi la retraite et gagner du temps ; mais le général Farre espérait se maintenir jusqu'à la nuit, bien que le fait de conserver, le soir, les positions du matin, ne constitue qu'un avantage relatif. Avec des troupes désorganisées, sans réserves, sans munitions, aussi incapables de résister que de reprendre l'offensive, c'était s'exposer au désastre.

L'attaque décisive des Allemands se préparait en effet.

La tête du gros de la 1re division d'infanterie étant arrivée sur la Luce à midi, ordre avait été donné d'occuper faiblement les ponts et d'envoyer en avant toutes les fractions disponibles ; ce mouvement commença vers 2 heures (2).

Le 1er régiment avait six compagnies réparties entre Hangard, Thennes, Demuin, Courcelles, Ignaucourt et deux à Mézières. Son Ier bataillon accompagnait l'artillerie de corps.

Des groupes, d'une section au plus, furent donc laissés sur la Luce, et le reste fit sentir son action vers 3 heures.

A ce moment deux compagnies du 4e régiment (3) occupaient le mouvement de terrain en avant de Hangard. Trois autres (4) tenaient la lisière Nord du bois de Mor-

---

(1) Le colonel du Bessol, que sa blessure mettait dans l'impossibilité de rester sur le champ de bataille, retournait en voiture à Amiens. (*Souvenirs du général du Bessol.*)

(2) *Historique du Grand État-Major prussien* et major Kunz.

(3) $\frac{7, 8}{4}$.

(4) $\frac{1, 2, 4}{4}$.

gemont avec cinq sections, tandis que dans les bouquets de bois se trouvaient quelques chasseurs à pied et des gardes mobiles de différentes unités.

Au Nord de la voie ferrée, les deux compagnies du 65ᵉ bordaient encore la route de Péronne, face au Sud. La compagnie I occupait les tranchées sur le chemin d'Hamel, sa droite en arrière de la briqueterie Leroy, gardée par une section de la compagnie K, et 15 hommes de la compagnie J. Le reste de la compagnie K était en réserve dans une maison isolée sur la droite de la route de Péronne. La compagnie du génie, en avant de la briqueterie Catel, se tenait à 1500 mètres environ de Villers.

Tout d'abord, les deux compagnies du 75ᵉ, qui occupaient l'angle Nord-Est du bois de Hangard, furent attaquées sur leur droite par les 90 grenadiers, qui avaient escorté l'artillerie de corps, par les 7ᵉ et 8ᵉ compagnies du 4ᵉ régiment, et à gauche par la 10ᵉ compagnie du 1ᵉʳ; en même temps deux batteries (1) s'avançaient jusqu'à la lisière du bois.

A la droite de cette ligne se déployaient trois autres compagnies, venues de Demuin, de concert avec les fractions du 44ᵉ qui combattaient depuis longtemps de ce côté ; elles étaient appuyées par une batterie (2).

Plus à droite encore, les 5ᵉ et 6ᵉ compagnies du 1ᵉʳ régiment, venues d'Ignaucourt, prenaient la voie ferrée pour direction.

Toutes ces unités, réparties sur une étendue de trois kilomètres (3), formaient un ensemble assez décousu,

---

(1) $\frac{IV, 4}{1}$.

(2) $\frac{II}{1}$.

(3) Le 1ᵉʳ régiment de grenadiers, sur un effectif de 50 officiers et 2,561 hommes, engagea 1300 hommes, mais ne perdit que 6 officiers et 53 hommes. (Major Kunz.)

faiblement soutenu en arrière, couvert à droite par les neuf compagnies du *44ᵉ*, qui restaient immobiles dans les retranchements, ou à proximité, et par la *3ᵉ* division de cavalerie, toujours inactive à Marcelcave avec ses chasseurs.

Les troupes françaises épuisées, réparties par groupes dans la plaine, reculèrent lentement devant cette poussée.

L'artillerie conservait encore quelques coups dans les avant-trains, mais son organisation avait coûté tant d'efforts que le commandement cherchait à ne pas l'exposer ; elle se retira donc la première vers 4 heures, et produisit ainsi un fâcheux effet moral.

Placé près de la gare, le général Farre dépêcha le lieutenant-colonel de Villenoisy à Amiens, en lui recommandant de passer par Boves, pour se rendre compte de la situation, et prit ses dispositions pour une retraite que la situation imposait (1).

Les débris du 48ᵉ mobiles furent arrêtés, couchés, à quelques centaines de mètres du premier pont ; la 2ᵉ compagnie du 7ᵉ bataillon prit position en avant, avec quelques chasseurs et soldats de l'infanterie de marine ; derrière ce faible rideau, le 75ᵉ et le 91ᵉ se retirèrent sur Corbie ; la compagnie K fut rappelée à la gare, mais ne parvenant pas à traverser Villers, encombré de troupes, elle resta au Nord.

Quant aux fractions déployées (2) à l'Est de la ville, elles y demeuraient sans instructions.

Vers 4 h. 1/2, les Allemands se rapprochaient de plus en plus.

Les 5ᵉ et 6ᵉ compagnies du *1ᵉʳ* régiment prenant pour

---

(1) Souvenirs du général de Villenoisy.
(2) La compagnie du génie, une compagnie du 9ᵉ bataillon de mobiles, la compagnie I, deux compagnies du 63ᵉ.

direction la route de Péronne, mirent très longtemps à traverser la voie ferrée, entre Villers et les buttes, où elle était encaissée de cinq mètres et barrée par un réseau de fils de fer. Mais au Sud, les assaillants se dirigeaient sur Villers-Bretonneux dans l'ordre suivant : à droite trois compagnies, soutenues en arrière par deux autres, plus en arrière encore, par la 9ᵉ compagnie du *1*ᵉʳ régiment avec des groupes des *4*ᵉ et *44*ᵉ (1); à l'extrême gauche deux compagnies de fusiliers du *1*ᵉʳ régiment, deux pelotons du *4*ᵉ régiment marchaient vers le Sud-Ouest du village, qui fut enlevé sans résistance. Toute cette masse y était bientôt renforcée par deux batteries (2) et par deux escadrons des *1*ᵉʳ et *10*ᵉ dragons.

L'infanterie de marine, restée pendant ce temps à la briqueterie Leroy, apprit, à la nuit, qu'on battait en retraite; elle se dirigea alors sur Villers, pour y prendre ses sacs, fut accueillie par une fusillade, qui la rejeta vers les maisons au Nord, et se rassembla difficilement dans la soirée à Corbie (3).

L'artillerie, trois compagnies du 65ᵉ, trois du 75ᵉ, le 91ᵉ en entier (4) s'y trouvaient déjà.

Une centaine de chasseurs à pied escorta dans la même nuit, jusqu'à Amiens, les batteries Chaton et Grandmottet; le reste du bataillon se rallia dans Corbie.

La compagnie du génie, enfin, croyant au succès de la

---

(1) A droite : $\frac{8}{1}, \frac{4,1}{44}$; en arrière : $\frac{2}{44}, \frac{7}{1}$; plus en arrière encore : $\frac{9}{1}$, avec des groupes des *4*ᵉ et *44*ᵉ régiments.

(2) $\frac{11, 6}{1}$.

(3) 600 hommes s'y réunirent; ils furent dirigés ensuite sur Amiens.

(4) Deux compagnies du 91ᵉ restèrent en grand'garde à Fouilloy jusqu'à minuit et ne rentrèrent à Corbie que lorsque l'ordre eut été donné de faire sauter les ponts sur la Somme et le canal. (Journal de marche.)

journée, se repliait, vers 5 heures, sur la briqueterie Catel, où elle avait déposé ses outils, lorsque le feu de l'ennemi la repoussa en désordre sur la briqueterie Leroy, également occupée par les Allemands. Elle perdit 2 officiers, 80 sous-officiers, caporaux et sapeurs (1), mais fut sauvée par la nuit de la destruction complète.

Le 8e bataillon du Nord fut envoyé à Querrieux. Les 7e et 9e se rallièrent autant que possible à Corbie et se dirigèrent ensuite sur Amiens.

Sans se laisser abattre par ce désarroi, le général Farre se préparait à défendre Corbie. C'est à juste titre qu'il y avait dirigé le courant de la retraite, sinon pour tenir la ligne de la Somme, du moins pour retarder la poursuite et couvrir encore les derrières de la garnison d'Amiens. Mais les avis reçus, vers 11 heures du soir, modifièrent, comme on le verra, ses intentions primitives (2).

---

(1) La compagnie $\frac{4}{44}$ escorta, le 28 novembre, 215 prisonniers faits à Villers-Bretonneux. (Major Kunz.)

(2) Les dépêches suivantes font voir que le général Farre avait été avisé du départ pour Amiens de trois bataillons de renfort, mais que l'embarquement de ces troupes à Arras fut contremandé dans la nuit :

Général à général Farre, à Corbie.

Arras, 27 novembre, 9 h. 5 soir.

« Les deux derniers bataillons du régiment de la garde mobile partiront d'Arras, pour Amiens, cette nuit : l'un des deux bataillons à 2 h. 57 du matin, l'autre à 3 h. 15 du matin. Ils arriveront à Amiens vers 5 heures du matin. Effectif : 34 officiers, 1600 soldats, 6 chevaux.

De Chargère. »

Corbie, 27 novembre, 9 h. 45 soir.

« Monsieur le Général, trois trains de troupes doivent arriver du Nord à Amiens cette nuit, à 5 h. 5, 5 h. 25 et 6 heures matin. Il y a

Pendant que ces événements décisifs se produisaient à l'aile gauche, les Allemands échouaient entre Cachy et Gentelles, puis étaient rejetés sur la Luce.

Après l'évacuation de Gentelles par le 20ᵉ chasseurs à pied, leurs efforts s'étaient tournés contre le 43ᵉ, et, à 2 heures, trois batteries (1) concentraient leurs feux sur Cachy.

Au saillant Ouest du bois de Hangard, se trouvaient la 5ᵉ compagnie du 4ᵉ régiment, une fraction de la 10ᵉ et la compagnie de pionniers ; entre ce point et le bois de Fleye, les 6ᵉ et 12ᵉ compagnies et le reste de la 10ᵉ ; la 2ᵉ et la moitié de la 9ᵉ dans le bois de Fleye. Les autres fractions du Iᵉʳ bataillon du 4ᵉ régiment se déployaient au Sud de Cachy en flammes. Enfin la 11ᵉ compagnie et deux sections de la 9ᵉ occupaient Gentelles.

A la même heure, le groupe de droite des chasseurs du 20ᵉ bataillon se ralliait à la lisière du bois de Blangy ; appuyé à gauche par les 1ʳᵉ et 5ᵉ compagnies du 3ᵉ bataillon du Nord, il se portait sur Gentelles, dont les premières maisons étaient enlevées ; mais l'arrivée des 3ᵉ et 4ᵉ compagnies du 4ᵉ régiment allemand déterminait la retraite des assaillants.

---

un bataillon de marins et deux bataillons de mobiles du Pas-de-Calais. Ne jugez-vous pas convenable que je les fasse arrêter à Corbie ?

Le Chef de station. »

Commissaire de défense à général Farre, Corbie.

« Confirmez-vous la dépêche du chef d'état-major, ainsi conçue :
« Armée en retraite sur Doullens. Arrêtez tous transports sur Amiens et Albert. Nous arrêtons le bataillon du 64ᵉ et nous faisons aller jusqu'à Arras le bataillon de marins ; nous suspendons tout envoi d'hommes, de munitions.

Testelin. »

(1) $\frac{I}{I}, \frac{V}{I}, \frac{5}{I}$.

Un nouvel effort, appuyé par une troisième compagnie de gardes mobiles, n'avait pas réussi, et la direction d'ensemble faisait encore défaut, sur cette partie du champ de bataille, lorsqu'arriva la colonne du lieutenant-colonel Pittié.

Il avait reçu l'ordre, la veille au soir (1), de diriger le 2e bataillon du 24e, et le 4e du Nord sur la route de Roye, tandis que le 33e se porterait sur Saint-Fuscien et Dury. Ce mouvement allait avoir pour résultat de relier les défenseurs de Gentelles et de Boves, séparés par un intervalle de cinq kilomètres, et de soutenir l'attaque de Gentelles.

Les chasseurs du 20e, et les gardes mobiles du 3e bataillon, attaquèrent alors Gentelles pour la troisième fois, soutenus en arrière et à droite par le 24e et le 4e bataillon du Nord.

Une compagnie du 24e (2) se dirige au Sud du bois de Gentelles; deux sur le village même, trois autres enfin sur Cachy.

Le 4e bataillon du Nord, qui suit, déploie sa 1re compagnie à droite de la route, et forme une seule ligne, de ce côté, avec les tirailleurs de la 1re compagnie du 24e. Ils ont devant eux le 1er bataillon du *28e*, et la 4e compagnie du *68e*, qui viennent de s'engager sur la route de Montdidier, à la droite de la *30e* brigade.

---

(1) Rapports du lieutenant-colonel Pittié et du général Farre.
Le lieutenant-colonel Pittié arriva devant le bois de Gentelles vers 1 h. 1/2.

(2) La 1re compagnie du 2e bataillon du 24e, au Sud du bois de Gentelles; les 2e et 3e, sur le village; les 4e et 5e et la 5e compagnie du 1er bataillon du 24e, sur Cachy. La 5e compagnie du 1er bataillon était, en effet, venue se joindre au 2e bataillon; cette particularité n'est pas indiquée par le rapport du lieutenant-colonel Pittié, mais ressort avec certitude de la comparaison des textes; elle est d'ailleurs mentionnée par le Journal de marche du 24e et par le rapport du commandant Talandier.

Après une faible résistance de quelques fractions ennemies, le bois est enlevé, traversé, et le 4ᵉ bataillon du Nord se forme à l'Est, de la façon suivante : la 1ʳᵉ compagnie reste avec celle du 24ᵉ, au Sud de la route ; la 2ᵉ est sur la route de Roye ; la 3ᵉ se déploie devant les 4ᵉ et 5ᵉ en soutien.

Les défenseurs de Gentelles, se voyant tournés, évacuent le village, qui est enlevé à la baïonnette par les chasseurs et le 3ᵉ bataillon du Nord, soutenus par le 24ᵉ (1). Le déjeuner du commandant en chef de la Iʳᵉ armée s'y trouvait tout préparé (2).

Le général de Manteuffel avait, en effet, suivi le combat des hauteurs de Thennes, puis, plus tard, au sud de Gentelles. S'apercevant du vide formé entre ses deux corps d'armée, il avait déployé son escorte sur la route de Montdidier (3), appelé le Iᵉʳ bataillon du 28ᵉ à Thennes (4), et prescrit au général de Gœben, commandant le VIIIᵉ corps, d'appuyer vers Fouencamps pour y prendre part au combat (5).

En réalité, sans réserve à sa disposition, il n'avait d'autre rôle que celui d'un spectateur.

Vers 2 h. 1/2, tandis que les troupes françaises pénétraient dans Gentelles, le général Farre, accompagné du général Lecointe, arrivait d'Amiens par la route de Roye; avant de continuer sur Villers-Bretonneux, où les clameurs des combattants ponctuaient le crépitement de la fusillade, il confia la direction du combat au général

---

(1) Une vingtaine d'Allemands furent pris.
(2) Relation du lieutenant-colonel de Villenoisy.
(3) 4ᵉ escadron du 7ᵉ hussards.
(4) Ce bataillon, arrivé à Thennes vers 1 heure, formait la garde du quartier général à Plessier et avait été rallié le matin par une des deux compagnies du *68ᵉ*, qui étaient à la garde du convoi.
(5) Les troupes du général de Gœben étaient déjà engagées et ne purent se conformer à cet ordre.

Lecointe sur la route de Roye, et donna l'ordre au 46ᵉ mobiles de suivre le mouvement du lieutenant-colonel Pittié vers Cachy et le Nord-Est.

Si l'offensive qu'allait tenter le général Lecointe sur Domart avait été appuyée par ces fractions envoyées à Cachy, elle aurait abouti plus tôt, et, mieux qu'une défense directe, dégagé ce dernier point, peut-être même Villers-Bretonneux.

Quoi qu'il en soit, tandis que le 1ᵉʳ bataillon du Nord marche sur Cachy, le 3ᵉ traverse Gentelles, où il occupe les vergers, les bouquets de bois ; le 2ᵉ, suivi plus tard par un groupe de chasseurs (1), s'arrête un instant derrière le talus du chemin de Cachy à Gentelles, puis le dépasse d'environ 200 mètres ; il est alors accueilli par un ouragan de projectiles ; deux batteries (2), précédemment en action à l'Est du bois de Morgemont, viennent renforcer l'artillerie allemande, et le 2ᵉ bataillon du Nord se replie sur la lisière du bois de Gentelles, où il est rassemblé.

Pendant ce temps, les trois compagnies du 24ᵉ (3), dirigées sur Cachy, couronnent le mouvement de terrain en avant et se déploient à hauteur du 43ᵉ, qui continuait l'héroïque résistance engagée dans la matinée. Elles sont appuyées à gauche par le 1ᵉʳ bataillon du Nord, et leur droite est au ravin.

Deux autres compagnies (4) du 24ᵉ sont déployées avec les chasseurs, à l'Est de Gentelles, face au ravin.

A l'Est de Cachy, le 91ᵉ bordait le chemin de Villers ;

---

(1) La 4ᵉ compagnie et deux sections de la 5ᵉ, qui s'étaient ralliées au bois l'Abbé, se reportèrent sur le chemin de Cachy à Gentelles vers 2 h. 1/2.

(2) $\frac{2, 3}{1}$.

(3) 4ᵉ et 5ᵉ du 2ᵉ bataillon du 24ᵉ, 5ᵉ du 1ᵉʳ bataillon du 24ᵉ.

(4) 2ᵉ et 3ᵉ compagnies.

sa 1ʳᵉ compagnie étendait ses tirailleurs à droite jusqu'au village ; une section de la 5ᵉ se déployait à gauche, en se reliant au 65ᵉ.

On percevait distinctement, à cette heure, les hourras du *1ᵉʳ* régiment, qui se dirigeait sur Villers-Bretonneux, en débouchant de la vallée de la Luce.

Plus au Sud, la situation des Allemands était, au contraire, très critique. Le Iᵉʳ bataillon du *4ᵉ* régiment, pris entre deux feux, faisait face au ravin avec deux compagnies, tandis que les deux autres se tournaient vers le village de Cachy. A partir de 3 heures, il battait en retraite sur Domart, et les 9ᵉ et 11ᵉ compagnies qui avaient défendu Gentelles gagnaient Domart et Hourges.

Au saillant Nord-Ouest du bois de Hangard se trouvaient toujours la 5ᵉ compagnie et les pionniers ; ces fractions bordèrent la lisière Est lorsque le 75ᵉ occupa la partie Nord-Est du bois.

Vers 3 heures, le général Lecointe, qui avait continué à s'avancer dans la direction de Domart, avec le 4ᵉ bataillon du Nord, fut accueilli, sur sa droite, par le feu de la 4ᵉ compagnie du *68ᵉ* et du Iᵉʳ bataillon du *28ᵉ*, déployés depuis une heure et demie entre les routes de Roye et de Montdidier. Une section de la 4ᵉ compagnie du Nord fut envoyée sur ce point et produisit un temps d'arrêt, pendant lequel le lieutenant Rappe (1), de l'armée suédoise, officier d'ordonnance du général Lecointe, retournait à Gentelles pour faire renforcer les tirailleurs engagés sur la route de Montdidier (2).

Cet ordre ayant été transmis au 2ᵉ bataillon du Nord, à la lisière du bois de Gentelles vers 3 h. 1/2, les 4ᵉ et

---

(1) Le général Rappe a été ministre de la guerre en Suède ; il est actuellement lieutenant général et chef de l'état-major général.

(2) 1ʳᵉ compagnie du 2ᵉ bataillon du 24ᵉ, 1ʳᵉ compagnie du 4ᵉ bataillon du Nord.

5ᵉ compagnies, suivies par les autres, se déployèrent dans la direction indiquée. L'ennemi recula alors sur Thézy et Berteaucourt, qui furent atteints par les troupes françaises.

A gauche, le 4ᵉ bataillon du Nord, reprenant l'offensive, enlevait le bois de Domart, faiblement défendu, le traversait, et arrivait, en vue du village, sur la Luce.

Avec la nuit, le silence s'étendait sur le terrain de l'action. Le général Lecointe isolé, sans nouvelles, décida la retraite. Arrivé à Gentelles, il en informa le lieutenant-colonel Pittié, mais laissa le 43ᵉ et le 20ᵉ bataillon de chasseurs dans leurs positions d'avant-postes.

Au moment où les troupes allemandes s'étaient retirées sur la Luce, le général de Manteuffel se trouvait près du moulin, au Sud de Thennes ; c'est à la lueur des allumettes qu'il y déchiffrait les nouvelles ; mais la prise de Villers-Bretonneux lui étant encore inconnue, il se préparait à la défensive, et donnait l'ordre de concentrer le Iᵉʳ corps au Sud du cours d'eau, dont on occuperait les passages.

Les deux bataillons du *41ᵉ*, un escadron de dragons, qui venaient d'arriver placèrent donc leurs avant-postes devant Thennes et Domart ; les trois compagnies du 1ᵉʳ bataillon du *1ᵉʳ* régiment passèrent la nuit à Hangard et se couvrirent elles-mêmes (1).

Le bivouac de la *3ᵉ* brigade fut établi au Sud de Demuin ; l'artillerie de corps se retira à Mézières ; la *3ᵉ* division de cavalerie resta à Marcelcave, Guillaucourt, Wiencourt-l'Équipée, Caix.

Les neuf compagnies du *44ᵉ*, qui occupaient les retran-

---

(1) $\frac{2, 3, 4}{1}$. Elles avaient accompagné l'artillerie de corps et restèrent au Nord de Demuin jusqu'à la nuit.

chements de la voie ferrée, ne reçurent leur ordre de mouvement qu'à 11 heures.

Enfin, toutes les troupes engagées à Villers-Bretonneux y restèrent pendant la nuit.

On a déjà vu qu'à 1 heure le commandant Zédé était en marche sur Boves, avec le 33ᵉ (2ᵉ, 3ᵉ et 4ᵉ compagnies) et le 5ᵉ bataillon du Nord (5ᵉ et 7ᵉ compagnies).

Arrivé vers 1 heure 1/2 aux ruines, il avait déployé la 2ᵉ compagnie du 33ᵉ dans le ravin à l'Ouest, dirigé la 3ᵉ vers la partie occidentale du village, placé le reste de sa colonne en réserve au Nord, et la 1ʳᵉ batterie mixte (1), qui venait de rejoindre, sur le mouvement de terrain à l'Ouest de Boves.

Jusqu'à 2 h. 1/2, et pendant que la *29*ᵉ brigade progressait vers son objectif, le combat était resté stationnaire au Sud du village (2). Mais le général de Strubberg recevait alors l'ordre de combiner son offensive avec celle du colonel de Bock.

Les 9ᵉ, 10ᵉ et 12ᵉ compagnies du *68*ᵉ continuèrent à tirailler sur le front du 24ᵉ français, tandis que les deux bataillons du *28*ᵉ et la 2ᵉ compagnie du *68*ᵉ, renforcés à gauche par le IIᵉ bataillon du *68*ᵉ, appuyaient vers l'église de Boves.

Une batterie (3) ouvrait le feu à 1500 mètres au Sud-Ouest des ruines, qu'elle prenait pour objectif; à l'Est de Saint-Fuscien, une autre batterie entrait aussi en

---

(1) La 1ʳᵉ batterie mixte recevait son ordre de marche pendant qu'elle était au fourrage et ne partait d'Amiens qu'à 1 heure. (Rapport du capitaine.)

(2) Le bois de Gentelles n'était enlevé qu'à 2 h. 1/2 par le général Lecointe.

(3) La batterie $\frac{1}{8}$, couverte par la compagnie $\frac{7}{33}$. La batterie $\frac{2}{8}$ était à l'Est de Saint-Fuscien.

action ; le II⁰ bataillon du *33ᵉ* se dirigeait sur Boves, en cheminant par le fond du ravin ; à sa droite, les fusiliers du *65ᵉ* et deux compagnies du *33ᵉ* (1) traversaient le bois.

A 3 heures (2), quatorze compagnies, appuyées par le feu de deux batteries, qui préparaient l'attaque depuis plus d'une demi-heure, se précipitèrent sur la partie Ouest du village, trois compagnies débordaient à gauche, et la plus grande partie du *28ᵉ* attaquait au Sud.

Surpris, accablés par cette formidable poussée, par un feu d'artillerie auquel la batterie de 12 ne parvenait pas à répondre, les défenseurs se replièrent en désordre sur le chemin de Cagny.

Le commandant Zédé venait de donner des instructions au commandant de la batterie ; il rentra dans Boves, rallia rapidement la compagnie du 33ᵉ, celles du bataillon du Nord, tenues en réserve, et protégea la retraite par un retour offensif; mais le flot des ennemis ne pouvait être arrêté ; la 3ᵉ compagnie du 33ᵉ (3) était enveloppée ; les chasseurs, après avoir défendu la partie basse de Boves, se repliaient rapidement vers les dernières maisons au Nord ; à leur gauche, le 24ᵉ se voyait contraint de les suivre.

Au moment où le commandant Talandier (1ᵉʳ bataillon du 24ᵉ) faisait occuper la station par deux sections en réserve, une rafale de projectiles vint s'abattre sur le

---

(1) $\frac{3, 4}{33}$.

(2) De gauche à droite, $\frac{3, 5, 8}{33}$, $\frac{9, 10, 11}{65}$, $\frac{5, 6, 7}{68}$, $\frac{4, 6}{33}$ sur les ruines; $\frac{2, 8}{68}$ sur le village; $\frac{12}{65}$ derrière les compagnies $\frac{9, 10, 11}{65}$.

(3) Le 1ᵉʳ bataillon de chasseurs perdait 7 officiers et 384 sous-officiers ou soldats tués, blessés ou disparus. La compagnie $\frac{4}{68}$ escortait le surlendemain 468 prisonniers à Montdidier.

bataillon, qui se replia sur la route de Montdidier, avec des détachements de deux compagnies du 2e bataillon du Nord (1).

De courageux efforts furent encore tentés par des groupes isolés à Fort-Manoir, à Petit-Cagny, mais les unités ne se rallièrent qu'à Longueau.

Vers 4 heures, le colonel Derroja, le commandant Zédé cherchaient à y assurer la retraite, en occupant le moulin, qu'il importait de garder.

La batterie de 12 vint s'établir au Sud-Est de Longueau, à la gauche de la batterie de 4 (2) et ouvrit le feu sur l'artillerie allemande entre Boves et Saint-Fuscien.

La 3e compagnie du 5e bataillon du Nord fut postée à l'embranchement des routes, avec la 1re du 33e, dont une section renforçait la 1re compagnie de gardes mobiles, dans une tranchée-abri à l'Est de la gare.

Du côté des Allemands, quelques fractions continuèrent à s'avancer dans la direction de Cagny; le IIIe bataillon du *33e*, resté jusqu'alors en réserve, fut spécialement chargé de poursuivre. Il traversa l'Avre entre Cagny et Boves; les deux premières compagnies franchirent difficilement ces prairies marécageuses, occupèrent Fort-Manoir, mais n'arrivèrent à 100 mètres environ du moulin de Longueau qu'au moment où la nuit

---

(1) Ce bataillon venait de se rallier au bois de Gentelles. (Voir page 108.)

La 3e compagnie du 24e, à la gauche de la tranchée-abri, conservait sa position jusqu'à la nuit et ne rejoignait le bataillon que le lendemain.

(2) La batterie de 4 du capitaine Ravaut avait suivi, dans la matinée, la colonne du lieutenant-colonel Pittié; mais, arrivée à deux kilomètres du bois de Gentelles, elle était prise d'écharpe par les batteries allemandes qui attaquaient Boves, et rétrogradait sur Longueau, où elle s'établissait d'abord au Nord de la route. (Rapport du capitaine Ravaut.)

tombait. Une charge à la baïonnette de la 3ᵉ compagnie du Nord, suivie d'un feu à bout portant, mit alors fin au combat.

Peu à peu les unités se reformaient; l'artillerie avait pris position en avant de Saint-Acheul, occupé par les tirailleurs volontaires et le 10ᵉ bataillon du Nord (1).

Dans Longueau se ralliaient, vers 5 heures, les chasseurs à pied, le 1ᵉʳ bataillon du 24ᵉ, les troupes du commandant Zédé.

Le lieutenant-colonel Pittié arrivait vers 7 heures avec ses deux bataillons; il était bientôt suivi par les 4ᵉ et 5ᵉ compagnies du 65ᵉ, par les 1ᵉʳ, 3ᵉ et 4ᵉ bataillons du Nord, par le général Lecointe.

L'ordre fut alors donné de diriger les troupes vers leurs cantonnements (2), de concentrer le 46ᵉ mobiles à Longueau, de rappeler les unités restées à Gentelles, à Cachy.

Cette dernière mission n'était pas facile en présence de l'ennemi, et par une obscurité complète. Un ancien militaire s'offrit volontairement, et, vers 11 heures, le 20ᵉ chasseurs à pied (3) rallié dans Gentelles par le 43ᵉ, par le 2ᵉ bataillon du Nord, se dirigeait sur Blangy. Le commandant Hecquet, le 43ᵉ se rendirent à Corbie, où ils arrivèrent à 2 heures du matin ; le 2ᵉ bataillon du Nord

---

(1) Le 10ᵉ bataillon du Nord était rentré à 3 heures du matin de Conty, qu'il avait évacué devant le détachement de flanc de la *32ᵉ* brigade. Dans la journée, il se portait en avant de Cagny, et se repliait bientôt sur Saint-Acheul.

(2) Le 24ᵉ à Amiens, le 33ᵉ à Camon, le 1ᵉʳ chasseurs à pied à Amiens, le 1ᵉʳ bataillon du Nord à Rivery, le 3ᵉ bataillon du Nord à Saint-Acheul, le 4ᵉ bataillon du Nord à Camon, les 4ᵉ et 5ᵉ compagnies du 65ᵉ à Amiens, deux compagnies du 75ᵉ à Amiens.

La 5ᵉ compagnie du 33ᵉ restait à Lamotte-Brebière, où elle ralliait 600 isolés de différents corps.

(3) Les 1ʳᵉ, 2ᵉ, 3ᵉ, et la moitié de la 5ᵉ compagnie, s'étaient déjà retirées à Longueau, où elles passèrent la nuit.

passa la nuit à la gare de Longueau, avec le 1ᵉʳ, rappelé de Rivery.

Du côté des Allemands les 29ᵉ et 30ᵉ brigades, couvertes par leurs avant-postes, s'étaient concentrées l'une à Sains, l'autre à Boves et à Fouencamps.

Au Sud d'Amiens, la 32ᵉ brigade avait échoué devant les retranchements de Dury,

Les chasseurs ayant évacué le cimetière vers 2 h. 1/2, une compagnie de fusiliers du 70ᵉ en prit possession; sous cette protection deux batteries (1) s'approchèrent à 850 mètres des ouvrages; criblées de projectiles, elles rétrogradèrent aussitôt, puis, à 3 heures, les 2ᵉ et 3ᵉ batteries à cheval, de l'artillerie de corps, ouvrirent le feu, sans plus de succès, à l'Ouest du village.

Tous les efforts furent inutiles; les défenseurs restaient inébranlables; quelques-unes de leurs pièces, en position depuis la veille, recevaient des approvisionnements pour cinq ou six coups; sur aucun point le feu n'était éteint; à 4 heures, le général de Barnekow se décidait à cesser la lutte (2).

Pendant ce temps, la 31ᵉ brigade se tenait en réserve, et envoyait le Iᵉʳ bataillon du 69ᵉ dans la vallée de la Celle. Une compagnie (3) s'avançait, vers 3 heures, jusqu'à Pont-de-Metz, puis rétrogradait après avoir tiraillé contre le 2ᵉ bataillon du Gard et quelques gardes nationaux.

Plus à l'Ouest, le IIᵉ bataillon du 70ᵉ, précédé d'un escadron de hussards, atteignait Rumaisnil, et y détruisait tardivement la voie ferrée.

---

(1) $\frac{6, \text{VI}}{8}$.

(2) L'artillerie allemande avait tiré 2,665 coups. (Major Kunz.)

(3) $\frac{1}{69}$.

Le VIII⁰ corps subissait donc un échec partiel, par suite de l'inaction de la *31ᵉ* brigade, dont l'intervention pouvait être décisive, entre 3 et 4 heures, vers Cagny, Saint-Acheul, Longueau. Mieux aurait valu, d'ailleurs, ne pas engager tout un corps d'armée du côté où le combat ne pouvait avoir qu'un seul but, y fixer les défenseurs.

Dans la soirée, la *31ᵉ* brigade occupa Hébécourt, avec ses avant-postes à Saleux ; la *32ᵉ* brigade s'établit au bivouac au Sud de Dury, couverte par ses grand'gardes à la Tuilerie, et dans le bois de Petit-Cagny.

En même temps, le général Paulze d'Ivoy prenait ses dispositions pour la journée du lendemain.

« Aussitôt les derniers coups de fusil (1) », écrit-il, « je donnai le commandement de la ligne, du côté droit de la grande route, au chef de bataillon Boschis, du côté gauche au commandant de Linières, et leur prescrivis de faire bivouaquer de suite les bataillons près de la portion d'ouvrage qu'ils avaient occupée, chacun laissant une compagnie chargée de la surveillance la plus active aux épaulements. En même temps je traçais deux lignes au crayon à l'adresse du préfet, afin d'obtenir le plus vite possible des vivres et du vin pour les troupes. Les blessés et les morts enlevés par nos docteurs et nos aumôniers, je fis mettre en place la mitrailleuse, que la garde nationale sédentaire m'envoyait, et deux prolonges de munitions pour nos pièces.

« Aussitôt de retour à Amiens, 60,000 cartouches chassepot furent cherchées à la citadelle, expédiées et distribuées de suite aux chefs de corps, qui m'en avaient fait la demande, de façon que chacun fût solidement pourvu pour la journée du lendemain. En même temps des ordres précis étaient adressés aux deux chefs de bataillon

---

(1) Rapport du général Paulze d'Ivoy.

pour que, dès 6 heures, tout le monde reprît les positions de la veille..... »

Vers 9 heures du soir, les généraux Paulze d'Ivoy et Lecointe, le lieutenant-colonel de Villenoisy, le commandant Charon se réunirent à la préfecture.

Après avoir rendu compte de la situation à Villers, le lieutenant-colonel de Villenoisy donna lecture des dépêches suivantes, échangées avec le général Farre :

Le lieutenant-colonel de Villenoisy au général Farre, à Corbie.

Amiens, 7 h. 50 soir.

« Défaite à Boves. Je n'ai pas vu le général Lecointe. Derroja occupe Longueau. Tâchez de garder le pont de Blangy ; je fais occuper Camon. »

Le général Farre au préfet, au général Lecointe, au lieutenant-colonel de Villenoisy, à Amiens.

Corbie, 8 heures soir.

« Faites couper cette nuit tous les ponts de Sailly à Camon, excepté ceux du chemin de fer. J'ai gardé une batterie de 8, trois bataillons d'infanterie (1), 75º, 65º et 2º chasseurs, plus ou moins complets. J'ai dirigé le reste sur Amiens, avec la batterie de 12. La gendarmerie a-t-elle quitté Blangy ? Donnez-moi des nouvelles de la compagnie du génie. Il me faudrait deux batteries dont l'une serait sur la hauteur de Vecquemont. Envoyez-moi demain matin ce dont vous pourrez disposer. »

---

(1) Deux compagnies du 75º et deux du 65º s'étaient retirées à Amiens et ne rallièrent leurs bataillons que le surlendemain. Le général Farre ne mentionne pas le 91º, qui était cependant resté à Corbie. (Journal de marche du 91º.)

*Le lieutenant-colonel de Villenoisy au général Farre,
à Corbie.*

Amiens, 9 h. 36 soir.

« Courchant est à Blangy, avec des hommes débandés et ses gendarmes intacts. Voyez si vous pouvez tenir les ponts de Blangy et de Daours. Le désordre augmente à Longueau ; Charon ici va bien. »

D'un avis unanime, les officiers généraux et supérieurs décidèrent alors que la retraite s'imposait.

Seul, le général Paulze d'Ivoy (1) voulait rester en place et défendre Amiens; « que le général Farre », disait-il, « m'envoie son artillerie et des munitions, je me charge de défendre la ville ».

« Mais, » lui disait-on, « le général Farre n'a plus de munitions (2), et d'ailleurs l'ennemi peut vous tourner par Corbie. »

« C'est égal, qu'il m'envoie des munitions, je tiendrai Amiens, » répondait le général Paulze d'Ivoy.

« Nous reconnûmes qu'une telle conversation ne pouvait aboutir, et d'un commun accord nous télégraphiâmes au général Farre ce qui se passait, lui demandant ses

---

(1) Relation du général de Villenoisy.

(2)   *Préfet à Général, Corbie.*

Amiens, 27 novembre.

Dépêche arrivée à l'instant du directeur de l'artillerie à Douai :

« J'expédie tout ce que je puis recueillir : 252 projectiles de 12 rayé, 145 caisses de projectiles de 4, 100,000 cartouches de Lille, 80,000 de Valenciennes. »

Nous manquons ici de projectiles de 12, ainsi que de cartouches chassepot; nous avons absolument besoin, pour tenir demain, de conserver nos canons.

ordres (1). En attendant, nous préparâmes l'évacuation. Les caisses publiques furent dirigées sur Abbeville, les ponts de Camon furent détruits. »

A Corbie, le général en chef hésitait. Il consulta d'abord le commissaire général de la défense (2), et ne décida la retraite qu'à 3 heures du matin.

De part et d'autre, les pertes étaient sensiblement égales. La Ire armée comptait 76 officiers, 1216 sous-officiers et soldats hors de combat; l'armée du Nord perdait 258 tués, dont 10 officiers, 1097 blessés dont 22 officiers, auxquels il faut ajouter 2,168 disparus ou débandés qui rejoignirent, pour la plupart, les jours suivants (3).

L'armée du Nord se retirait donc à peu près intacte. En subissant l'attraction de la ville d'Amiens, le général de Manteuffel avait perdu de vue son objectif principal, et sa cavalerie, qui aurait pu obtenir des résultats décisifs, compléta cette erreur par son inaction.

---

(1) *Sous-Chef d'état-major à général Farre, Corbie.*

Amiens, 27 novembre.

Le général Lecointe et les chefs jugent la retraite nécessaire; le général Paulze d'Ivoy désapprouve. Lecointe veut votre réponse; nous sommes unanimes à croire la retraite urgente et nécessaire. Les Prussiens sont à Pont-de-Metz. Réponse sans retard.

(2) M. Testelin répondait aussitôt :

Lille, 11 h. 25 soir.

« Je ne suis pas sur les lieux, et n'ai aucune connaissance militaire; je m'en rapporte à vous tous; nous avions déjà suspendu tout envoi; agissez pour le mieux, mais décidez-vous vite et ne tergiversez pas; si vous ne pouvez compter sur les troupes et ne voyez aucune chance de succès, mieux vaut sauver le corps d'armée en battant en retraite. »

(3) Voir, aux pièces annexes, le détail des pertes pour la Ire armée allemande et pour l'armée du Nord.

L'état des pertes pour l'armée du Nord a été établi peu de jours après la bataille. Le général Farre, dans son rapport du 4 décembre, donne à peu près les mêmes chiffres pour les tués et les blessés, mais n'ajoute que 620 disparus, dont 20 officiers; le général Faidherbe

Le commandant de la Ire armée pouvait, en effet, porter un coup décisif à l'armée du Nord dès le 27 novembre. Il savait, depuis le 25, que « des masses ennemies, avec de l'artillerie, se trouvaient à Boves, Gentelles, Cachy et Villers-Bretonneux, et que des troupes nombreuses arrivaient à Amiens (1) ». C'était donc le 26 que des mesures auraient dû être prises en conséquence.

---

parle, dans son ouvrage, d'un millier d'hommes faits prisonniers; d'autre part, les statistiques allemandes ne mentionnent que 800 prisonniers.

Les corps les plus éprouvés de la Ire armée furent le *4e* régiment : 16 officiers, 264 hommes; le *44e* : 18 officiers, 366 hommes.

MUNITIONS D'ARTILLERIE CONSOMMÉES (Rapports des capitaines et major Kunz).

Batteries françaises :

Batterie Montebello, 300 coups.
Batterie Giron, 352 coups.

Batteries allemandes :

$\frac{3}{1}$,	357 coups.	$\frac{IV}{1}$,	52 coups.	$\frac{II}{8}$,	50 coups.
$\frac{4}{1}$,	267 —	$\frac{2 \text{ à cheval}}{1}$,	192 —	$\frac{5}{8}$,	658 —
$\frac{5}{1}$,	593 —	$\frac{3 \text{ à cheval}}{1}$,	123 —	$\frac{6}{8}$,	546 —
$\frac{6}{1}$,	430 —	$\frac{1 \text{ à cheval}}{7}$,	123 —	$\frac{V}{8}$,	421 —
$\frac{I}{1}$,	128 —	$\frac{1}{8}$,	37 —	$\frac{VI}{8}$,	450 —
$\frac{II}{1}$,	136 —	$\frac{2}{8}$,	147 —	$\frac{1 \text{ à cheval}}{8}$,	215 —
$\frac{III}{1}$,	35 —	$\frac{I}{8}$,	129 —	$\frac{2 \text{ à cheval}}{8}$,	321 —
				$\frac{3 \text{ à cheval}}{8}$,	269 —

(1) Général de Wartensleben.

Partie ce jour-là de la ligne Roye-Breteuil, la Ire armée pouvait se concentrer entre l'Avre et la Somme, ne laisser qu'une division au Sud d'Amiens, et pousser la 3e division de cavalerie, les deux bataillons de chasseurs sur la Somme, avec mission d'y établir des moyens de passage et de les franchir (1).

Sans attendre l'arrivée des derniers échelons du Ier corps, le général de Manteuffel aurait disposé ainsi de moyens suffisants, soit pour produire un effet immédiat et décisif à l'Est d'Amiens, soit pour déboucher sur la rive droite de la Somme.

Au lieu de se préparer à combattre, il poursuivit sa marche sur Amiens sans se concentrer. Les engagements du 26 novembre ne l'éclairèrent même pas. Il en conclut, au contraire, que la résistance des Français ne serait effective qu'aux portes mêmes de la ville, et ne prévit la bataille que pour le 28.

Aussi le centre de gravité de ses forces s'est-il trouvé au Sud d'Amiens au lieu de menacer la ligne de retraite de son adversaire; ses brigades ont cheminé isolément, trop éloignées les unes des autres pour se prêter secours, sauf à Boves où le général de Strubberg et le colonel de Bock ont reçu l'ordre de concourir au but commun. L'artillerie s'est engagée successivement par petits groupes; à l'Est, les batteries de corps ne sont arrivées que par suite de l'initiative personnelle de leur chef; à l'Ouest, quatre batteries du VIIIe corps sont restées inactives.

Grâce à ces fautes, autant qu'à la bravoure de l'armée du Nord, la ligne défensive formée par la garnison d'Amiens et le 22e corps ne fut ni détruite, ni même dispersée.

De son côté, le général Farre aurait-il pu adopter d'autres dispositions?

---

(1) La Ire armée disposait d'un équipage de ponts. (*Historique du Grand État-Major prussien.*)

« En se portant sur la Somme, il n'avait eu d'autre but que de couvrir Amiens. Cette cité importante, nœud principal de routes et de chemins de fer, qui relient le Nord et l'Ouest de la France, ne semblait pas pouvoir être abandonnée à l'ennemi. L'opinion publique réclamait sa défense. Il fallut s'y décider, malgré l'insuffisance des moyens dont on disposait. Mais comment protéger Amiens, et quelle était, à cet égard, la meilleure combinaison à adopter (1)? »

Si les trois brigades avaient été suffisamment exercées et organisées, si une réserve les avait soutenues, elles auraient pu se concentrer à Corbie le 26 au soir, prendre l'offensive dans la matinée du 27, et menacer de flanc la gauche de l'armée allemande ; mais l'impossibilité de se réapprovisionner en munitions était une raison suffisante à elle seule pour écarter toute idée d'offensive.

« Restait donc à faire choix d'une position défensive. L'armée du Nord pouvait s'établir sur la rive droite de la Somme, soit entre Camon et Vecquemont, soit entre Corbie et Bray. Dans les deux cas, le front était couvert par un obstacle difficile à franchir, les flancs avaient des points d'appui solides, la ligne de retraite était à l'abri des tentatives de l'ennemi ; enfin le terrain offrait au défenseur des champs de tir, qui, sans être aussi avantageux qu'à Villers-Bretonneux, étaient encore assez découverts pour rendre les approches de la ligne de défense peu abordables. L'occupation du plateau entre Bray et Corbie aurait constitué, sur le flanc des lignes de marche de la 1re armée, une menace assez sérieuse pour l'empêcher de se porter sur Amiens avant d'avoir repoussé ou détruit nos forces » (1).

Bien que cette solution, à laquelle le général Farre

---

(1) *La guerre moderne*, par le général Derrécagaix.

avait songé (1), eût des avantages, il préféra couvrir la ville d'Amiens en adoptant la ligne de défense de Villers-Bretonneux à Boves. Répartir normalement trois brigades sur un front aussi étendu, c'était une tâche impossible ; aussi ne formèrent-elles qu'un rideau destiné à céder au premier effort.

Quant à la garnison d'Amiens elle avait l'appui de retranchements auxquels on peut reprocher la direction et la continuité de leurs lignes, mais dont le relief devait suffire momentanément comme abri.

C'est donc en combinant l'occupation de ces retranchements par la garnison d'Amiens, avec le déploiement des trois brigades sur la rive droite de la Somme, de Camon à Vecquemont, que le général Farre aurait pu créer le plus de difficultés à l'ennemi.

Mais, en définitive, vouloir opposer 17,000 hommes récemment incorporés et sept batteries, sans approvisionnements de munitions, à deux corps d'armée puissamment organisés, pourvus d'une nombreuse artillerie, c'était s'exposer à un échec inévitable.

En laissant, au contraire, les troupes dans leurs garnisons, en attendant que leur organisation fût complète, on aurait pu profiter d'une occasion favorable pour les concentrer inopinément avant de reprendre l'offensive dans de meilleures conditions.

Capitulation de la Fère.

La place de la Fère tombait le même jour au pouvoir de l'ennemi.

Quelques sorties avaient été tentées pendant les journées du 16, du 22 et du 23 novembre. Mais le 24 au soir,

---

(1) Rapport du général Farre.

sept batteries (1) s'installaient sur les hauteurs qui dominent la ville à l'Est, et ouvraient le feu le lendemain, à la pointe du jour.

Les premiers coups furent dirigés sur la caserne des gardes mobiles, et bientôt toute la ville, un espace de 1100 mètres de long sur 600 mètres de large, était sillonnée de projectiles, qui incendiaient les bâtiments militaires, les écuries, les magasins à fourrages, et réduisaient l'artillerie au silence.

A 9 heures du soir, une pétition de la population demandait la reddition.

Le 26 au matin, le feu de l'ennemi se ralentit, mais les batteries de la place étaient bouleversées, et cinq pièces, à l'extrémité Ouest, restaient seules en état de répondre.

La résistance devenant impossible, le commandant Planche se décida à capituler, à 4 heures du soir.

Les armes, les munitions, une partie du matériel furent détruits, et la garnison sortit de la place le 27 novembre, à 11 heures du matin.

Des ressources importantes avaient été malheureusement consacrées à la défense de cette ville, qui par sa situation topographique et l'insuffisance de ses fortifications s'offrait à l'ennemi comme une proie facile.

---

(1) Au Nord de Danizy : batterie n° 1, 4 pièces de 15 centimètres ; batterie n° 2, 4 pièces de 12 centimètres; batterie n° 3, 4 pièces de 12 centimètres; batterie n° 4, 4 pièces de 12 centimètres.

A Danizy : batterie n° 5, 6 mortiers de 22 centimètres.

Au Sud de Danizy : batterie n° 6, 4 canons de 15 centimètres; batterie n° 7, 6 canons de 9 centimètres.

1845 projectiles furent envoyés sur la place. Les Allemands perdirent 1 officier, 5 hommes; les Français, 4 officiers, 60 hommes; 113 bouches à feu tombèrent entre les mains de l'ennemi. (Major Kunz, *Historique du Grand État-Major prussien* et Journal du siège.)

Voir le plan de la place de la Fère.

VI

La retraite et les opérations jusqu'au 3 décembre.

En attendant la décision du général en chef (1), le conseil de guerre, réuni à la préfecture d'Amiens, prit, vers minuit, les mesures préparatoires pour l'évacuation de la ville, et le général Lecointe dicta l'ordre suivant :

« On battra ce matin, à 4 heures, la marche des régiments rentrés dans Amiens. Ils se rassembleront sur le boulevard de l'Est, devant la gare du chemin de fer, en colonnes par pelotons, la droite du côté du port d'amont.

Ils recevront deux jours de vivres et des cartouches.

L'avant-garde sera composée d'un escadron de gendarmerie et partira à 5 heures ; elle ira coucher à Doullens ; l'ambulance, les troupes d'administration, les bagages de l'état-major et des corps seront sous le commandement du grand prévôt.

---

(1) *Le Sous-Chef d'état-major général au général Farre, Corbie.*

Le général Lecointe et les chefs jugent la retraite nécessaire ; elle commencera aujourd'hui sur Doullens.
Villenoisy.

Deuxième dépêche.

Les ordres de préparation s'exécutent : concentration, prise de vivres. La marche n'est pas commencée. On attend votre ordre. Le général Paulze d'Ivoy partira avec nous. Réponse urgente ; nous avons 30,000 hommes devant nous.

Les autres troupes marcheront dans l'ordre ci-après :

1° Compagnie du génie (1) et voitures d'outils ;
2° 1er bataillon de chasseurs ;
3° Une batterie d'artillerie, capitaine Ravaut ;
4° Deux bataillons du 24e ;
5° Un bataillon du 33e ;
6° Une batterie d'artillerie, capitaine Chaton ;
7° 4e, 5e, 6e bataillons de la garde mobile du Nord ;
8° 1er, 2e, 3e bataillons de la garde mobile du Nord ;
9° 20e bataillon de chasseurs ;
10° Un bataillon du 65e ;
11° Une batterie d'artillerie, capitaine Giron ;
12° Le bataillon du 91e ;
13° Le détachement de marins et les soldats dont les corps sont à Corbie ;
14° Un escadron de gendarmerie.

Les voitures pour les écloppés suivront l'extrême arrière-garde.

L'avant-garde et les bagages, les numéros 1, 2, 3, 4, 5, 6, 7, iront coucher à Doullens ; les numéros 8, 9, 10, à Beauval ; les numéros 11, 12, 13, 14, à Terramesnil (2) ».

Quelles que soient les critiques qu'éveille la lecture de ce document, elles doivent disparaître devant les difficultés de la situation et l'énergie déployée pour les surmonter.

Des défections se produisirent ; la plus grande partie des hommes du 48e mobiles ne répondirent pas à l'appel ; plusieurs bataillons, n'ayant pas de voitures, abandon-

---

(1) Compagnie du génie de la garde nationale mobilisée.
(2) Contrairement à cet ordre, la partie principale du 91e se trouvait à Corbie, le détachement du 65e ne comptait que deux compagnies, le 6e bataillon du Nord était à Querrieux, une fraction seulement du 20e chasseurs à pied était à Amiens. (Journaux de marche.)

nèrent leurs bagages, mais, à la fin de la nuit les troupes étaient réunies et prêtes à marcher.

Vers 3 heures du matin, le général Farre avait fait savoir (1) qu'il se retirait sur Arras, et que les troupes d'Amiens pouvaient prendre la même direction en passant par Doullens.

Le mouvement commença vers 5 heures; il s'exécutait avec régularité pour l'armée active, lorsque la garde nationale sédentaire, qui venait d'être licenciée, déchargea ses armes en l'air avant de les déposer à la gare.

Une panique se produisit; les 4e et 5e bataillons du Nord se débandèrent; des armes, des sacs furent abandonnés; le désordre s'étendit à d'autres corps, et une pièce de canon tomba dans l'eau; plus tard, à la sortie de la ville, l'escadron de gendarmerie qui était à l'arrière-garde, affolé par des cris de : « sauve qui peut! », chargea les voitures et la queue de la colonne.

En arrivant à Talmas, le général Lecointe fit faire une halte de 25 minutes, et prescrivit au lieutenant-colonel de Fierville de s'établir à Beauval avec le détachement du 20e chasseurs à pied, un escadron de gendarmerie, les 46e et 47e mobiles, ajoutant que cette arrière-garde devait partir le lendemain matin à 4 heures, tandis que la colonne principale quitterait Doullens vers 5 heures.

Conformément aux mesures de détail qui complétèrent ces ordres, le 3e bataillon du 46e fournit une compagnie en grand'garde dans un bois à l'Ouest du pont, à

---

(1) *Le général Farre au Sous-Chef d'état-major général,
à Amiens.*

Corbie, 28 novembre, 2 h. 40 matin. Expédiée à 3 heures.

Je confirme l'ordre de retraite. Je vais prendre mes dispositions pour partir pour Arras.

300 mètres au Sud de Beauval, le 4ᵉ bataillon détacha une compagnie (1) sur la route d'Amiens ; un peloton de gendarmes patrouilla vers le Sud-Est du bourg. L'ensemble de ce service de sûreté, établi à six kilomètres du corps principal, ne couvrait qu'imparfaitement les cantonnements de Doullens (2), mais sur d'autres points les précautions furent encore moindres.

A la sortie d'Amiens, le général Paulze d'Ivoy suivit le chemin de Pas, où il cantonnait le soir avec le 2ᵉ bataillon du Gard, le 4ᵉ de la Somme, le 10ᵉ du Nord, la 2ᵉ batterie mixte ; le 3ᵉ bataillon de la Marne poussait jusqu'à Gaudiempré ; le 8ᵉ bataillon du Nord, qui avait passé la nuit à Querrieux, se retirait sans ordres sur Foncquevillers, par Saint-Gratien. Quant à la garde nationale mobilisée, elle quittait Amiens à 6 heures du matin, et se dirigeait sur Abbeville avec l'artillerie de la place (3).

Les troupes concentrées à Corbie traversaient Pont-Noyelles, Contay, et s'arrêtaient notamment à Mailly (1ᵉʳ bataillon du 91ᵉ, détachement du 20ᵉ chasseurs à pied, trois compagnies du 1ᵉʳ bataillon du 65ᵉ, l'artillerie), à Bucquoy (1ᵉʳ bataillon du 75ᵉ) ; les cavaliers atteigni-

---

(1) La 2ᵉ compagnie. Le 5ᵉ bataillon du Nord ne comptait que 300 hommes à Beauval.

(2) Le 3ᵉ bataillon du Gard, qui faisait partie de la garnison d'Amiens, et le 6ᵉ bataillon du Nord, avec le convoi de vivres, s'étaient aussi repliés sur Doullens.

(3) Le 1ᵉʳ bataillon de la 1ʳᵉ légion, comptant 767 hommes, rejoignait, à Abbeville, les deux autres bataillons non armés.

L'artillerie, sous les ordres du lieutenant-colonel Crouzat, comprenait une pièce de 12 rayé, une pièce de 8 lisse, un obusier de 16, quatre pièces de 4, trois pièces anglaises de 12 ; cinq pièces avaient été abandonnées dans les retranchements. Elle fut dirigée le 30 novembre sur Montreuil, avec les deux bataillons de la 3ᵉ légion (Doullens et Montdidier) non armés, venus de Doullens.

rent Arras; d'autres détachements et le général en chef s'établirent à Achiet-le-Grand (1).

A l'Est enfin, le 17ᵉ chasseurs à pied, les bataillons restés le 27 novembre à Bray cantonnaient, le 28 au soir, à Bapaume.

Ce n'était pas sans angoisse que le général Farre devait songer à l'apparition possible de la cavalerie ennemie au milieu de ces cantonnements épars, sans protection, incapables de se soutenir, et distants de 30 kilomètres du champ de bataille de la veille.

Aussi, dès le 29 (2), prit-il la résolution de renvoyer toutes les troupes dans leurs garnisons. Cette mesure, facilitée par le réseau des voies ferrées, allait activer la réorganisation et contribuer à suspendre le mouvement de l'armée allemande vers le Nord.

---

(1) Le général Farre recevait à Achiet la dépêche suivante :

Le Commissaire de la défense au général Farre, à Doullens ou à Corbie.

Nuit du 28 novembre.

Bon courage et faites-nous savoir ce que vous désirez de nous, cela sera exécuté sur-le-champ ; nous avons fait notre devoir envers la France en livrant bataille, dans des conditions inégales, pour tenter de sauver Amiens, mais vous avez fait votre devoir envers l'armée en la ramenant vers les places du Nord. Aussitôt la retraite en bonne voie, je crois que vous feriez bien de remettre le commandement au général Lecointe et de revenir ici pour continuer l'organisation.

(2) *Emplacements des troupes le 29 novembre* (note du sous-intendant militaire d'Arras) :

Trois batteries d'artillerie, à Arras, faubourg Saint-Laurent; escadrons de gendarmerie, à Arras; escadrons de dragons, à Arras; fusiliers marins, à Arras; infanterie de marine, à Sainte-Catherine; deux bataillons du 24ᵉ, à Achicourt; 1ᵉʳ, 2ᵉ, 20ᵉ bataillons de chasseurs, à Beaurains; 33ᵉ de ligne, à Saint-Nicolas; 1ᵉʳ bataillon des mobiles du Nord, faubourg Saint-Nicolas; 2ᵉ bataillon des mobiles du Nord, à Tilloy, Feuchy, Beaurains; 3ᵉ bataillon des mobiles du Nord, à Mercatel, Héninel, Monteniscourt; 4ᵉ bataillon des mobiles du Nord, à Monchy-le-Preux ; 5ᵉ bataillon des mobiles du Nord, à Fampoux;

Le général de Manteuffel pouvait, en effet, compléter son succès par une poursuite immédiate, mais il aurait méconnu les instructions du grand quartier général, et le but des opérations, en s'engageant au milieu du dédale des places, derrière une armée qui s'évanouissait dans différentes directions.

Revenu à Moreuil dans la soirée du 27, il avait d'abord prescrit au général de Zglinitzki de lui envoyer immédiatement en renfort, par Noyon, un détachement d'au moins trois bataillons, un escadron et une batterie.

Bien qu'il eût été informé de la prise de Boves, il restait sans nouvelles de sa droite. Les incidents auxquels il avait assisté l'avaient impressionné, et le général de Gœben lui déconseillait l'attaque des retranchements de Dury; il résolut donc de rester momentanément sur la défensive, bien que 13 de ses bataillons et 6 batteries n'eussent pas été engagés.

La *3ᵉ* division de cavalerie devait se borner, le 28, à reconnaître les environs immédiats d'Amiens, pendant que les deux corps d'armée se soutiendraient mutuellement, en conservant leurs positions ; mais les résultats

---

7ᵉ bataillon des mobiles du Nord, à Mont-Saint-Éloi ; 8ᵉ bataillon des mobiles du Nord, à Roclincourt, Écurie ; 9ᵉ bataillon des mobiles du Nord, à Wailly ; 10ᵉ bataillon des mobiles du Nord, à Agny ; 450 hommes des volontaires de la Somme, à Neuville-Saint-Vaast.

Indications complémentaires fournies par les journaux de marche :
Bataillon du 65ᵉ, à Arras; 1ᵉʳ bataillon du 75ᵉ, à Arras; 2ᵉ bataillon du 75ᵉ, à Cambrai; bataillon du 91ᵉ, à Arras; 17ᵉ bataillon de chasseurs, à l'Écluse; 6ᵉ bataillon du Nord, à Arras; 4ᵉ bataillon de la Somme, à Arras; 2ᵉ bataillon du Gard, à Beaurains; 3ᵉ bataillon du Gard, à Dainville; 5ᵉ bataillon du Pas-de-Calais, à Cambrai; 3ᵉ bataillon de la Marne, à Fampoux, Roclincourt, Saint-Aubin; compagnies de reconnaissance, à Arras; compagnie du génie de la garde nationale mobilisée, à Arras.

L'ordre de dislocation fut donné le 30 novembre. Voir, aux pièces annexes, l'emplacement des troupes.

définitifs furent connus pendant la nuit, et les premières patrouilles constatèrent, dans la matinée, l'évacuation des retranchements de Cachy et de Gentelles ; la division de cavalerie, qui s'était avancée vers Villers-Bretonneux, aperçut même des colonnes qui se retiraient sur la rive droite de la Somme ; elle se préparait à les suivre avec l'équipage de ponts, lorsque l'abandon de la ville fit arrêter la poursuite.

La responsabilité de l'inaction de cette cavalerie, pendant la bataille de la veille, appartient au général de Grœben et au général de Bentheim, commandant le Ier corps, qui avait les pouvoirs nécessaires pour faire sentir son autorité ; mais, dans la matinée du 28, c'était le général en chef lui-même qui renonçait à compléter sa victoire, pour se retourner vers les forces de Normandie dont il s'exagérait l'importance.

A midi, le général de Grœben entrait dans Amiens à la tête de la *16*^{e} division (1), et faisait sommer la citadelle de se rendre. Le capitaine Vogel qui la commandait, demanda 24 heures de réflexion.

Le 29, quelques compagnies du *40*^{e} régiment, établies dans les maisons qui bordent le canal au pied de la citadelle, ouvrirent le feu sans succès. Enfin le 30, l'artillerie allemande utilisa le pont de Lamotte-Brebière (2), un autre point de passage aménagé par les pontonniers à deux kilomètres en aval d'Amiens, à Montières, et 72 pièces, des Ier et VIIIe corps, entourèrent bientôt la citadelle sur les deux rives de la Somme.

Le capitaine Vogel ayant été frappé mortellement la veille, la défense ne devait pas se prolonger et la cita-

---

(1) La *15*^{e} division restait dans ses cantonnements à Boves, Fouencamps, Saint-Fuscien, Sains.

(2) Daussy. *La ligne de la Somme.*

Seuls, les ponts de Sailly, Corbie, Daours étaient impraticables ; ceux de Bray et de Lamotte-Brebière restaient en bon état.

delle fut livrée (1) aux Allemands, qui rendirent les derniers honneurs à son brave commandant, à la place où il avait succombé.

Dès le 28, des dispositions avaient été prises pour marcher vers Rouen. Le 30, le VIIIe corps, échelonné sur la route Amiens-Poix-Forges, avait sa tête de colonne à Creuse ; celle du 1er corps atteignait Essertaux, sur la route Moreuil-Ailly-Conty ; la 4e brigade, venant de la Fère, se dirigeait sur Montdidier (2) ; les deux corps d'armée recevaient leur artillerie après la capitulation de la citadelle, et le 1er décembre la Ire armée se mettait en marche vers l'Ouest, où semblait l'appeler l'activité des troupes de Normandie, et leur récent succès à Étrépagny.

Le général de Grœben avait été laissé à Amiens avec la 3e brigade (4e et 44e régiments), les 7e et 14e uhlans (3) de la 3e division de cavalerie, trois batteries (4),

---

(1) La garnison se composait d'une batterie de garde mobile de la Somme et de 300 hommes des 2e, 7e, 8e compagnies du 10e bataillon du Nord, arrivés le 28 novembre au matin.

L'armement comprenait 37 pièces :

3 canons de 16, 9 obusiers de 12, 4 obusiers de 22, 6 obusiers de 16, 2 mortiers de 22 ; toutes ces pièces étaient non rayées.

Dans la cour de l'arsenal, se trouvaient 3 pièces de 12 rayées de place, 4 obusiers de 15, 6 pièces de 8, toutes non montées sur affûts. (Journal du siège.)

Le commandant Voirhaye, de la garde nationale, remplaça le capitaine Vogel.

(2) La Fère eut d'abord comme garnison le bataillon $\frac{F}{5}$ et une compagnie de pionniers, mais le bataillon $\frac{F}{5}$ rejoignit bientôt la 1re division et fut remplacé par des troupes d'étapes.

(3) La 3e division de cavalerie avait été disloquée, et ne comprenait plus que deux régiments. Voir, aux pièces annexes, les instructions laissées au général de Grœben le 30 novembre.

(4) Les batteries $\frac{V.\ 6}{1}$, $\frac{1 \text{ à cheval}}{VII}$. La 3e compagnie de pionniers. La 8e compagnie d'artillerie de forteresse.

une compagnie de pionniers du Ier corps, une compagnie d'artillerie de forteresse ; son autorité s'étendait sur les départements de la Somme et de l'Oise, et ses instructions portaient qu'il devait assurer les communications de l'armée, défendre Amiens, surveiller enfin l'armée du Nord (1).

Il fit d'abord réparer la voie ferrée Amiens-La Fère, détruire les ouvrages de Dury, et préparer la défense de la citadelle d'Amiens (2). Pour obtenir des renseignements et frapper l'esprit des populations, il multiplia les reconnaissances, les réquisitions, et imposa à ses troupes une activité incessante. Le 30 novembre, deux escadrons du 7e uhlans s'avançaient jusqu'à Péronne et sommaient la ville de se rendre. Un détachement de troupes d'étapes (3) s'établissait à Conty le 3 décembre. Des uhlans s'avançaient, le 4, jusqu'à Abbeville, qui avait été évacuée le 2, et réoccupée le lendemain par trois compagnies du 1er bataillon de mobilisés de la Somme. D'autres détachements entrèrent à Doullens, à Albert. Les voies ferrées étaient détruites à Longpré, Miraumont, Méricourt l'Abbé. Enfin, divers renseignements ayant fait croire à une offensive de l'armée du Nord, le major de Bock était dirigé, le 3 décembre, vers Saint-Quentin, avec un détachement de 2,000 hommes environ, comprenant deux bataillons du 44e, deux escadrons, deux pièces.

Du côté des Français, le général de Chargère veillait à la sûreté d'Arras. Deux escadrons de gendarmerie se

---

(1) L'inspection générale des étapes de la Ire armée, qui disposait de six compagnies et d'un escadron, était établie à Amiens. Elle utilisait, dès le début, 7 locomotives et 100 wagons abandonnés à Longueau. (Général de Wartensleben.)

(2) Quatre pièces rayées de 12 furent amenées de la Fère pour compléter l'armement de la citadelle.

(3) Un bataillon de landwehr, un escadron du 6e hussards de réserve.

trouvaient à Doullens le 1er décembre, tandis que le bataillon de volontaires de la Somme était expédié à Sailly-au-Bois (1), et une compagnie de garde nationale mobilisée du Pas-de-Calais à Bapaume (2). En même temps, les troupes dirigées sur Cambrai étaient informées du danger qui pouvait les menacer éventuellement sur leur droite.

Le 2 décembre, le lieutenant-colonel Fovel s'engageait, avec 600 hommes du 91e mobiles (3), sur la route de Péronne; le commandant Zédé, avec 600 hommes du 33e, atteignait Ayette. Deux compagnies d'infanterie de marine surveillaient Bucquoy et Pas. Ces reconnaissances étaient nécessaires, à défaut de cavalerie, mais elles imposaient des fatigues considérables aux troupes, et ne donnaient que des résultats incomplets ou momentanés, sans tenir lieu d'avant-postes fixes.

Le général Farre informé, dès son retour à Lille, des mouvements des Allemands sur Rouen, et de leurs reconnaissances sur Doullens et Albert, se préparait à l'offensive. Il décidait, le 2 décembre, que des forces seraient réunies à Vervins et à Cambrai, centre important d'approvisionnements (4). La colonne de Cambrai devait

---

(1) *Le Commandant des volontaires de la Somme au Général commandant la 3e division, à Lille.*

Arras, 2 décembre, 10 h. 10 matin.

Je suis arrivé hier soir à Pas et Sailly-au-Bois; j'ai expédié immédiatement des éclaireurs dans différentes directions; à Albert, il y a 1500 fantassins, depuis 4 heures de l'après-midi (1er décembre), se dirigeant sur Mailly; une centaine de cavaliers dans les bois de Martinsart.

(2) Une compagnie du 1er bataillon de la 1re légion.

(3) Le 91e régiment de mobiles avait été formé, le 25 novembre, avec les 5e, 6e, 7e bataillons de mobiles du Pas-de-Calais. Les 6e et 7e bataillons se fixèrent à Arras, le 5e à Cambrai.

(4) De nombreux trains de vivres, des approvisionnements de toute

opérer vers Péronne; celle de Vervins sur La Fère et Laon ; les trois bataillons de marins formeraient réserve, sous les ordres du général Lecointe, et le général Paulze d'Ivoy, renforcé à Lens par deux bataillons, suivrait le mouvement d'ensemble (1).

Ces dispositions concordaient d'ailleurs avec les instructions que le général Faidherbe recevait à Dieppe, où il était de passage pour aller prendre possession de son commandement à Lille (2) :

« Je réponds à votre dépêche de ce soir 5 h. 40 », lui télégraphiait le Ministre de la guerre le 1er décembre. « Rejoignez le plus rapidement possible le gros de vos forces ; ajoutez-y tout ce que vous pourrez trouver de garnisons, de mobilisés, et avec l'élan que vous saurez communiquer à cette troupe, entraînez-la vers Paris, aussi loin que possible, sans la compromettre, et de manière à inquiéter l'ennemi ; apportez à ce mouvement toute la célérité, la vigueur, en même temps la prudence qui vous caractérisent. »

En arrivant à Eu, quelques heures après avoir reçu cette communication, le général Faidherbe mandait au général Farre, à Lille (3) :

« Vous avez dû recevoir un ordre du Ministre de réorganiser de suite le 22e corps, d'y appeler les garnisons mobilisées et de les mettre en état de marcher le plus tôt possible sur Paris ; prenez des mesures en conséquence. Je vais arriver probablement par Calais et Saint-Omer. »

---

nature, dirigés vers l'Est au début de la guerre, avaient reflué sur Cambrai après la première partie de la campagne. (*Souvenirs du général Derroja.*)

(1) *Memento* du colonel Queillé.
(2) Dépêche envoyée de Tours le 1er décembre, à 11 h. 10 du soir.
(3) Dépêche envoyée d'Eu le 2 décembre, à 9 h. 49 du matin.

Dans une deuxième dépêche, le général en chef ajoutait (1) :

« Faites connaître de suite au Ministre la situation du 22ᵉ corps depuis l'affaire d'Amiens, et quand il pourra marcher sur Paris ; envoyez-moi les mêmes renseignements à Saint-Valéry, dans quelques heures, si c'est possible. »

Le général Farre répondait le soir même à Tours :

Lille, 2 décembre, 8 h. 10 soir.

« L'ennemi, qui menaçait Arras par Albert et Doullens, semble se replier sur Amiens, où il reste encore 10,000 hommes, le surplus est sur la route de Rouen. Demain, 10 bataillons de troupes régulières seront concentrés à Cambrai. Près de 5,000 hommes vont être réunis à Vervins. Dans peu de temps, un autre corps de 10 bataillons sera prêt à marcher, et bientôt la mobile sera réorganisée. »

L'artillerie recevait en effet l'ordre de mobiliser trois batteries (2) ; le lieutenant-colonel Martin, commandant supérieur à Avesnes, et le général Mazel, commandant

---

(1) Dépêche datée d'Eu le 2 décembre.

(2) *Le Général commandant le 22ᵉ corps au Général commandant l'artillerie à Douai.*

Il faut absolument avoir deux ou trois batteries en état de marcher après-demain. Tout sacrifier pour arriver à ce résultat. Réponse immédiate.

Le général Treuille de Beaulieu au général Farre, à Lille.

Douai, 2 décembre.

Deux batteries pourront marcher après-demain. Je fais des efforts pour en mettre trois en route.

la subdivision de Mézières, devaient concentrer à Vervins toutes les forces dont ils pouvaient disposer.

Dans cette direction, partait de Mézières un bataillon de 800 hommes du 3ᵉ de ligne; de Rocroi, 500 hommes du 2ᵉ bataillon des Ardennes; de Givet, un bataillon de 600 hommes du 40ᵉ. Le lieutenant-colonel de la Sauzaye était à la tête de ces troupes.

D'Avesnes, partaient également pour Vervins deux pièces de 4 de montagne, servies par la garde mobile, une compagnie de zouaves éclaireurs, cinq compagnies de francs-tireurs des Ardennes (1), deux compagnies de gardes mobiles (2).

D'Anor, venait le 1ᵉʳ bataillon des Ardennes (3).

Dix bataillons, enfin, se rassemblaient à Cambrai (4); ceux du général Paulze d'Ivoy étaient toujours à Lens et aux environs; telle était la situation dans la soirée du

---

(1) Effectif : 413 hommes.

(2) 1ʳᵉ et 7ᵉ compagnies du 2ᵉ bataillon du Nord; effectif : 5 officiers, 384 hommes (dépêche du 17 décembre). Aux environs de Landrecies se trouvait, depuis le 1ᵉʳ décembre, le 4ᵉ bataillon de mobiles de l'Aisne, commandant du Châtelet; les 1ʳᵉ et 2ᵉ compagnies étaient à Ors et Pommereuil; la 3ᵉ à Favril. Une compagnie, envoyée quelques jours plus tard à Guise, fut dispersée par une reconnaissance allemande (Journal de marche). Ce bataillon, dont trois compagnies avaient capitulé à la Fère, avait été réorganisé à Hesdin.

(3) Le 1ᵉʳ bataillon des Ardennes, commandant Padovani, comptait cinq compagnies et 750 hommes; les 1ʳᵉ et 2ᵉ compagnies avaient capitulé à Sedan; une nouvelle compagnie avait été créée le 26 novembre. Les 6ᵉ et 7ᵉ formaient dépôt à Anor.

Le 2ᵉ bataillon des Ardennes (commandant Verzeau, ancien lieutenant de tirailleurs algériens) fut formé à Rocroi le 30 novembre. Les 1ʳᵉ et 2ᵉ compagnies étaient à Mézières, la 8ᵉ restait à Rocroi.

(4) *Le colonel Pittié au général Farre.*

Cambrai, 3 décembre, 10 h. 20 matin.

« J'ai pris le commandement provisoire, suivant ordre donné. Sont arrivés à Cambrai : deux bataillons du 24ᵉ, logés en ville; un bataillon du 65ᵉ; un du 91ᵉ; un du 64ᵉ; le 17ᵉ bataillon de chasseurs; trois

3 décembre, au moment où le général Faidherbe entrait en fonctions à Lille. A la même époque, le général de la Villesboisnet en partait pour prendre le commandement de la division territoriale à Marseille.

Plus heureux que ses prédécesseurs, le général Faidherbe trouvait des forces organisées et des ressources prêtes à être exploitées. Quelles que fussent d'ailleurs les difficultés qu'il allait rencontrer, son caractère lui permettait d'y faire face. Sans écarter tout souci d'une noble et juste ambition, il considérait la satisfaction du devoir accompli comme la plus belle des récompenses.

A cette élévation morale, qui lui donnait l'autorité nécessaire, il joignit, dès le début, une conception nette de ce qu'il pouvait demander à ses troupes.

Mais, si de longs séjours aux colonies, si les services considérables qu'il y avait rendus, n'avaient pas eu raison de son indomptable énergie, ils l'avaient malheureusement affaibli physiquement. Souvent épuisé à la fin du jour, il était alors obligé de demander à quelques heures de sommeil ou de repos nécessaire, le retour de ses forces momentanément perdues (1).

---

bataillons de marins. Ces troupes ont été cantonnées, par masses compactes, aux environs ou dans les faubourgs. »

Le 5ᵉ bataillon du Pas-de-Calais se trouvait aussi à Cambrai; le 17ᵉ bataillon de chasseurs était à Rumilly; le 1ᵉʳ bataillon du 65ᵉ à Fins; le 1ᵉʳ bataillon du 91ᵉ à Proville; les autres dans les faubourgs. (Journaux de marche.)

(1) Souvenirs des généraux Derroja, du Bessol et Zédé.

« Pendant la campagne, la fatigue accablait le général Faidherbe vers 5 heures du soir; il lui fallait se coucher; il se relevait vers minuit pour donner les ordres du lendemain, ce qui était une cause d'extrême fatigue pour son entourage. » (Relation du général de Villenoisy.)

TABLE DES MATIÈRES

	Pages.
I. — Préparation de la défense	1
II. — Les opérations jusqu'au 19 novembre	23
III. — Préliminaires de la bataille de Villers-Bretonneux	38
IV. — La bataille de Villers-Bretonneux jusqu'à 1 heure de l'après-midi	75
V. — La bataille de Villers-Bretonneux depuis 1 heure jusqu'à la nuit. Capitulation de La Fère	96
VI. — La retraite et les opérations jusqu'au 3 décembre	125

CARTES.

Carte d'ensemble de la région du Nord.
Emplacement des troupes le 26 novembre au soir.
Bataille de Villers-Bretonneux vers 1 heure de l'après-midi.
Environs de la Fère.

DOCUMENTS ANNEXES.

CHAPITRES I et II.

a) Journaux de marche.

3ᵉ BATAILLON DE LA MARNE (1).

Combat de Clermont.

Le lundi 26 septembre, à la pointe du jour, des habitants de Rantigny vinrent m'avertir qu'une colonne prussienne, forte de 400 hommes environ, s'avançait vers Clermont. Je fis immédiatement distribuer les cartouches, arrivées seulement la nuit, et fis partir le bataillon en deux colonnes.

La première prenant à travers terre, par Auvillers et Neuilly, à droite de la route suivie par les Prussiens; la seconde, longeant le chemin de fer de Clermont à Creil, à gauche de cette même route. La 4ᵉ compagnie (capitaine de Sapicourt) devait marcher par Breuil-le-Sec, Breuil-le-Vert, Bailleval, se reliant par sa droite à la deuxième colonne, et fouillant les hauteurs boisées qui se trouvent de ce côté, en couvrant tout notre mouvement dans la direction de l'Oise.

Ordre était donné de marcher ainsi dans le plus grand silence, et l'on devait se rejoindre à Rantigny pour couper la retraite à l'ennemi.

Ce mouvement aurait réussi, je crois, si quelques-uns de nos hommes, voyant de loin des uhlans qui éclairaient la route, n'avaient fait feu et donné l'éveil à la colonne prussienne, qui s'arrêta. Dès lors, il ne fallait plus songer à la surprendre, et une fusillade des plus vives s'engagea, les Prussiens battant en retraite, se couvrant par une longue ligne de tirailleurs.

Les mobiles, qui, non seulement n'avaient jamais vu le feu, même à la cible, montrèrent un élan remarquable. Un certain nombre d'entre eux prit le pas de course le long du chemin de fer et parvint à couper

---

(1) Journal de marche rédigé par le commandant du Hamel de Breuil.

les derniers tirailleurs ennemis entre Rantigny et Liancourt; sept furent faits prisonniers; ils appartenaient à la Garde royale.

A partir de Rantigny, ce fut pour les Prussiens un sauve-qui-peut général; mais je crus imprudent de dépasser Mogneville, où nous prîmes quelques instants de repos, et nous revînmes à Clermont. La compagnie de Sapicourt resta à l'arrière-garde, pour le cas où nous serions inquiétés.

La population de Clermont, en voyant notre petite victoire, se livrait à une joie qui devait être de courte durée car, le soir même, à 10 heures, des exprès, envoyés de différentes communes, vinrent m'avertir que, d'une part, des troupes ennemies étaient dirigées de Compiègne sur Saint-Just; que, d'autre part, un véritable petit corps d'armée, sorti de Creil, était venu camper à deux lieues de Clermont; que ce petit corps se composait de plusieurs milliers de fantassins, d'un régiment de cavalerie et de huit canons.

Il ne me restait que quelques cartouches; j'étais à quinze ou vingt lieues de toute troupe française. Le général, qui devinait ce qui devait m'arriver, me télégraphiait pour me recommander la prudence. Enfin, j'avais l'honneur de commander des mobiles fort braves, sans doute, mais peu expérimentés naturellement, et pour lesquels une retraite devant un ennemi supérieur eût été un désastre. Rester à Clermont était donc impossible à tous les points de vue. C'eût été manquer à tous mes devoirs et à la confiance que le général avait mise en moi, c'était vouloir faire brûler la ville et détruire un bataillon qui, plus tard, devait rendre d'excellents services.

Nous prîmes la route de Bresle, et y arrivâmes à 5 heures du matin.

DÉFENSE DE SAINT-QUENTIN.

Journal de marche de la garde nationale sédentaire.

A M. le Préfet de l'Aisne, commandant militaire.

Monsieur le Préfet,

Suivant l'ordre que j'ai reçu de vous, le 7 octobre, à 10 heures du soir, j'ai fait immédiatement prévenir les chefs de compagnies d'avoir à porter leurs hommes sur la place d'armes.

Dès qu'elles furent rassemblées, vers 10 h. 3/4, je les ai établies dans l'ordre suivant :

La 3e (quartier d'Isle), à la barricade principale, porte d'Isle, appuyée à gauche par la 2e, à droite, et légèrement en arrière, par la 1re.

La 4e compagnie gardait la briqueterie du Moulin-Blanc, ayant à sa gauche, et légèrement en avant, la 5ᵉ qui prenait position sur la hauteur, vis-à-vis le pont de Rouvroy; ces deux compagnies étaient appuyées en arrière par la 6ᵉ, à cheval sur les routes du Cateau et de Morcourt, tandis que la 8ᵉ, postée en avant du village de Rouvroy, au pont du chemin de fer, dominait la vallée, éclairant en avant le village de Harly, et protégeant en arrière celui de Rouvroy.

La 7ᵉ compagnie gardait la route de Paris.

La 9ᵉ compagnie, formée des subdivisions rurales, gardait le pont de Œstres et observait le marais de Gauchy.

Les 4ᵉ, 5ᵉ, 6ᵉ et 8ᵉ compagnies tenaient donc la campagne de l'extrémité des Champs-Élysées au village de Harly, à 100 mètres de la route d'Homblières, et se reliaient entre elles par un cordon de sentinelles.

La barricade avancée du Petit-Neuville était gardée par les sapeurs-pompiers, sous le commandement de leur chef de bataillon.

La compagnie de francs-tireurs battait l'estrade en avant de nos lignes, vers le Mesnil-Saint-Laurent et Neuville-Saint-Amand.

Vers 7 heures du matin je fis rentrer en ville une partie de la garde nationale, laissant 50 hommes à chaque poste, et au guetteur du beffroi les ordres les plus formels pour une observation incessante.

Vers 10 heures du matin, la cloche du beffroi donna l'alarme. Aussitôt la garde nationale et les pompiers furent sur pied, et je me portai rapidement, à la tête des trois compagnies, vers le faubourg d'Isle, en faisant battre la charge.

Vous avez, du reste, pu juger par vous-même de l'état des choses, puisque, arrivé le premier, vous n'avez quitté le lieu du combat qu'après avoir été blessé.

A mon arrivée à la barricade de la porte d'Isle, je la trouvai occupée par la 3ᵉ compagnie, et par les gardes nationaux des postes de la gare et de l'octroi de Guise qui, ne pouvant penser à tenir, s'étaient rapidement repliés en bon ordre.

Bientôt arrivent le chef de bataillon des pompiers et ses hommes qui, après avoir soutenu le feu autant que la chose était possible, et avoir tué et blessé plusieurs hommes à l'ennemi, se repliaient sur nous afin d'éviter d'être tournés.

C'est alors qu'une fusillade nourrie, partant de la barricade principale, tint l'ennemi à distance et lui fit subir des pertes notables.

J'avais, aussitôt arrivé, dirigé sur Rouvroy les 4ᵉ, 5ᵉ et 6ᵉ compagnies et les francs-tireurs, avec ordre à ces derniers de se porter au pas de course au delà du pont, pour refouler la cavalerie qui devait essayer de nous tourner par cette voie.

Les francs-tireurs, partant avec un admirable entrain, chassèrent la cavalerie des hauteurs d'Harly.

Vers 3 heures, le feu parut se ralentir; à 4 heures on ne tirait plus, les sapeurs-pompiers avaient repris leurs positions, et nous faisions quelques prisonniers dans le faubourg.

Les renseignements que j'ai recueillis portent à 78 le nombre des hommes tués, blessés ou prisonniers du côté de l'ennemi. De notre côté, deux pompiers et un caporal de la garde nationale ont été frappés.

Quelques habitants furent blessés ou tués, par suite de leur imprudence, en circulant malgré mes ordres dans la rue d'Isle, qui se trouve sous le feu plongeant des hauteurs du faubourg.

Le lieutenant-colonel,

DUFAYEL.

4° BATAILLON DE LA SOMME.

Combat de Breteuil.

Le bataillon est attaqué le 12 octobre, à Breteuil, par un corps de 4,500 Prussiens, 12 pièces d'artillerie, et environ 1200 cavaliers.

Les avant-postes de Vandeuil, Caply, forcés par des régiments entiers soutenus par l'artillerie qui tire à mitraille, se replient sur le bataillon formé en bataille en avant de Breteuil.

Les Prussiens établissent deux batteries sur les hauteurs de Caply et de Vandeuil, et bombardent Breteuil, tandis que leur cavalerie tourne cette ville pour empêcher la retraite du bataillon sur Amiens.

L'infanterie allemande, descendant sur Breteuil par les routes de Paris et de Beauvais, engage une vive fusillade avec quatre compagnies qui ripostent avec avantage, et maintiennent leur position en avant de Breteuil depuis 11 heures du matin, heure de l'attaque, jusqu'à environ 2 heures de l'après-midi.

Les quatre autres compagnies sont dans la plaine entre Breteuil et le village d'Equesnoy, fusillant et tenant tête à toute la colonne de cavalerie qui, malgré de nombreuses charges, ne parvient pas à leur faire rompre leurs rangs.

Vers 3 heures, tout le bataillon se reforme dans le village d'Equesnoy, tandis que huit des pièces prussiennes, tirant par-dessus Breteuil, le couvrent de mitraille, qui, fort heureusement, mal dirigée, ne lui fait subir aucune perte.

Vers 3 heures, quatre pièces de canon sortent de Breteuil, et tirent sur le bataillon reformé dans Equesnoy, et en retraite par compagnie sur Bonneuil.

Une nuée de cavaliers cherche à l'entamer, mais plusieurs décharges bien dirigées les mettent en fuite. Le bataillon gravit la montagne de

Galets, poste important de la route de Paris à Amiens, et se range en bataille; il était 4 h. 1/2.

Les Prussiens ne dépassent pas le village d'Equesnoy; leurs canons sont impuissants à nous atteindre; ils bombardent inutilement le bois de Bonneuil, ainsi que le village où ils croyaient beaucoup des nôtres cachés.

Le bataillon couche à Flers, à une lieue du champ de bataille.

Le 13 au matin, ordre de se retirer sur Hébécourt.

Cantonnement du bataillon dans le village, et ceux de Rumigny, Sains, Dury, Saint-Fuscien.

b) **Organisation et administration.**

Le sous-inspecteur des Forges au Commissaire de la défense, à Lille.

Mézières, 16 octobre, 9 h. 5 matin.

Deux contrôleurs partent, avec instruments et modèles, pour Douai. De là ils se dirigeront sur Marquise, pour y établir de suite fabrication d'obus de 4, de 12, de 24 rayés.

Le Ministre de la guerre au général Bourbaki.

Tours, 23 octobre.

Je donne l'ordre de diriger sur Lille 3,000 fusiliers marins que la marine met à votre disposition.

Le Ministre de la guerre au général Bourbaki, à Lille (D. T.).

Tours, 24 octobre, 3 h. 20 soir.

J'apprends, maintenant seulement, que le commandant à Mézières a gardé dans cette place une batterie montée de 12. C'est une ressource dont je vous invite à disposer pour vos opérations.

Aux Généraux commandant les subdivisions et aux Chefs de corps.

Lille, 25 octobre.

Ordre.

Le général commandant supérieur rappelle à messieurs les généraux commandant les subdivisions, et à tous les chefs de corps de la troupe et de la garde nationale mobile, combien l'instruction des hommes et des sous-officiers sous-leurs ordres est précieuse dans ce moment-ci. La première des choses à montrer aux hommes est de savoir soigner leur arme, la charger et viser.

Il faut ensuite faire faire des exercices de campement.

Il faut leur apprendre à se déployer en tirailleurs, non pas en observant les distances, mais en se plaçant bien sur les crêtes de façon à découvrir l'ennemi, tout en se garantissant de ses vues et de ses coups; le tiers ou la moitié de la compagnie se tient en arrière, bien abrité, de manière à se porter sur le point de la ligne où l'ennemi voudrait la rompre.

Derrière ces tirailleurs se trouve le bataillon déployé, prêt à suivre le mouvement des tirailleurs, s'ils gagnent du terrain, ou à se porter sur la ligne elle-même, s'ils sont trop faibles.

Ce bataillon déployé peut être à 400 mètres des tirailleurs sans le moindre inconvénient.

L'artillerie, elle, a choisi sur la ligne de bataille les points d'où elle peut faire le plus de mal à l'ennemi, et dirige son feu, quand elle peut, sur les masses d'infanterie ennemie, et quand c'est nécessaire combat l'artillerie.

En arrière de ce système de première ligne, on placera une deuxième ligne, à intervalles de déploiement, qu'on pourra mettre en colonnes doubles ou en colonnes de division.

Si cette ligne recevait beaucoup de projectiles ennemis, on pourrait aussi la déployer.

De ce qui précède, il résulte qu'il est très important de montrer à nos jeunes bataillons la façon de se ployer et de se déployer.

Si les chefs de corps et les officiers y mettent du zèle et du dévouement, les soldats de l'attention et de la discipline, cette instruction peut être faite très rapidement.

Les généraux, les colonels ou chefs de bataillon, commandants supérieurs, verront tous les jours un des éléments de leur garnison, de manière à s'assurer des progrès, et à donner des conseils que leur expérience leur suggérerait.

S'il y a dans le rang des hommes qui n'aient jamais tiré de coups de fusil, on pourra dépenser cinq cartouches par homme pour les familiariser avec le bruit de l'explosion et la portée de leur arme.

La pénurie de cartouches ne permet pas de dépasser ce chiffre.

Le fantassin se rappellera qu'il est redoutable tant qu'il tire avec calme. Les mouvements de retraite doivent donc se faire en reprenant une position en arrière de celle qu'on quitte.

Le général de division, commandant supérieur.
BOURBAKI.

Au Général commandant l'artillerie, à Douai.

25 octobre.

C'est avec raison que votre lettre du 21 fait connaître la pénurie dans laquelle nous sommes, au point de vue de l'artillerie comme à tout autre, malheureusement. Il faut cependant tâcher de tirer quelque chose de ce néant.

Les canons de 4 ne manquent pas; il ne sera pas difficile de trouver ce qu'il en faut pour constituer cinq batteries. Si les affûts vous font défaut, un industriel de Lille, Hector Vargny, s'offre à en fabriquer quinze par semaine, avec les avant-trains. Je vais vous l'envoyer; il pourra également vous faire des caissons. Dans les circonstances actuelles, il faut être coulant sur la perfection du travail; l'important est d'arriver vite.

Quant aux pièces de 12, ne pourrait-on en obtenir une ou deux batteries, avec les pièces de siège de ce calibre entrant dans l'armement de quelques places. Le même industriel vous ferait aussi les affûts et les caissons nécessaires.

Pour le harnachement, on en achètera à Lille; on achètera des chevaux dès que je me serai rendu compte de ce qui existe. Et quant au personnel, j'en fais rechercher de divers côtés; je ferai servir deux ou trois batteries par l'artillerie de la garde mobile.

En résumé, complétez votre matériel le plus vite possible, par tous les moyens.

Organisez vos batteries d'abord; ensuite, et en même temps si c'est possible, complétez les affûts nécessaires pour les pièces de l'armement de diverses places. L'argent ne vous manquera pas; M. le commissaire de la défense mettra à votre disposition la somme immédiatement nécessaire pour commencer. Faites-la connaître. Elle sera complétée dès que vous aurez pu, après un recensement de ce qui existe, évaluer la dépense de ce qui est à faire.

Quant aux projectiles, rendez-vous également compte de ce qui est nécessaire; puisqu'on en a commandé aux forges de Marquise, je dois supposer qu'à cet égard encore nous pourrons nous suffire.

On nous offre de la poudre de divers côtés, faut-il en acheter? Avez-vous besoin d'aide en personnel? On peut trouver dans la garde mobile quelques ingénieurs, au courant du travail du fer, capables de vous rendre des services; faites-moi connaître vos besoins à cet égard.

Enfin, des propositions de toute nature affluent sur les questions relatives à l'artillerie; je vais vous les renvoyer.

Je tiens à ce que tout ce qui regarde l'artillerie se concentre entre vos mains, mais ne laissez rien languir. Faites marcher vivement le personnel dont vous disposez, pour arriver à des solutions pratiques et immédiates. Il n'y a pas une minute à perdre. Veuillez me rendre compte, à la fin de chaque semaine, des résultats que vous aurez obtenus, en commençant dimanche prochain.

Le général commandant supérieur,
BOURBAKI.

Au Général commandant la 3e division militaire, à Lille.

26 octobre.

Mon cher Général,

L'effectif des bataillons de la garde nationale mobile est trop considérable; chacun d'eux doit être réduit à six compagnies de 120 hommes, soit 720 hommes tout compris. Le surplus de chaque régiment pourra former un nouveau bataillon, plus un bataillon de dépôt, d'un effectif plus ou moins nombreux, composé des hommes les moins propres à un service actif, et qui sera employé aux garnisons des places.

J'ai l'honneur de vous prier de prendre les mesures nécessaires pour faire procéder sans retard à cette nouvelle organisation.

Le général commandant supérieur,
BOURBAKI.

Le général Treuille de Beaulieu, commandant l'artillerie de la 3e division militaire, au général Bourbaki, à Lille.

Douai, 26 octobre.

Est-ce cinq batteries en tout qu'il faut, ou cinq en sus des deux batteries de marche formées l'une à Lille, l'autre à Douai, et dont la moitié est en ce moment à Amiens?

La direction peut fournir le matériel et les munitions dans l'un et l'autre cas.

Dans l'hypothèse la plus large, on prendrait à Calais une batterie; à Dunkerque, deux; à Saint-Omer, une; à Maubeuge, une.

Les affûts et les caissons pour le 4 ne manqueront pas. Il y a trente affûts de 4 en confection, qui seront terminés dans trois semaines; on en construit aussi vingt de 12, qui seront prêts dans un mois.

On commandera à M. Hector Vargny, industriel de Lille, des affûts de 12 pour pouvoir utiliser les obusiers de 16, qui existent en grand nombre sans affûts.

Il n'existe plus que six canons de 12 rayés de siège : deux à Douai et quatre à Lille; ils sont sur les remparts, pour la défense des places. Doit-on les enlever pour faire une batterie?

Le directeur a mis 200 paires de harnais en commande, mais on ne sait quand on pourra les avoir.

Il faudrait avoir promptement des cavaliers pour les instruire à conduire les voitures. Je fais rechercher de mon côté, dans la garde mobile, tous les hommes susceptibles de monter à cheval.

Il y a pénurie d'officiers et de cadres pour commander les batteries autres que les deux qui viennent d'être formées, à moins que, comme vous m'en exprimez la pensée, vous ne preniez les batteries de mobile. Les officiers et les cadres marcheraient à pied, comme autrefois l'ancienne artillerie à pied. Dans ce cas, un sous-officier du train ou de cavalerie devrait être attaché à chaque batterie pour les soins à donner aux chevaux et pour la police des conducteurs. Il agirait comme chef de détachement du train, sous le commandement du capitaine d'artillerie.

Je crois que les projectiles de 4 ne nous manqueront pas, grâce à deux convois de munitions venant de Mézières, que j'ai retenus à Douai.

Si vous trouvez de la poudre à acheter, il ne faut pas hésiter à le faire.

J'ai quelques hommes spéciaux de la garde mobile; je les utiliserai à la défense.

Quant aux inventions en projet, je vous supplie, mon Général, de ne pas perdre votre temps à leur examen; il est déjà si difficile d'employer ce qui a reçu l'épreuve de l'expérience. Pour le moment, évitons les inventeurs comme le feu.

J'ai deux batteries de la mobile de la Seine-Inférieure qui vont bien.

Si vous achetez des chevaux, le capitaine Pigouche, de la batterie de Lille, est un excellent officier acheteur; malheureusement, il ne peut plus monter à cheval par suite d'une chute des plus graves.

P.-S. — Au moment de fermer ma lettre, j'apprends l'arrivée à Douai d'un petit détachement de sous-officiers d'artillerie et de cavalerie, de cavaliers de divers régiments.

Je les mets en subsistance au 15e d'artillerie, pour les utiliser dans la formation des batteries, si vous l'approuvez.

Les batteries de marche n'ont que six caissons.

Les cinq batteries à former doivent-elles avoir une deuxième ligne de caissons, ce qui exigerait bien plus de chevaux et d'hommes montés?

Le Préfet maritime au général Bourbaki, à Lille.

Brest, 26 octobre.

Deux bataillons marins sont partis le 26 au matin, armés de chassepots.

Un bataillon d'infanterie de marine est dirigé sur Amiens.

Le Général commandant la région des Ardennes au Général de division commandant supérieur, à Lille (D. T.).

Mézières, 27 octobre, 3 h. 30 soir (n° 5147).

Dès que j'ai appris que vous aviez besoin de chevaux d'artillerie, j'ai fait un nouvel appel aux détenteurs des chevaux recueillis après le désastre de Sedan. Cet appel a été fructueux. Indépendamment des vingt chevaux dont je vous ai annoncé l'envoi, j'en fais partir aujourd'hui soixante-dix en deux convois ; j'espère qu'on en ramènera encore.

Au Général commandant la 3e division militaire, à Lille.

27 octobre.

Mon cher Général,

J'ai l'honneur de vous prier de faire organiser immédiatement, dans chaque régiment d'infanterie, un bataillon de marche comprenant tous les hommes en état de faire un bon service de campagne. Ces bataillons comprendront quatre compagnies, dont le personnel en officiers et sous-officiers sera mis au complet. Vous ferez établir à ce sujet des états de proposition pour chacun de ces corps, en y comprenant un officier supérieur, afin qu'il en reste un au dépôt, et vous me les soumettrez dans le plus bref délai possible.

Veuillez me faire connaître l'effectif des dépôts et des bataillons de marche, qui seront de forces très inégales sans doute ; j'aviserai à les égaliser autant que possible.

Cette mesure est extrêmement urgente, ainsi que celle relative aux bataillons de la garde mobile. Je dois ajouter, en ce qui concerne ces derniers, qu'il sera facile d'extraire de chacun de ceux existant aujourd'hui ce qu'il y a de meilleur, de manière à composer des bataillons de six compagnies, prêts à marcher immédiatement ; mais, si quelques-uns des officiers supérieurs paraissaient insuffisants, il faudrait les laisser avec les troupes restant aux dépôts et me faire des propositions pour leur remplacement immédiat.

Agréez, etc. . . . .

Le général commandant supérieur la région du Nord,
BOURBAKI.

Le général Mazel, commandant la subdivision des Ardennes, au général Bourbaki, à Lille.

Mézières, 28 octobre.

J'ai reçu hier, à 11 heures du soir, la lettre que vous m'avez fait l'honneur de m'écrire sous la date du 25 octobre. Je fais partir aujourd'hui même la 3e batterie du 12e d'artillerie; elle ira aujourd'hui à Rocroi, demain à Anor, où elle prendra le chemin de fer jusqu'à Lille.

L'effectif de la batterie est de 4 officiers, 180 hommes et 160 chevaux.

Rapport adressé au Ministre de la guerre, à Tours, par le Colonel directeur de l'artillerie de Douai, sur les propositions présentées au Directeur par diverses personnes.

Douai, 30 octobre.

1° La maison Pourre, à Boulogne, nous découpe des papiers pour cartouches 1866. Elle a installé le travail sur une assez grande échelle, pour pourvoir à tous nos besoins, et même expédier au dehors;

2° Des achats de caoutchouc pour cartouches 1866, de gaze de soie pour le même objet, ont été faits à la direction, et continuent à pourvoir à nos besoins;

3° Les capsules pour cartouches modèle 1866 font l'objet de toutes mes préoccupations. Plusieurs agents de la maison Patrique, de M. Casse à Lille, d'un grand nombre d'autres, ont sollicité en Angleterre et en Belgique, et toutes ces demandes sont restées sans résultat. J'ai lieu d'espérer que ce soir un marché sera passé avec un M. Vasseige, de Liège, pour 5 millions, livrables par 500,000 par semaine, à partir du 7 novembre, ce serait un grand secours pour toutes les fabrications de cartouches qui en manquent en ce moment;

4° Une commande de 41 affûts de 12 rayé de siège, et de 12 et 8 rayé de campagne, a été faite à M. Vargny de Lille. Elle doit être livrée dans les dix-huit jours pour la première portion;

5° Une fabrication de 15,000 obus de 4 rayé, et de 20,000 obus de

12, est en cours d'exécution à Marquise; les livraisons pourront commencer la semaine prochaine, ou dans la semaine suivante;

6° Les ailettes nécessaires ont été demandées à l'usine Biache Saint-Waast, et seront livrées sans retard;

7° Les 35,000 fusées percutantes nécessaires à ces projectiles ont été commandées à la maison Cail, à Douai; elles sont en cours d'exécution; on va procéder au chargement; nous n'en aurons pas avant le 8 ou le 10 novembre;

8° Du harnachement a été remis en état à Lille et à Douai; on a pu ainsi organiser trois batteries. On continue encore à Lille; d'autre part M. Casse, de Fives, a entrepris la confection, qui s'exécute en Belgique, de 200 paires de harnais et de 200 selles, qui seront utiles tant à la région que pour le reste de la France;

9° Un marché de 100,000 kilogrammes de poudre à canon a été proposé et accepté.

Bien des propositions ont été faites. C'étaient des batteries organisées, sur lesquelles on ne pouvait me donner aucun renseignement, des armes de modèles étrangers, pour lesquelles les renseignements manquaient absolument. Un seul lot était intéressant; c'étaient des Remington à 142 francs, et leurs cartouches à 145 francs le mille. Le gouvernement, consulté, n'a voulu que les cartouches, et dans le cas où elles seraient du modèle égyptien. En l'absence de renseignements j'ai ajourné le traité.

Des propositions relatives à une mitrailleuse pour type, et à la construction d'autres semblables, ont été présentées au directeur, et soumises au général commandant la division. Elles n'ont pas été acceptées.

Des propositions pour capsules ont été présentées par M. Constant Lheureux, à Boulogne. Cette maison présente un sérieux intérêt, bien que ses efforts n'aient pas abouti. Il semble qu'il y a conspiration, en Angleterre, contre nos approvisionnements de guerre.

Parmi les ateliers qui nous fournissent, je dois citer M. Lexaire, de Lille, qui fournit aux gardes mobiles les pièces de rechange nécessaires aux réparations de leurs armes, et M. Champon, de la maison Carillier fils, qui nous fournit les accessoires et rechanges nécessaires aux armes modèle 1866; ils fonctionnent, mais lentement.

Nous avons eu recours, à Douai, à la main-d'œuvre civile pour hâter notre production, et pourvoir d'affûts nos pièces de 4 et obusiers de 16.

Nous avons essayé d'organiser à Douai le découpage du papier pour cartouches 1866; le succès se fait encore attendre, malgré de grands efforts.

Enfin M. Sasse, de Fives, s'occupe activement de la création d'ateliers pour la fabrication de cartouches modèle 1867; il est toujours arrêté par la difficulté de trouver des capsules.

En résumé nos soins sont concentrés sur la fabrication de cartouches

1866, pour lesquelles on fait de nouveaux outillages, de matériel, pour utiliser nos bouches à feu sans affûts, et de harnachement, pour atteler les batteries existantes, ou à venir.

Bouches à feu provenant de l'évacuation de la Fère, et reçues à Douai dans les premiers jours de novembre.

Canons rayés de 8 de campagne	6
— de 4 de campagne	30
— de 4 de montagne	44
Canons lisses de 16	3
Canons obusiers de 12	14
Mortiers de 32 centimètres	3
— de 27 —	3
— de 22 —	8
— de 15 —	6

Ordre du général Bourbaki, commandant la région du Nord.

Lille, 4 novembre.

Monsieur le colonel Lecointe est chargé de diriger et de surveiller l'instruction des troupes de ligne de la 3ᵉ division militaire. A cet effet, il se mettra immédiatement en relation avec chaque corps, qu'il visitera successivement, en prescrivant les mesures nécessaires pour arriver à rendre les troupes mobilisables dans le plus bref délai. Il portera son attention sur les cadres des compagnies en état de marcher, sur l'équipement, et surtout sur l'armement, qu'il importe de maintenir dans le meilleur état.

Composition du corps d'armée du Nord (1).

Commandant en chef : le général de division BOURBAKI.
Aide de camp : LEPERCHE, chef d'escadron d'état-major.

État-major général.

Chef d'état-major général : FARRE, général de brigade.
Sous-chef d'état-major général : LOYSEL, colonel d'état-major.
Officiers attachés à l'état-major général : 6 officiers.

---

(1) La création du corps d'armée du Nord fût décidée le 6 novembre, mais ce document n'a du être établi que du 15 au 20 novembre.

État-major de l'artillerie.

Charon, chef d'escadron commandant l'artillerie.

État-major du génie.

Cosseron de Villenoisy, lieutenant-colonel commandant le génie.
Officiers attachés à l'état-major du génie : 3 officiers.

Prévôté.

Dupleix, chef d'escadron, grand prévôt.
1 capitaine.
15 gendarmes à cheval.

Intendance militaire.

Intendant, chef de service : Richard.

Service de santé.

M. Périer, médecin inspecteur, chef de service.
3 officiers de santé.
1 officier comptable.

Trésorerie et postes.

Courtiade, payeur principal, chef de service
1 payeur particulier.
6 agents pour les deux services.

Détachement du train des équipages militaires.

Margantin, chef d'escadron.

Troupes attachées au quartier général du corps d'armée.

Artillerie. — 3 batteries de réserve, 1 batterie de 4 rayé, à Douai ; 2 batteries de marins (en organisation à Douai et à Lille).

Génie. — 2º compagnie *bis* du 2º régiment du génie, 3 officiers, 200 hommes.

Cavalerie. — 2 escadrons de gendarmes à cheval de la 3º légion, à 108 chevaux, et 6 officiers chacun, commandant de Courchant.
Régiment de marche des dragons du Nord (2 escadrons), commandant Millas.

1re division d'infanterie.

Chef d'état-major : FOERSTER, lieutenant-colonel d'état-major.
Sous-intendant militaire : BONAVENTURE, sous-intendant militaire.
Ambulance. — Un médecin-major de 1re classe, 6 médecins, 3 officiers d'administration, 43 sous-officiers et infirmiers.
Subsistances. — 3 officiers et 30 ouvriers d'administration.
Équipages. — Un sous-lieutenant et un détachement du train (30 chevaux).

1re BRIGADE.

Le général LECOINTE, commandant la brigade.
2e bataillon de chasseurs de marche, GIOVANNINELLI, chef de bataillon, à Douai.
Régiment d'infanterie de marche, de GISLAIN, lieutenant-colonel :
Un bataillon de marche du 65e de ligne, ENDURAN, chef de bataillon, à Valenciennes.
Un bataillon de marche du 75e de ligne, TRAMOND, chef de bataillon, à Lille.
Un bataillon de marche du 91e de ligne, COTTIN, chef de bataillon, à Lille.
46e régiment de garde nationale mobile (3 bataillons à 5 compagnies), MARTIN, lieutenant-colonel, à Avesnes.
Artillerie. — 2e batterie principale, et 1re *bis* du 15e d'artillerie, à Lille et Douai.

2e BRIGADE.

Le colonel RITTIER, commandant la brigade.
1er bataillon de chasseurs de marche, JAN, chef de bataillon, à Saint-Omer.
Régiment d'infanterie de marche, PITTIÉ, lieutenant-colonel :
1er bataillon de marche du 24e de ligne, TALANDIER, chef de bataillon, à Cambrai.
2e bataillon de marche du 24e de ligne, MARTIN, chef de bataillon, à Cambrai.
1er bataillon de marche du 33e de ligne, ZÉDÉ, chef de bataillon, à Arras.
47e régiment de garde nationale mobile, GALLIER, lieutenant-colonel, à Lille (3 bataillons à 5 compagnies).
Artillerie. — 3e batterie principale, et 3e *bis* du 12e d'artillerie.

2e division d'infanterie.

Sous-intendant militaire : LÉTANG, sous-intendant.

Ambulance. — Un médecin-major de 2º classe, 5 officiers de santé, 3 officiers d'administration, 43 sous-officiers et infirmiers.

Subsistances. — 3 officiers, 30 ouvriers d'administration.

1ʳᵉ BRIGADE (formant provisoirement réserve).

20ᵉ bataillon de chasseurs de marche, HECQUET, chef de bataillon.
Infanterie de marine (un bataillon).
43ᵉ de ligne (un bataillon de marche), ROSLIN, commandant.
75ᵉ de ligne (2ᵉ bataillon de marche).
48ᵉ régiment de garde mobile, DUHAMEL, lieutenant-colonel :
3 bataillons à 5 compagnies, à Dunkerque.

Le colonel Briant, directeur de l'artillerie, au général Bourbaki, à Lille.

Douai, 6 novembre.

En réponse à votre lettre du 5 courant, relative aux cartouches pour fusils tabatière, j'ai l'honneur de vous faire connaître que nous possédons dans la Direction 17 millions de cartouches de ce modèle. Je suis tenté de croire ce nombre suffisant, si le nombre des hommes armés de ce fusil ne dépasse pas 34,000 hommes, en évaluant à 500 cartouches le nombre nécessaire à chaque homme.

Ordre du général Bourbaki.

Lille, 6 novembre.

Le général commandant supérieur de la région du Nord, agissant en vertu des ordres qui lui sont dévolus, arrête :

Art. 1ᵉʳ. — Un bataillon de marche, composé de quatre compagnies à 150 hommes, sera créé dans chaque dépôt des régiments d'infanterie de ligne nᵒˢ 24, 33, 43, 65, 75, 91, ainsi que dans les dépôts des bataillons de chasseurs à pied nᵒˢ 1, 2, 17 et 20.

Un deuxième bataillon de marche sera ensuite constitué dans le 24ᵉ de ligne et complété avec les hommes prêts à marcher, tirés d'autres corps.

Art. 2. — Un régiment de marche, portant le nom de dragons du Nord, sera constitué avec les éléments fournis par les fractions des 2ᵉ, 4ᵉ, 5ᵉ et 12ᵉ régiments de dragons, réunis à Lille. Il comprendra autant d'escadrons que ces éléments permettront d'en créer successivement, à raison de 108 cavaliers et de 6 officiers par escadron.

Art. 3. — Deux nouvelles batteries d'artillerie de marche seront ajoutées à la 2ᵉ batterie principale du 15ᵉ régiment et à la 1ʳᵉ batterie *bis* du 15ᵉ.

En outre, deux batteries seront composées avec des compagnies de marins, auxquelles on joindra les conducteurs nécessaires pour les pièces et les caissons.

Le Directeur de l'artillerie au Général chef d'état-major, à Lille (D. T.).

Douai, 7 novembre, 11 h. 46 soir (n° 5146).

On a fabriqué : cartouches chassepot, à Douai, 187,200 en deux semaines; cartouches 1863, à Lille et à Saint-Omer, 860,000 en deux semaines; on fait aujourd'hui 18,000 cartouches chassepot par jour. J'en ai reçu de la Fère 260,000, envoyées aux places de Péronne, Arras, Valenciennes et Saint-Omer. Je vais organiser un atelier à Lille, un deuxième à Douai. Le matériel est prêt ou va arriver; j'ai des sabres de cavalerie légère modèle 1822, reçus de la Fère, et des sabres d'artillerie.

Le Préfet maritime de Cherbourg au commandant Perigot, à Lille (D. T.).

Cherbourg, 7 novembre.

D'après ordres du Ministre, la *Charente* vous apportera, par Dunkerque, 50 canons de 16 centimètres, rayés, avec affûts; le Ministre a ordonné d'envoyer 300 coups par pièce; c'est d'ailleurs tout ce que la direction d'artillerie peut fournir actuellement.

Le général Treuille de Beaulieu, commandant l'artillerie, au général Bourbaki, à Lille.

9 novembre.

Votre lettre du 1er novembre courant me dit :

« Il est bien entendu que l'organisation des batteries de marche se poursuit ainsi qu'il suit :

« A Douai :

« 1° Une batterie de 4 existante, dont deux sections sont à Amiens;
« 2° Une batterie de 12, servie par la garde mobile, à créer.

« A Lille :

« 3° Une batterie de 4 existante, dont une section est à Amiens;
« 4° Une batterie de 4 en formation;
« 5° Une batterie de 12, servie par la garde mobile, à créer. »

M'autorisant de ces données, j'ai pressé autant que possible l'organisation des cinq batteries ci-dessus. Les deux batteries du 15e à Lille, 2e principale et 2e *ter*, et la 1re *bis* à Douai, sont près d'être complètes et organisées; les batteries servies par l'artillerie mobile sont en voie d'organisation.

Votre arrêté du 6 novembre, qui m'est parvenu ce matin, dit :

« Art. 3. — Deux nouvelles batteries d'artillerie de marche seront ajoutées à la 2e batterie principale et à la 1re batterie *bis* du 15e d'artillerie.

« En outre, deux batteries mixtes seront composées avec les compagnies de marins, auxquelles on joindra les conducteurs nécessaires. »

La 2e batterie *quater*, dont il n'avait pas encore été question, ne serait-ce pas celle servie par l'artillerie mobile?

Cette nouvelle disposition des batteries modifiant terriblement les prescriptions de votre lettre du 1er novembre, j'ai l'honneur de vous demander si je dois persister dans l'organisation des deux batteries mixtes servies par l'artillerie mobile, ou y renoncer complètement, et si les marins de Douai doivent participer à la formation des deux batteries mixtes indiquées, dans votre arrêté, comme devant être organisées.

La 3e batterie du 12e, arrivée aujourd'hui à Douai, et dont l'effectif en hommes et chevaux est assez considérable, pourrait être dédoublée et former deux batteries de marche à l'aide des ressources que je possède à Douai.

Peut-être aussi trouverons-nous, avec ce que vous pouvez faire venir de Mézières, le moyen de former deux autres batteries de marche.

En résumé, nous avons en bonne voie d'organisation ou organisées :

2e batterie principale, à Lille;
2e batterie *ter*, à Lille;
1re batterie mixte, servie par la mobile et par les marins, à Lille;
1re batterie *bis*, à Douai;
3e batterie du 12e, à Douai, de Mézières;
2e batterie mixte, servie par la mobile et par les marins, à Douai;
Soit six batteries.

Pour arriver au chiffre 7, indiqué dans la composition du corps d'armée, on pourrait immédiatement dédoubler la 3e batterie du 12e et en faire deux batteries de marche (3e principale et 3e *bis*).

J'attendrai vos ordres à ce sujet, ainsi que pour suspendre l'organisation des batteries servies par la garde mobile, qui le seraient alors par les marins.

A M. le Général commandant l'artillerie, à Douai.

Lille, 9 novembre.

Mon cher Général,

J'approuve les propositions que vous m'adressez par votre télégramme de ce jour, au sujet de la 3ᵉ batterie du 12ᵉ d'artillerie, qui vient d'arriver à Douai. Formez-en deux batteries de marche : l'une prête à partir au premier ordre et l'autre que vous compléterez à mesure de vos ressources.

Pour le général commandant supérieur et par son ordre :

Le général chef d'état-major général,
FARRE.

Ordre du général Bourbaki.

Lille, 10 novembre.

Il sera formé, à la date du 9 novembre 1870, dans la 3ᵉ légion de gendarmerie, deux escadrons mobilisés qui seront composés ainsi qu'il suit :
1° 1 chef d'escadrons commandant.
2° Par escadron :
    1 capitaine commandant ;
    1 capitaine en second ;
    1 lieutenant ;
    3 sous-lieutenants ;
    108 sous-officiers, brigadiers, gendarmes et trompettes.

Ces deux escadrons, qui seront immédiatement constitués, seront placés sous le commandement de M. de Courchant, chef d'escadrons, commandant la gendarmerie du département du Pas-de-Calais.

Le général Bourbaki au Ministre de la marine.

Lille, le 10 novembre.

Monsieur le Ministre,

Vous avez bien voulu m'annoncer que vous mettiez à ma disposition, pour la défense des places de la région du Nord, 50 canonniers brevetés de la marine.

Ces canonniers nous seront fort utiles, et je ne puis que regretter leur petit nombre en présence de plus de vingt places à défendre et d'un armement s'élevant en totalité à 2,000 pièces environ. Aussi ai-je l'honneur de vous rendre compte que, dans le but d'augmenter autant que possible mes ressources en canonniers de la marine, j'invite M. l'amiral commandant de la marine à Dunkerque à réunir sans retard et à mettre à ma disposition tous les canonniers brevetés de la marine, qui n'ont pas encore été appelés, et qui se trouvent dans l'étendue de son commandement.

Le général Bourbaki au Général commandant la 3ᵉ division militaire, à Lille.

Lille, 12 novembre.

En raison du nombre de militaires qui arrivent chaque jour, j'ai décidé que le nombre de compagnies des bataillons de marche serait porté à cinq. J'ai décidé en outre qu'un nouveau bataillon de marche serait créé dans le 75ᵉ de ligne.

Le colonel Rittier au général Bourbaki, à Lille (D. T.).

Avesnes, 13 novembre, 8 h. 16 soir. Expédiée à 8 h. 25 soir (n° 5521).

Le 46ᵉ régiment a son 1ᵉʳ bataillon dans la Somme; ses 2ᵉ et 3ᵉ bataillons ont leur organisation de marche terminée; le 3ᵉ bataillon n'a pas encore reçu ses havresacs.

47ᵉ régiment : son bataillon portant le n° 5 est à la Capelle, son organisation est également terminée, mais il manque de havresacs.

Je partirai demain pour Cambrai et Condé, où je verrai les deux autres bataillons du 47ᵉ; puis je rentrerai à Lille.

Ordre du général Bourbaki.

Lille, 13 novembre.

Par décision en date de ce jour, M. le contre-amiral Moulac, commandant de la marine à Dunkerque, a été nommé commandant supérieur de l'arrondissement de Dunkerque, comprenant les places de Dunkerque, Bergues et Gravelines, et leur territoire.

M. le contre-amiral conservera, en outre, ses fonctions de commandant de la marine à Dunkerque.

Le Ministre de la guerre au général Bourbaki (D. T.)

Tours, 13 novembre, 4 h. 30 soir. Expédiée à 5 heures soir (n° 5899).

Donnez l'ordre au colonel Lecointe de se rendre sur-le-champ à Tours; il y trouvera un ordre de service qui le nomme général de brigade, et le désigne pour commander une brigade d'infanterie du 17ᵉ corps d'armée, à Blois.

Le Major commandant le régiment de dragons du Nord au général Espivent de la Villeboisnet, commandant la 3ᵉ division militaire, à Lille.

Lille, 14 novembre.

J'ai l'honneur de vous informer que le régiment des dragons du Nord, créé le 8 novembre courant par décision de M. le général Bourbaki, commandant supérieur de la région du Nord, est constitué aujourd'hui 14 novembre, de la manière suivante :

État-major.

1 major commandant ;
2 chefs d'escadrons ;
1 adjudant-major ;
1 capitaine-trésorier ;
2 vétérinaires de 2ᵉ classe.

Petit état-major.

1 aide-vétérinaire (rang d'adjudant) ;
2 adjudants sous-officiers ;
1 maréchal des logis trompette ;
1 maréchal des logis vaguemestre ;
1 maréchal des logis secrétaire du trésorier ;
1 brigadier secrétaire du major ;
1 brigadier secrétaire de l'habillement ;
1 brigadier armurier ;
1 brigadier sellier.

Quatre escadrons composés chacun de :

Capitaine	1
Lieutenant	1
Sous-lieutenants	4
TOTAL des officiers par escadron...	6
Maréchal des logis chef	1
Maréchaux des logis et fourriers	7
Brigadier fourrier	1
Brigadiers	12
Trompettes	4
Maréchaux ferrants	3
Cavaliers de 1ʳᵉ classe	32
Cavaliers de 2ᵉ classe	39
TOTAL des hommes par escadron	109

Les quatre escadrons sont complets en officiers, sous-officiers, brigadiers et soldats.

Les deux premiers sont armés de chassepots ; il manque les revolvers pour les sous-officiers, maréchaux et trompettes.

Les deux premiers escadrons sont montés avec de bons chevaux, et pourront partir dans deux jours.

Le reste des chevaux doit-être considéré comme des non-valeurs, ces animaux venant de Sedan et ayant besoin d'au moins un mois de repos.

Le général Treuille de Beaulieu au général Bourbaki, à Lille (D. T.).

Douai, 14 novembre, 9 h. 10 matin.

Les caissons destinés au chargement des cartouches vont être prêts. Votre télégramme ne dit pas de les charger. Est-ce à Douai qu'ils doivent l'être ou à Lille ? Observez que dans toute la Direction il n'y a que 1,200,000 cartouches 1866 : Lille 234,000, Douai 260,000, Valenciennes 146,000, Cambrai 217,000, Saint-Omer 141,000. Veuillez désigner dans quelle proportion chacune des places ci-dessus doit contribuer à former le chiffre de 800,000 que vous indiquez. Quant aux cartouches de 1867, Lille, largement approvisionnée, peut en donner 600,000, et Condé 200,000. Ce chargement nécessite l'emploi de 68 caissons, à 6 chevaux, soit 408 chevaux, pour lesquels il faudrait 204 paires de harnais, sans compter les chevaux de selle.

L'Intendant militaire au Général commandant la 3ᵉ division militaire.

Lille, 14 novembre.

Après avoir fait de nombreuses démarches, pour faire acheter et confectionner à Lille les harnachements nécessaires à la cavalerie de l'armée du Nord, j'ai acquis la certitude qu'il est de toute impossibilité de se procurer dans un bref délai lesdits effets, soit à Lille, soit dans une autre ville de France.

Comme le nombre des harnachements primitivement demandés vient d'être augmenté de 350, et que très probablement il s'élève à 600, j'ai l'honneur de vous proposer, mon Général, de vouloir bien désigner un officier de cavalerie, pour aller en mission à Londres avec un ouvrier sellier, afin d'acheter dans cette ville tout le harnachement qu'il vous serait nécessaire.

J'indiquerai à cet officier, avant son départ, un commissionnaire anglais auquel il pourrait s'adresser pour ces achats.

Ordre du général Espivent de la Villeboisnet.

Lille, 14 novembre.

Conformément à la décision ministérielle du 9 novembre 1870, il est formé dans le département du Nord un nouveau bataillon d'infanterie de la garde nationale mobile qui prendra le n° 11.
Il sera formé à Dunkerque.

Ordre du général Bourbaki.

Lille, 14 novembre.

Par décret en date de ce jour, M. Lecointe, colonel du 2ᵉ régiment de l'ex-Garde, est nommé au grade de général de brigade dans la 1ʳᵉ section du cadre de l'état-major général de l'armée.

Le général Bourbaki à M. le Général commandant l'artillerie, à Douai.

Lille, 14 novembre.

Mon cher Général,

J'ai l'honneur de vous informer que M. le lieutenant-colonel Desmarets m'ayant fait connaître qu'il accepterait volontiers la position d'adjoint à la direction de Douai, pour y diriger la fabrication des fusées percutantes de son système, j'adresse à cet officier supérieur la lettre de service qui lui est destinée et lui prescris de se rendre immédiatement à son poste à Douai.

Le commandant de gendarmerie de Courchant au général Farre, à Lille (D. T.).

Arras, 17 novembre, 12 h. 35 soir (n° 5618).

Les gendarmes de la Somme et du Nord arrivent aujourd'hui. Je formerai mes escadrons demain. Mais la plupart des pantalons ne sont pas basanés en cuir, et les basanes manquent à Arras et à Lille.

Résumé des rapports de M. le colonel du génie Rittier, inspecteur de la garde mobile.

Lille, 17 novembre.

Quatre compagnies du 46ᵉ régiment de la mobile, au Quesnoy, manquent de havresacs. On se sert de la musette en toile et de la tente-abri pour les remplacer. Les hommes n'ont ni capotes, ni guêtres en cuir.

Les havresacs du 5ᵉ bataillon, à la Capelle, sont annoncés, mais ne sont pas encore arrivés.

La 5ᵉ compagnie du 4ᵉ bataillon et deux compagnies du 6ᵉ bataillon manquent de havresacs.

Beaucoup d'hommes du 7ᵉ bataillon manquent aussi de havresacs. L'habillement est de deux types : tuniques et vareuses légères.

A M. le Général commandant l'artillerie, à Douai.

Lille, 17 novembre.

Mon cher Général,

J'ai l'honneur de vous envoyer ci-inclus l'ordre de reconstitution de la 3ᵉ compagnie du 1ᵉʳ régiment du train d'artillerie, sous la condition expresse qu'aucune fraction de cette compagnie ne restera dans les places, et qu'elle ne sera employée qu'à la conduite des batteries ou à la conduite des munitions.

Le lieutenant et le sous-lieutenant sont destinés à commander les conducteurs des batteries mixtes.

Par ordre :
Le général chef d'état-major général.
FARRE.

A M. le Général commandant l'artillerie, à Douai.

Lille, 17 novembre.

Le général commandant l'armée du Nord arrête la constitution de la 3ᵉ compagnie du 1ᵉʳ régiment du train d'artillerie à l'effectif suivant :

- 1 capitaine commandant ;
- 1 lieutenant en premier ;
- 1 sous-lieutenant ;
- 1 adjudant ;
- 1 maréchal des logis chef ;
- 7 maréchaux des logis ;
- 8 brigadiers ;
- 2 maréchaux ferrants ;
- 3 trompettes ;
- 175 cavaliers conducteurs ;
- 190 chevaux.

Le général chef d'état-major général,
FARRE.

Le général Bourbaki, commandant supérieur de la région du Nord, à M. le Commandant du régiment des dragons du Nord, à Lille.

Lille, 18 novembre.

En vertu des ordres du Ministre de la guerre, en date du 17 novembre 1870, le général commandant supérieur de la région du Nord prescrit les modifications suivantes à l'ordre du 6 novembre 1870 n° 1 et à l'arrêté du 16 novembre 1870, en ce qui concerne le régiment de dragons formé à Lille.

Le régiment dit des « dragons du Nord » prendra le numéro 7, dans la série des régiments de marche de dragons.

Il sera constitué à quatre escadrons, composés de 120 hommes et 109 chevaux, cadres compris, sans les officiers.

Il sera attaché à chaque escadron :

2 capitaines ;
2 lieutenants ;
2 sous-lieutenants.

Ce régiment aura un état-major composé de la manière suivante :

1 lieutenant-colonel commandant ;
1 chef d'escadrons commandant en second ;
2 chefs d'escadrons ;
2 capitaines adjudants-majors ;
1 officier payeur ;
2 médecins ;
2 vétérinaires ;
2 adjudants sous-officiers ;
1 brigadier trompette.

Le 5° escadron, qui fait l'objet de l'arrêté du 16 novembre, constituera le 1er escadron d'un nouveau régiment de marche, qui sera formé ultérieurement.

Le lieutenant-colonel Martin, commandant le 46° régiment de mobiles, au général Bourbaki, à Lille (D. T.).

Avesnes, 18 novembre, 5 h. 30 soir (n° 5651).

Le 1er bataillon des Ardennes, fort de 17 officiers et de 1105 hommes, est arrivé hier à Anor et Mondrepuis, où il est logé chez l'habitant. Je l'ai inspecté aujourd'hui et vous rends compte par lettre de cette inspection. J'ai l'honneur de vous informer qu'il y a à Givet 900 hommes du 40° de ligne, tous armés de chassepots.

Le Ministre de la guerre au général Bourbaki.

Tours, 18 novembre.

Général, j'ai l'honneur de vous informer que, par décision de ce jour, M. le général de brigade Séatelli, désigné pour commander la 2e brigade de la 3e division d'infanterie du 16e corps d'armée, est nommé au commandement supérieur de la place de Cambrai (Nord).

Cet officier général reçoit l'ordre de se rendre sur-le-champ à son poste.

Instruction relative à l'administration des régiments de marche de l'armée du Nord.

Lille, le 18 novembre 1870.

Conformément aux prescriptions des circulaires ministérielles du 22 août et 10 octobre 1870, l'administration des régiments de marche aura lieu d'après les principes suivants :

1° Chaque bataillon relèvera, pour l'administration, du corps dont il est détaché, et sera considéré comme un détachement s'administrant séparément. Il recevra toutes les prestations en deniers et en nature, au titre du corps dont il fait partie.

Toutefois, il ne sera formé qu'un seul conseil éventuel dans chaque régiment de marche. Ce conseil dirigera et surveillera l'administration de chaque bataillon ; il sera constitué, aussitôt après la réunion des bataillons, par l'officier général de la circonscription, et cette constitution donnera lieu à un procès-verbal rapporté par un fonctionnaire de l'intendance ;

2° Les états de solde et les bons de toute nature seront établis, au titre de chaque bataillon, par les soins de l'officier payeur, qui devra tenir des comptes distinctivement par bataillon. Toutes justifications auront lieu également au titre du corps auquel appartient le bataillon et seront signées par le conseil d'administration du régiment de marche, lequel, sous aucun prétexte, n'aura une administration spéciale ;

3° Les règles qui précèdent s'appliqueront aux régiments de marche de la garde nationale mobile, dont l'administration sera toujours distincte par bataillon.

BOURBAKI.

d) Situations et emplacements.

ÉTAT des munitions d'infanterie existant dans les places de la direction de Douai à la date du 1er novembre.

DÉSIGNATION des PLACES.	CARTOUCHES					POUDRE			OBSERVATIONS.
	MODÈLE 1866 pour fusil 1866.	MODÈLE 1867		MODÈLE 1859 pour carabine à percussion.	MODÈLE 1863 pour fusil à percussion.	À FUSIL ORDINAIRE.		À FUSIL.	CAPSULES.
		pour carabine transformée par la culasse.	pour fusil transformé par la culasse.			Neuve.	De démolition.		
						kilogr.	kilogr.	kilogr.	
Aire.............	»	»	384,903	»	65,375	1,048	10,542	»	823,400	Il existe en outre, dans la citadelle d'Amiens, 80,000 cartouches modèle 1859 et 300,000 cartouches Snider déposées par la préfecture. Il existe, en outre, à Arras, en dehors des magasins de l'artillerie, 125,000 cartouches modèle 1859 appartenant au département. L'artillerie fabrique, à Douai, 20,000 à 23,000 cartouches modèle 1866 par jour. L'artillerie fabrique, à Lille, 40,000 à 46,000 cartouches modèle 1863 par jour. L'artillerie fait fabriquer à Maubeuge, pour le compte de la ville, 5,000 à 6,000 cartouches modèle 1863 par jour. Au 1er novembre 1870, cette fabrication avait déjà produit 30,000 cartouches en dehors des 175,048 appartenant à l'artillerie. L'artillerie fabrique, à Saint-Omer, 40,000 à 45,000 cartouches modèle 1863 par jour.
Amiens (citadelle).	31,000	»	1,070,486	9,400	519,295	700	4,292	»	1,448,614	
Arras............	72,160	»	703,760	133,350	450,300	14,460	8,504	»	1,353,000	
Bergues..........	»	»	238,506	»	74,654	1,461	6,865	»	196,883	
Bouchain.........	»	»	575,990	»	58,206	6,995	»	»	936,300	
Boulogne.........	40,433	»	44,250	82,494	26,238	3,997	50	»	1,124,335	
Calais............	47,790	»	738,000	»	466,964	6,287	9,000	»	729,918	
Cambrai..........	217,360	»	1,245,388	»	256,402	6,026	2,475	»	1,950,600	
Condé............	»	»	1,287,616	»	180,722	7,442	»	»	2,298,422	
Douai............	190,000	»	1,269,907	288,082	278,318	6,900	»	20,130	15,200,000	
Dunkerque........	»	»	1,454,934	80,640	204,000	5,242	»	»	1,092,400	
Gravelines........	»	»	496,720	»	58,700	27	»	»	1,583,468	
Landrecies.......	»	»	574,950	»	226,910	440	40,673	»	1,559,235	
Lille.............	204,000	»	5,210,990	62,780	880,000	28,000	23,000	2,000	2,400,000	
Maubeuge........	28,989	»	949,402	»	475,048	15,000	»	»	2,000,000	
Montreuil (citadelle)	»	»	83,467	9,448	22,236	322	4,907	»	499,713	
Péronne..........	37,440	»	267,450	»	223,834	8,000	2,400	»	700,000	
Saint-Omer.......	403,300	»	419,332	87,994	155,000	18,516	6,078	»	7,500,000	
Valenciennes.....	426,748	»	1,086,972	27,048	424,892	14,597	»	»	3,250,000	

ÉTAT numérique des officiers, sous-officiers et soldats évadés de captivité et qui ont rejoint à Lille pendant la campagne.

DÉSIGNATION DES CORPS	DÉSIGNATION DES GRADES	LIEUX D'ÉVASION					TOTAUX PAR GRADE				TOTAL des officiers	SOUS-OFFICIERS	SOLDATS	TOTAL des sous-officiers et soldats évadés
		Sedan	Metz	Verdun, Montmédy, Longwy, Bitche, Mézières	Territoire français (divers)	Allemagne	Officiers supérieurs	Capitaines	Lieutenants	Sous-lieutenants				
24e de ligne	Officiers supérieurs	»	2	»	»	»	2	»	»	»	28	39	554	590
	Capitaines	4	9	»	»	»	»	10	»	»				
	Lieutenants	2	9	2	»	»	»	»	11	»				
	Sous-lieutenants	»	1	»	1	1	»	»	»	5				
33e de ligne	Officiers supérieurs	»	»	»	»	»	»	»	»	»	19	30	419	449
	Capitaines	»	5	2	»	2	»	6	»	»				
	Lieutenants	»	4	»	»	4	»	»	10	»				
	Sous-lieutenants	»	1	2	1	2	»	»	»	3				
43e de ligne	Officiers supérieurs	»	»	»	»	»	»	»	»	»	18	10	22	32
	Capitaines	»	»	»	»	2	»	2	»	»				
	Lieutenants	»	»	»	»	9	»	»	9	»				
	Sous-lieutenants	»	»	1	»	1	»	»	»	6				
64e de ligne	Officiers supérieurs	»	»	»	»	2	2	»	»	»	18	65	304	369
	Capitaines	»	4	»	»	2	»	6	»	»				
	Lieutenants	»	5	2	»	»	»	»	6	»				
	Sous-lieutenants	»	1	2	»	1	»	»	»	10				
65e de ligne	Officiers supérieurs	1	1	1	»	1	4	»	»	»	18	34	415	449
	Capitaines	1	6	1	1	2	»	11	»	»				
	Lieutenants	»	2	»	»	»	»	»	3	»				
	Sous-lieutenants	»	»	»	»	»	»	»	»	»				
75e de ligne	Officiers supérieurs	1	»	»	»	1	2	»	»	»	34	119	668	787
	Capitaines	»	16	3	»	2	»	21	»	»				
	Lieutenants	»	4	2	1	1	»	»	7	»				
	Lieutenants	»	»	»	»	»	»	»	»	»				

CAMPAGNE DE L'ARMÉE DU NORD.

Unité														
94e de ligne	Capitaines	»	»	»	»	»	»	»	»	»	25	182	242	717
	Lieutenants	1	6	1	»	6	»	»	»	8				
	Sous-lieutenants	»	4	»	»	1	»	»	»	»				
1er bataillon de chasseurs	Officiers supérieurs	1	8	»	»	1	»	»	»	»	24	43	347	390
	Capitaines	2	2	»	»	»	»	»	»	»				
	Lieutenants	1	3	»	4	2	»	»	»	9				
	Sous-lieutenants	4	»	»	»	»	»	»	»	»				
2e bataillon de chasseurs	Officiers supérieurs	1	4	»	3	6	4	10	»	»	57	59	664	723
	Capitaines	1	5	»	4	5	»	19	15	19				
	Lieutenants	1	8	»	5	»	»	»	»	»				
	Sous-lieutenants	»	»	»	»	»	»	»	»	»				
17e bataillon de chasseurs	Officiers supérieurs	»	2	1	»	»	»	3	»	»	42	25	123	148
	Capitaines	»	2	»	»	3	2	»	»	»				
	Lieutenants	»	»	»	»	»	»	»	»	3				
	Sous-lieutenants	»	3	»	»	»	»	»	»	»				
20e bataillon de chasseurs	Officiers supérieurs	»	»	»	»	»	»	»	»	»	10	11	49	30
	Capitaines	1	»	1	»	2	»	»	4	2				
	Lieutenants	1	»	»	»	»	»	»	»	»				
	Sous-lieutenants	»	»	»	»	»	»	»	»	»				
6e bataillon du régiment étranger	Officiers supérieurs	»	»	»	»	»	»	»	»	»	10	7	15	22
	Capitaines	»	»	2	3	1	»	1	4	5				
	Lieutenants	1	1	2	»	»	»	»	»	»				
	Sous-lieutenants	»	»	»	»	»	»	»	»	»				
TOTAUX		27	157	23	46	50	47(1)	97	85	74	273	621	4,242	4,866

Groupings: { 273 } | { 273 } | { 4,866 (2) }

(1) A ajouter 6 officiers supérieurs.
(2) 1600 à 1600 évadés, le reste provenant des ambulances et de territoires occupés.

3ᵉ DIVISION MILITAIRE. — ÉTAT des approvisionnements de siège dans les places au 20 octobre 1870.

PLACES.	EFFECTIF FIXÉ par décis. ministérielle du 30 août 1870.	DURÉE de l'approvisionnem¹.	BLÉ.	FARINE.	BISCUIT.	RIZ.	SEL.	SUCRE.	CAFÉ.	BŒUF SALÉ.	LARD SALÉ.	EAU-DE-VIE. hect.	FOIN.	PAILLE.	AVOINE.	BOIS.	CHARBON.	FAGOTS.
Arras	6,000	120	1,208	14,240	4,476	1,130	450	562	165	318	446	450	»	»	7,594	»	»	»
Calais	4,500	90	1,736	4,440	4,052	244	85	235	175	60	»	259	»	»	3,040	»	»	330
Cambrai	5,800	120	»	10,470	1,770	647	260	247	492	67	240	436	»	»	18,425	»	473	»
Douai	8,000	120	»	7,753	4,747	820	220	736	207	541	84	600	»	»	6,000	»	865	»
Dunkerque	6,300	120	»	7,739	479	4,896	420	4,491	1,693	37	52	354	»	»	34,937	»	2,000	»
Lille	15,000	120	50	18,838	7,500	1,907	468	647	354	801	4,324	997	»	»	18,895	»	»	»
Maubeuge	4,000	120	»	4,458	1,552	304	400	275	90	297	486	330	»	»	4,916	»	»	»
Valenciennes	8,000	120	16,047	13,900	4,969	957	204	750	670	565	523	665	4,025	5,999	12,000	»	»	»
Saint-Omer	6,000	90	»	9,676	1,831	452	113	445	99	60	43	334	»	»	4,581	»	490	4,500
Aire	3,000	90	»	2,063	397	195	55	55	17	54	»	174	»	»	4,041	»	624	»
Amiens	3,000	30	»	500	640	55	46	49	30	»	400	59	»	»	428	»	»	»
Bergues	3,000	90	»	2,091	397	196	55	56	80	80	414	70	»	»	»	»	»	»
Bouchain	3,000	90	»	1,400	626	280	80	80	80	73	79	104	»	»	»	»	»	»
Condé	3,500	90	»	2,499	592	196	65	65	63	74	72	197	»	»	»	»	»	»
Gravelines	2,500	90	»	4,732	532	147	45	44	40	»	»	414	»	»	»	»	»	»
Landrecies	2,500	90	»	4,998	332	452	45	45	40	»	60	445	»	»	»	»	»	»
Péronne	3,500	60	»	4,700	308	200	90	44	40	464	433	428	»	»	324	»	1,000	»
Mézières	4,300	»	3,640	4,326	4,877	529	494	422	313	»	547	304	2,605	4,337	4,250	»	»	»
Givet	1,814	»	429	2,461	505	200	453	400	80	342	101	233	2,049	4,142	2,475	»	»	»
Rocroi	1,000	»	»	4,200	200	264	60	60	85	»	431	453	2,440	440	4,457	»	»	4,000
La Fère	4,268	»	»	»	»	449	44	75	37	»	396	424	»	»	700	»	»	»
TOTAUX	95,482		38,900	109,554	31,732	13,752	2,613	4,741	4,747	3,533	4,595	6,256	40,849	8,588	114,489	»	5,452	22,830

Emplacements et effectifs des batteries d'artillerie de la garde nationale mobile vers le 1ᵉʳ novembre.

DÉSIGNATION DES CORPS.	NUMÉROS des BATTERIES.	EMPLACEMENTS.	EFFECTIF. OFFICIERS.	EFFECTIF. HOMMES.
3ᵉ régiment d'artillerie de la garde nationale mobile (Nord).	1ʳᵉ	Douai..............	3	135
	2ᵉ	Cambrai...........	3	118
	3ᵉ	Douai..............	3	115
	4ᵉ	Maubeuge.........	3	155
	5ᵉ	Lille................	3	85
	6ᵉ	Lille................	3	86
	7ᵉ	Landrecies........	3	93
	8ᵉ	Lille................	3	86
	9ᵉ	Lille................	3	85
	10ᵉ	Lille................	3	85
4ᵉ régiment d'artillerie de la garde nationale mobile (Nord).	11ᵉ	Cambrai...........	3	65
	12ᵉ	Bouchain..........	3	72
	13ᵉ	Bouchain..........	3	101
	14ᵉ	Condé..............	3	136
	15ᵉ	Valenciennes.....	3	140
	16ᵉ	Dunkerque........	3	129
	17ᵉ	Dunkerque........	3	119
Batterie de la garde nationale mobile du Finistère.	»	Lille................	3	138
Batteries de la garde nationale mobile du Pas-de-Calais.	1ʳᵉ	Arras..............	3	145
	2ᵉ	Saint-Omer........	3	139
	3ᵉ	Boulogne..........	3	126
	4ᵉ	Calais..............	3	158
	5ᵉ	Aire................	3	160
Batteries de la garde nationale mobile de la Somme.	8ᵉ	Amiens.............	3	146
	2ᵉ	Péronne...........	3	248
Quatre batteries de la Seine-Inférieure.	1ʳᵉ, 2ᵉ, 3ᵉ, 4ᵉ	Douai (3ᵉ à La Fère).	»	»
Deux batteries de l'Aisne..	»	La Fère...........	»	»

ÉTAT sommaire des gardes mobiles.

DÉSIGNATION DES RÉGIMENTS et des lieutenants-colonels.	NUMÉROS des bataillons.	NOMS des CHEFS DE BATAILLON.	EFFECTIFS.	RÉSIDENCE LE 1er NOVEMBRE.
Nord.				
46e régiment. Lieutenant-colonel MARTIN, à Avesnes.	1er	De Lalène-Laprade..	1,200	Amiens.
	2e	Boitelle..........	1,180	Avesnes.
	3e	Pollet............	1,200	Maubeuge et Quesnoy.
	»	Dépôt.....	780	Maubeuge.
		TOTAL...	4,360	
47e régiment. Lieutenant-colonel GALLIER.	4e	Patoux...........	1,189	Cambrai.
	5e	Baudart..........	1,115	Douai.
	6e	De Saint-Mart.....	1,082	Condé et Busigny.
	»	Dépôt.....	1,000	Lille.
		TOTAL...	4,386	
48e régiment. Lieutenant-colonel DUHAMEL.	7e	Phalempin........	922	Valenciennes.
	8e	Monnier..........	1,065	Landrecies.
	9e	De Brigode........	950	Bergues et Dunkerque.
	»	Dépôt.....	1,447	Bergues.
		TOTAL...	4,384	
»	10e	Benoist de Laumont.	1,100	Amiens. Arras.
	»	Dépôt.....	200	
		TOTAL.....	1,300	
Pas-de-Calais.				
»	2e	Baudelet de Livois..	1,330	Amiens (1).
»	4e	De Peretti della Rocca.	1,187	St-Omer et Aire (1).
»	5e	Matis.............	1,100	Arras (1).
»	6e	Pessez............	1,130	Montreuil et Calais (1).
»	7e	Nègre-Lespine.....	1,145	Arras et Aire (1).
»	3e	D'Alincourt.......	»	La Fère (1).
Somme.				
»	4e	Huré.............	1,195	Rumigny (2).

(1) Dépôt à Arras.
(2) Dépôt à Gravelines, en décembre.

CAMPAGNE DE L'ARMÉE DU NORD.   33

DÉSIGNATION des régiments et des lieutenants-colonels.	NUMÉROS des bataillons.	NOMS des CHEFS DE BATAILLON.	EFFEC- TIFS.	RÉSIDENCE LE 1er NOVEMBRE.
		Aisne.		
»	4e	Du Châtelet........	1,919	Hesdin, La Fère (1).
»	5e	Atché............	1,045	Bapaume (1).
		Marne.		
»	2e	«	1,294	Amiens.
»	3e	Du Hamel de Breuil.	1,227	Amiens (2).
		Gard.		
»	2e	Doucet............	1,186	Poix (2).
»	3e	Poilpré...........	1,210	Péronne (2).
		Ardennes.		
»	1re	Padovani..........	1,120 h. 17 off.	Givet (3).
»	2e	Verzeau...........	1,100	Rocroy (3).

(1) Dépôt à Cambrai.. \
(2) Dépôt à Gravelines. } en décembre.
(3) Dépôt à Lille..... /

SITUATION des troupes dans la région du Nord.

(Annexée à la lettre du général Bourbaki, du 7 novembre.)

3e DIVISION MILITAIRE.

1° Nord.

1° LILLE.........	Dépôt du 75e de ligne................ Dépôt du 91e de ligne................ Un détachement du 4e dragons........	} 5,266
	2e batterie principale du 15e d'artillerie...	226
	3 compagnies (dépôt) du 47e régiment de la garde mobile.....................	903
	5 batteries d'artillerie pour servir les pièces de la place (de la garde mobile).......	414

2° DOUAI	Dépôt du 2ᵉ bataillon de chasseurs à pied Dépôt du 17ᵉ bataillon de chasseurs à pied	2,367
	7 compagnies du 47ᵉ (garde mobile)......	1,130
	2 batteries d'artillerie (garde mobile) pour les pièces de la place...............	436
	3 compagnies de marche de chasseurs à pied.	
3° CAMBRAI.......	Dépôt du 24ᵉ de ligne................ Un détachement du 2ᵉ dragons..........	2,117
	4ᵉ bataillon du 46ᵉ régiment mobile.....	1,020
	2 batteries d'artillerie de garde mobile...	181
4° VALENCIENNES...	Dépôt du 65ᵉ de ligne................ Un détachement du 12ᵉ dragons..........	2,160
	2ᵉ batterie du 15ᵉ d'artillerie...........	57
	Une batterie d'artillerie de garde mobile..	142
	7ᵉ bataillon du 48ᵉ régiment de mobile...	922
5° DUNKERQUE.....	Dépôt du 48ᵉ régiment de mobile........	1,447
	2 batteries d'artillerie (mobile)..........	187
6° MAUBEUGE......	Un détachement du 5ᵉ dragons (rentré à Lille)............................	45
	3ᵉ bataillon et dépôt du 46ᵉ régiment de garde mobile......................	1,322
	Une batterie d'artillerie de la garde mobile.	162
7° CONDÉ.........	6ᵉ bataillon du 47ᵉ de garde mobile (Condé et Busigny).......................	1,082
	17ᵉ batterie de la garde mobile.........	93
8° LANDRECIES.....	8ᵉ bataillon du 48ᵉ de garde mobile......	1,021
	7ᵉ batterie d'artillerie de la garde mobile.	89
9° BOUCHAIN......	19ᵉ et 20ᵉ batteries d'artillerie de la garde mobile............................	266
10° BERGUES........	9ᵉ bataillon du 48ᵉ régiment de la garde mobile............................	800
11° AVESNES........	2ᵉ bataillon du 46ᵉ régiment de la garde mobile............................	1,180
12° LE QUESNOY....	3ᵉ bataillon du 46ᵉ régiment de la garde mobile............................	1,169

2° Pas-de-Calais.

1° Arras	Dépôt du 33ᵉ de ligne.................. Une compagnie du 3ᵉ du génie..........	} 1,637
	Garde mobile du Pas-de-Calais..........	2,383
	Artillerie de la garde mobile............	215
2° Calais	Dépôt du 64ᵉ de ligne..................	1,025
	Une compagnie du 5ᵉ bataillon de la garde mobile du Pas-de-Calais................	133
	4ᵉ batterie de la garde mobile...........	158
3° Saint-Omer et Aire.	Dépôt du 1ᵉʳ bataillon de chasseurs...... Un détachement du 1ᵉʳ régiment du train d'artillerie..............................	} 1,775
	4ᵉ bataillon de la garde mobile du Pas-de-Calais..................................	740
	Artillerie de la garde mobile (2ᵉ batterie)..	137
4° Boulogne	Dépôt du 20ᵉ bataillon de chasseurs......	880
	3ᵉ batterie d'artillerie de la mobile.......	139

3° Somme.

1° Amiens	43ᵉ de ligne..........................	850
	Un bataillon d'infanterie de marine (1)...	769
	Dépôts de quatre bataillons mobiles de la Somme.................................	543
	Bataillon de la mobile du Pas-de-Calais...	1,283
	2ᵉ et 3ᵉ bataillons de la Marne...........	2,488
	Une batterie d'artillerie................	107
2° Rumigny, Sains, Dury, Saint-Fuscien.	4ᵉ bataillon mobile de la Somme........	1,303
3° Péronne	43ᵉ de ligne..........................	445
	3ᵉ bataillon mobile du Gard............	1,206
	Dépôt du 6ᵉ bataillon mobile de la Somme.	262
	2ᵉ batterie d'artillerie de la Somme.......	142

(1) Ce bataillon fut renforcé d'une cinquième compagnie au moment du départ de Brest.

4º Cagny..........	10ᵉ bataillon de la mobile du Nord.......	1,064
5º Poix...........	2ᵉ bataillon de marche de chasseurs à pied............................	944
6º Poix et Granvillers.	2ᵉ bataillon de la mobile du Gard........	980
7º Granvillers....	1ᵉʳ bataillon de la mobile du Nord....... Une batterie d'artillerie de la Somme.....	1,204 49

N. B. — 1° Les fusiliers marins, arrivés depuis peu, vont être répartis entre Lille, Douai, Landrecies, Maubeuge et Avesnes;

2° Les batteries d'artillerie de la mobile sont destinées à servir les pièces des places.

Le Lieutenant-colonel du 46ᵉ régiment au général Bourbaki, à Lille (D. T.).

Avesnes, 9 novembre, 9 h. 36 matin (n° 5286).

Le commandant Aynès, du 24ᵉ de ligne, me télégraphie qu'il est arrivé à Anor, où il s'est installé sans difficultés. Il y a 738 hommes à Anor, 155 à Mondrepuis.

CAMPAGNE DE L'ARMÉE DU NORD.

3ᵉ DIVISION MILITAIRE. — Situation à la date du 15 novembre.

DÉSIGNATION DES CORPS.	OFFICIERS				CHEVAUX		HOMMES DE TROUPE				CHEVAUX		OBSERVATIONS et MUTATIONS.
	disponibles.	indisponibles.	aux hôpitaux.	détachés.	disponibles.	indisponibles.	disponibles.	indisponibles.	aux hôpitaux.	détachés.	disponibles.	indisponibles.	
État-major { général............	6	»	»	»	»	»	»	»	»	»	»	»	
des places........	44	1	»	2	2	»	42	»	»	»	»	»	
de l'artillerie.....	29	2	»	3	9	1	480	48	14	29	384	45	
du génie..........	39	»	4	»	5	»	17	»	»	»	»	»	
Infanterie.. { de ligne............	205	39	1	3	43	2	16,463	4,255	585	44	»	»	
de la garde mobile	456	43	1	42	46	»	23,495	2,046	542	894	4	»	
Cavalerie...............	31	»	»	2	48	»	561	2	4	45	367	121	
Génie..................	40	3	»	»	2	2	360	8	48	4	24	»	
Artillerie.. { de ligne............	49	»	»	4	20	»	800	49	33	42	361	77	
de la garde mobile.	78	»	»	2	7	»	2,966	456	39	64	»	»	
Train des équipages.....	2	»	»	»	1	1	93	4	6	14	49	»	
Prévôté................	14	1	1	5	43	4	463	40	4	78	335	21	
Services administratifs...	53	5	»	»	»	»	4,370	»	42	460	»	»	
Fusiliers marins.........	40	4	»	6	»	»	4,928	43	44	420	»	»	
Francs-tireurs..........	4	»	»	»	4	»	76	4	4	5	»	»	

DIRECTION D'ARTILLERIE DE DOUAI.

Situation des armes existant dans les places de la Direction à la date du 15 novembre.

DÉTAILS DES MOUVEMENTS.	ARMES SE CHARGEANT PAR LA CULASSE.				CARABINES A PERCUSSION.	FUSILS A PERCUSSION		MOUSQUETONS A PERCUSSION		PISTOLETS DE CAVALERIE.	SABRES							LANCES HAMPÉES.
	Carabine transformée par la culasse.	FUSILS modèle 1866.	d'infanterie et de voltigeurs transformés par la culasse.	de dragons transformés par la culasse.		d'infanterie et de voltigeurs	de dragons.	d'artillerie modèle 1829.	de gendarmerie.		d'adjudant.	de troupes à pied.	modèle 1854 de réserve.	modèle 1854 de dragons.	DE CAVALERIE de ligne.	DE CAVALERIE légère.	DE CAVALERIE de canonnier monté.	
1er novembre, il existe..	640	2,083	1,098	472	6,856	6,225	4,049	276	2,892	5,458	35	6,883	729	273	6,230	302	2,960	958
Entrées depuis le 1er novembre..	»	480	1,370	655	»	2,605	»	350	246	465	»	414	»	100	374	»	150	»
Totaux....	640	2,563	2,468	1,127	6,856	8,830	4,049	626	3,138	5,923	35	7,297	729	373	6,604	302	3,110	958
Sorties depuis le 1er novembre..	188	1,058	2,278	500	2,000	1,885	322	100	183	»	1	87	»	302	3,946	28	50	»
15 novembre, il existe..	452	1,205	490	627	4,856	6,945	3,697	526	2,955	5,623	34	7,207	729	74	2,658	274	3,060	958

Le lieutenant-colonel Martin, commandant le 46e mobile, au général Farre, chef d'état-major général de l'armée du Nord, à Lille (D. T.).

Avesnes, 16 novembre, 6 h. 45 soir. Expédiée 6 h. 55 soir (n° 5607).

J'ai sous mes ordres, du 46e régiment de la garde nationale mobile : au Quesnoy (Nord), 581 hommes, 14 officiers; à Avesnes (Nord), 368 hommes, 7 officiers; à Fourmies (Nord), 387 hommes, 6 officiers; à Wignehies (Nord), 150 hommes, 3 officiers; à Hirson (Aisne), 150 hommes, 2 officiers; à Etrœungt (Nord), 150 hommes, 3 officiers.

Du 47e régiment : à la Capelle (Aisne), 533 hommes, 11 officiers; à Laflamengrie (Aisne), 149 hommes, 2 officiers; à la Roullies (Nord), 162 hommes, 2 officiers.

Du 48e régiment : au Nouvion (Aisne), 1051 hommes, 23 officiers.

Indépendamment de ces troupes, il doit arriver demain à Anor (Nord) 1120 hommes et 17 officiers, venant de Givet (1).

Renseignements.

Instructions envoyées aux commandants de places, aux préfets, sous-préfets, aux autorités judiciaires, aux commissaires de surveillance administrative dans les gares.

Lille, 24 octobre 1870.

Dans les circonstances actuelles, il est de la plus grande importance que l'autorité militaire soit tenue au courant des mouvements de l'ennemi. Je vous prie donc de vous procurer des renseignements à ce sujet, en étendant vos investigations le plus loin possible dans le voisinage de votre résidence.

Précisez, le mieux possible, les indications de nombres, de lieux, de dates, relatives soit aux détachements, soit aux corps plus considérables qui seraient signalés; interrogez surtout avec soin les voyageurs venant des pays occupés par l'ennemi. Vous pourrez ainsi recueillir des renseignements précieux, que vous adresserez directement chaque matin, par télégraphe, au chef d'état-major général, hôtel de la Préfecture, à Lille. Vous joindrez au besoin à ce rapport journalier une dépêche postale,

---

(1) 1er bataillon de garde mobile des Ardennes.

lorsque vous aurez à entrer dans des détails circonstanciés, dont la longueur exclurait l'emploi du télégraphe.

J'ai l'honneur de vous inviter à vous conformer sans retard à ces intentions.

Agréez, etc.....

Le commissaire général,
Testelin.

Le Sous-Préfet au général Bourbaki, à Lille (D. T.).

Le Havre, 6 novembre, 10 h. 20 soir.

Une note communiquée par l'autorité prussienne aux journaux de Beauvais, dit : « 80,000 hommes de l'armée allemande qui se trouvent devant Metz se dirigent à marches forcées sur Amiens et Rouen, sous le commandement du général de Manteuffel. Ils arriveront sous peu de jours à destination ».

Le lieutenant-colonel Martin, commandant le 46ᵉ régiment de la mobile, au général Bourbaki, à Lille (D. T.).

Avesnes, le 7 novembre, 7 h. 38 soir (n° 5410).

Commissaire spécial télégraphie d'Anor :

« On dit que 50,000 Prussiens de l'armée de Metz, se dirigent sur Lille ; ils arriveront demain à Rethel. Plusieurs régiments de cette armée seraient arrivés hier à Reims. »

Le Commissaire de surveillance au Chef d'état-major général, à Lille (D. T.).

Saint-Quentin, 14 novembre, 8 h. 45 soir. Expédiée à 10 h. 40.

On me signale qu'il est passé ce matin à Coucy, et cet après-midi à Folembray, 7,000 à 8,000 Prussiens, cavalerie et infanterie, avec 8 pièces de 12.

L'Inspecteur principal de la compagnie du chemin de fer du Nord au général Farre, à Lille.

Lille, 14 novembre.

J'ai l'honneur de vous remettre, ci-après, copie d'une dépêche que nous recevons à 7 h. 35 soir, de notre inspecteur principal, en résidence à Aulnaye :

« D'après renseignements, l'ennemi concentre ses troupes à Laon, pour s'avancer par la Fère. D'autres renseignements annoncent la présence d'un corps de 30,000 Prussiens aux environs de Rocroy. »

Le Sous-Préfet à M. Testelin, commissaire de la Défense, et au général Bourbaki, à Lille (D. T.).

Avesnes, 17 novembre, 9 h. 15 soir.

80,000 hommes de l'armée de Metz, sous les ordres du prince Frédéric-Charles, campés hier à Rethel, seraient partis aujourd'hui sur Paris, par Reims. 50,000 hommes seraient partis également de Rethel et des environs, par deux routes différentes, pour se réunir à Laon; les soldats annoncent qu'ils vont sur Lille. Ces renseignements me sont donnés par un douanier de M. Giovanelli, qui arrive des environs de Rethel.

M. Bourdon, procureur de la République, au général Bourbaki, à Lille.

Lille, 18 novembre, 5 h. 1/2.

Je reçois des hommes dirigés vers Compiègne, une lettre datée de Noyon, du 16, et une dépêche datée de Ham, d'aujourd'hui 3 heures, qui confirment les renseignements fournis hier, et ce matin, par mon émissaire spécial.

Les troupes prussiennes qui ont traversé Chauny, pour se rendre à Tergnier et à la Fère, venaient de Château-Thierry. Il n'y a plus rien à Chauny, et ce matin, à 5 heures, il n'y avait pas un Prussien à Compiègne, ni entre Compiègne et Chauny. Le corps de Tergnier est donc isolé.

M. Stiévenart, sous-préfet d'Avesnes, à M. Testelin, commissaire général; au général Bourbaki, à Lille; et au Ministre de la guerre, à Tours (D. T.).

Avesnes, 19 novembre (n° 5658).

Vervins télégraphie : « Le corps d'armée prussien a quitté Rethel depuis plusieurs jours, il a suivi le direction de Cely (Ardennes) à Neufchâtel et Sissonne (Aisne) ».

CHAPITRE III.

JOURNÉE DU 20 NOVEMBRE.

Renseignements.

Renseignements de l'Inspecteur principal du chemin de fer du Nord.

Ham, 20 novembre, 3 h. 48 soir.

200 cavaliers, 300 fantassins, 2 pièces de canon sont signalés à Ham, de Flavy.

Amiens, 20 novembre.

Tout porte à croire que Ham sera occupé dès demain matin. Il a été évacué par nous dans la journée, et cette évacuation sera complétée dans la nuit, si l'ennemi nous le permet.

Nesle sera également évacué demain matin, et les trains de voyageurs s'arrêteront à Chaulnes jusqu'à nouvel ordre.

Les nouvelles de Beauvais sont assez graves. On y attend demain un général de division et son état-major; 4,000 à 5,000 hommes y sont annoncés pour mardi ou mercredi.

Roye et Montdidier sont également menacés, et l'opinion de tout le monde est que vers la fin de la semaine au plus tard, une action combinée sera dirigée de ces différents points sur Amiens.

M. d'Arcangues au Chef d'exploitation (D. T.).

Lille, 20 novembre.

Je reçois à l'instant la dépêche suivante; communiquez-la de ma part au général Farre :

« Il y a à Compiègne, et aux environs, 30,000 Prussiens; on en attend encore autant d'ici à deux jours; ils établissent un camp retranché sur la montagne de Margny; ils s'y fortifient; les pontonniers ont jeté plusieurs ponts sur l'Oise; ils ont beaucoup de canons et de mitrailleuses; le quartier général est au palais de Compiègne, avec le général en chef, Manteuffel; ils ont l'air de s'installer pour opérer contre l'armée du Nord, commandée par Bourbaki. »

Le Préfet à M. Testelin et au général Farre, à Lille (D. T.).

Amiens, 20 novembre, 7 h. 22 soir. Expédiée à 7 h. 55 soir (n° 5172).

Le juge de paix de Nesle télégraphie que :
« L'ennemi s'avance vers Nesle et paraît venir de Tergnier, Chauny et Noyon, marchant vers Roye; il semble se diriger sur Amiens. Hier des uhlans ont éclairé la route que suit aujourd'hui l'ennemi, c'est-à-dire de Chaulnes vers Roye; on annonce que le corps ennemi serait fort d'environ 12,000 hommes. »

Le colonel Martin, commandant supérieur des troupes actives de l'arrondissement d'Avesnes, au général Farre, chef d'état-major général de l'armée du Nord (D. T.).

Avesnes, 20 novembre, 8 h. 15 soir. Expédiée à 8 h. 45 soir (n° 5691).

Dépêche de Busigny.

Des renseignements, pris à bonne source, annoncent l'arrivée à Laon d'un corps de 4,000 Prussiens avec l'état-major de Manteuffel; à Bruyères et à Vorges, près Laon, il y a 5,000 à 6,000 Prussiens se dirigeant, partie sur La Fère, partie sur Amiens; la route de Ham-La Fère, est gardée par des avant-postes nombreux.

JOURNÉE DU 21 NOVEMBRE.

b) Organisation et administration.

Le colonel Briant, directeur de l'artillerie, à Douai, à M. le général Treuille de Beaulieu, commandant l'artillerie, à Douai.

Douai, 21 novembre.

En vertu de votre ordre du 19 novembre, j'ai l'honneur de vous rendre compte que les affûts et canons de 4 rayés de montagne, seront prêts à être expédiés demain, à Avesnes. L'expédition se composera de :

12 canons rayés de 4 de montagne;
14 affûts, dont 2 de rechange.

Les armements, assortiments nécessaires au tir, c'est-à-dire :

1° 72 caisses de montagne, formant un premier approvisionnement, à raison de 42 obus, 6 obus à balles, 6 boîtes à mitraille par pièce;

2° 72 caisses de montagne, formant un deuxième approvisionnement et semblable au premier.

Chaque pièce serait approvisionnée à raison de 108 coups.

Les batteries de 12 reçoivent à Lille et à Douai leur deuxième ligne de caissons.

Le travail sera fini demain.

Il en est de même du chargement de la deuxième ligne de la batterie de 8.

J'ai lieu de croire que tout ce matériel sera entièrement prêt mercredi matin.

Renseignements.

M. Lagarde, inspecteur principal du chemin de fer du Nord, à M. le général Farre, chef d'état-major, hôtel de la Préfecture, à Lille.

Lille, 21 novembre, 5 h. 15 soir.

Une colonne prussienne forte de 10,000 à 12,000 hommes a traversé Chauny samedi et dimanche, pour se diriger sur Noyon, Ham et La Fère. Cette colonne ne paraît être que l'avant-garde d'un corps d'armée qu'on évalue à 30,000 hommes de différentes armes, et qui est attendu à Chauny, dans le courant de la semaine, pour se diriger sur Amiens.

Le général Paulze d'Ivoy au général Farre.

Amiens, 21 novembre.

Le préfet de la Somme, sur renseignements venus par exprès de Senlis, et que d'autres sources me confirment, m'annonce ce qui suit :

« De jour en jour Beauvais reçoit des renforts; demain matin lundi, un état-major divisionnaire y arrive, au grand complet, et mardi ou mercredi, 8,000 hommes y seront concentrés. Ce mouvement se relierait à la marche de deux autres colonnes, l'une par Flavy et Ham, l'autre par Noyon, Roye, et enfin Montdidier.

Quant aux autres colonnes, on me les signale comme avant-gardes du corps d'armée de Manteuffel, en marche de Reims sur Amiens et Rouen.

De forts détachements viennent en reconnaissance de Clermont jusqu'à Beauvais et Breteuil. L'ensemble du plan aurait donc pour but de nous attaquer ici, sur plusieurs points à la fois, et les rapports m'assurent que ce serait pour la fin de la semaine. Vous savez, Général, l'importance d'Amiens comme grande ville commerciale et tête de plusieurs lignes. Nous avons employé très activement le répit que les Prussiens nous laissaient. Vu ces efforts, de nature à nous assurer une lutte très honorable, le général Bourbaki avait bien voulu nous promettre un fort soutien dès le premier signal. Je crois de mon devoir de vous prévenir.

JOURNÉE DU 22 NOVEMBRE.

Renseignements.

M. Lardière, préfet de la Somme, au général Farre, à Lille.

Amiens, 22 novembre, 1 h. 10. Expédiée à 1 h. 20 (n° 5180).

Le maire de Rosières m'écrit que Roye est occupé par 500 à 600 Prussiens et qu'un corps de 12,000 hommes va passer par Roye, un autre de 12,000 par Montdidier et un troisième par Péronne; tous se dirigent sur Amiens.

M. Lardière, préfet de la Somme, au Général de division, à Lille.

Amiens, 22 novembre, 2 heures soir.

Le mouvement ennemi sur Amiens se dessine par Clermont avec 6,000 hommes, Ham 5,000 à 6,000, et un troisième corps de troupe dont j'ignore encore la marche. Plusieurs cavaliers ennemis à Bouchoir, Chaulnes et Domart-sur-la-Luce. Nous sommes prêts.

JOURNÉE DU 23 NOVEMBRE.

c) Opérations.

Le général Farre au Ministre de la guerre, à Tours.

Lille, 23 novembre.

Le mouvement de concentration des trois premières brigades du 22e corps sur Amiens (17,000 hommes), commencé hier, sera terminé demain. Ces troupes sont cantonnées sur la Somme, à l'Est d'Amiens, dans une position favorable.

Le corps de Manteuffel commence à se masser à Compiègne; on assure que 30,000 hommes y sont déjà réunis avec le général en chef, installé au château. Il se fortifie sur la montagne de Margny. On prétend que leur nombre sera doublé dans peu de jours; tout cela est encore assez incertain.

Le général de Chantilly a porté son quartier général à Beauvais, où se trouvent 4,000 à 6,000 hommes.

On surveille le mieux possible la ligne d'Amiens à Rouen.

Renseignements.

Le Préfet au général Farre et à M. Testelin, à Lille (D. T.).

Amiens, 23 novembre, 12 h. 15 soir. Expédiée à 12 h. 35 soir (n° 5232).

Mouvement accentué de Compiègne; concentration sérieuse à Creil-Clermont. Uhlans signalés en ce moment, 200 à Mézières, 30 à Rozières. Un peu de cavalerie nous serait bien nécessaire.

Le Commissaire administratif au général Farre, à Lille (D. T.).

Amiens, 23 novembre, 10 h. 15 matin. Expédiée à 11 heures matin.

Les Prussiens entrent dans Rozières.

JOURNÉE DU 24 NOVEMBRE.

b) Organisation et administration.

Ordre du général Farre, commandant par intérim le 22ᵉ corps d'armée.

Lille, 24 novembre.

Le bataillon du 2ᵉ chasseurs à pied, commandé par M. le chef de bataillon Boschis, prendra le nom de 1ᵉʳ bataillon de marche du 2ᵉ chasseurs à pied.

Le bataillon du même corps, constitué par arrêté du 6 novembre, prendra le nom de 2ᵉ bataillon de marche du 2ᵉ chasseurs à pied.

Arrêté du général Espivent de la Villesboisnet, commandant la 3ᵉ division militaire, à Lille.

Lille, 24 novembre.

Le général commandant la 3ᵉ division militaire, sur la proposition du général de brigade commandant par intérim le 22ᵉ corps d'armée, arrête :

Art. 1ᵉʳ. — Il sera créé un deuxième bataillon de marche, composé de cinq compagnies à 150 hommes avec 3 officiers, dans chacun des dépôts des 43ᵉ et 65ᵉ régiments de ligne, et un premier bataillon de marche ayant la même composition dans le dépôt du 64ᵉ régiment de ligne.

Le lieutenant-colonel de Villenoisy au colonel Briant, à Douai.

Lille, 24 novembre.

Mon Colonel,

Le général Farre me charge de vous faire savoir qu'il adopte vos propositions en ce qui concerne les cartouches.

Quant à la deuxième ligne de caissons, tenez les approvisionnements prêts ; on les fera partir ultérieurement, soit avec des chevaux d'artillerie, soit avec des chevaux de réquisition.

Le lieutenant-colonel sous-chef d'état-major,
VILLENOISY.

c) Opérations.

Le général Paulze d'Ivoy au général Farre, à Lille (D. T.).

Amiens, 24 novembre, 1 h. 50. Expédiée à 2 h. 15 (n° 5273).

Hier, engagement de 300 francs-tireurs du Nord et de mes compagnies de reconnaissance au Quesnel, de midi à 4 heures environ.

Les premiers ont perdu 5 hommes, 1 lieutenant pris, et, après lutte assez chaude, se sont repliés sur Guillaucourt par Caix.

Cette nuit, le général Lecointe a envoyé au colonel du Bessol deux batteries, quatre bataillons et deux escadrons de dragons, qui devaient être rendus à 6 heures du matin à Villers-Bretonneux. Lui-même est parti ce matin avec les troupes du colonel de Gislain.

Le général Lecointe au général Farre, à Lille (D. T.).

Villers-Bretonneux, 24 novembre, 2 h. 15 soir (n° 5116).

Aujourd'hui, 24, sur la nouvelle que 5,000 Prussiens (infanterie, cavalerie, artillerie) occupaient Roye et marchaient sur Amiens, j'ai ordonné une reconnaissance, faite par le colonel du Bessol, avec les troupes cantonnées à Villers-Bretonneux, soutenues par troupes que je lui ai amenées. L'ennemi a été repoussé au delà de Mézières, sur Quesnel; quelques tués, une dizaine de blessés, dont un officier d'artillerie. L'ennemi a ramené avec lui plusieurs charrettes de tués et blessés.

JOURNÉE DU 25 NOVEMBRE.

b) Organisation et administration.

Le Préfet à M. Testelin, commissaire extraordinaire (D. T.).

Amiens, 25 novembre, 3 h. 45 soir (n° 5341).

Le préfet d'Arras ne peut disposer, dit-il, des marins d'Arras, parmi lesquels il n'y a que 10 pointeurs. Vous avez 2,000 marins; envoyez-moi sans retard des hommes pour mes pièces de position, placées sur les retranchements. C'est pour nous une question capitale; nous ne pouvons, sans cela, nous défendre.

Arrêté du Général commandant la 3ᵉ division militaire, à Lille.

Lille, 25 novembre.

Le général de division commandant la 3ᵉ division militaire, sur la proposition du général de brigade commandant par intérim le 22ᵉ corps, arrête :

Art. 1ᵉʳ. — Il est formé un régiment provisoire d'infanterie de la garde nationale mobile, comprenant trois bataillons de marche fournis par les trois bataillons ci-après désignés de la garde nationale mobile du Pas-de-Calais :

    5ᵉ bataillon (commandant Matis), à Arras ;
    6ᵉ bataillon (commandant Pessez), à Montreuil et à Calais ;
    7ᵉ bataillon (commandant Dujarié), à Arras et à Aire.

Art. 2. — Chaque bataillon de marche se composera de cinq compagnies à 150 hommes, y compris une compagnie franche.

c) Opérations.

Le général de Chargère au général Farre, à Lille (D. T.).

Arras, 25 novembre, 4 h. 50 soir. Expédiée à 5 h. 8 soir (n° 5824).

L'ordre est donné à la compagnie de fusiliers marins, forte de 3 officiers et 140 hommes, de partir ce soir pour Amiens ; elle emmène avec elle tous ses canonniers ; départ à 11 heures.

JOURNÉE DU 26 NOVEMBRE.

b) Organisation et administration.

Le capitaine de l'état-major général au commandant Charon, commandant l'artillerie du 22ᵉ corps (D. T.).

Lille, 26 novembre, 3 heures soir. Expédiée à 3 h. 25 (n° 5457).

Le colonel directeur à Douai envoie, par voie ferrée, à Amiens, 180,000 cartouches 1866, 150,000 cartouches 1867, sur neuf voitures, plus 150,000 cartouches de chaque espèce dans caisses ou barils, pour former un parc, avec voitures et chevaux de réquisition.

Renseignements.

26 novembre.

Des renseignements du chef de gare de Rozières annoncent que les Prussiens occupent Chaulnes et Roye, au nombre de 6,000; on croit qu'il y en a environ 3,000 à Bouchoir (infanterie, cavalerie, artillerie).

Le commandant Talandier, à Boves, au colonel Pittié.

On m'informe à l'instant (8 heures du soir) que 12,000 Prussiens marchent, avec une nombreuse artillerie, sur Moreuil. 3,000 ou 4,000 Allemands sont à Breteuil.

Le colonel du Bessol au général Lecointe, à Amiens (transcription de la dépêche précédente).

Cette dépêche confirme tous les renseignements recueillis pendant la journée.
On nous dit tantôt 12,000 hommes à Roye, tantôt 12,000 hommes à Moreuil, venant de Montdidier. On nous signale à l'instant 16 canons et bon nombre de fantassins au Quesnel.

M. Lagarde, inspecteur principal de la Compagnie du chemin de fer du Nord, au général Farre, à Lille.

Lille, 26 novembre, 10 heures matin.

Extrait des dépêches parvenues à Lille ce matin.

Ailly, 25 novembre, 9 h. 25 soir.

Chef de gare de Breteuil m'envoie un exprès qui m'annonce ceci :
« Tenez pour certain 2,000 Prussiens à Rouvroy ; 2,000 à Tartigny ; 2,000 à Rocquencourt, Coullemelle et environs, avec artillerie ; 1500 hommes et 40 pièces de canon à Montdidier. État-major entré musique en tête. »

CHAPITRES IV et V.

JOURNÉE DU 27 NOVEMBRE.

a) Journaux de marche.

2ᵉ bataillon du 2ᵉ chasseurs à pied.

Le 27 novembre au matin, nous reçûmes ordre de nous diriger de Vaire-sous-Corbie à Villers-Bretonneux pour rejoindre le reste de notre brigade.

Le bataillon arriva vers midi à Villers-Bretonneux. Les mobiles, mobilisés, soldats de la ligne, soldats d'infanterie du marine encombraient les maisons et les rues.

Le commandant nous massa en colonne ; on forma les faisceaux.

A ce moment même, nos grand'gardes signalaient les Prussiens. Sur les instances du commandant Giovanninelli, le colonel du Bessol lança le bataillon en avant.

On rompit les faisceaux, nous passâmes à la hâte en avant du village et nous nous déployâmes devant la ligne de chemin de fer qu'on peut traverser sur deux ponts.

En avant du pont de gauche se trouvaient des amas énormes de sable, où des soldats d'infanterie de marine avaient creusé une sorte de tranchée-abri ; c'était une véritable tête de pont, qui fut occupée par la 1ʳᵉ compagnie ; la droite du bataillon s'étendit jusqu'au deuxième pont.

Devant nous se déroulait une plaine unie, bordée, à 2 kilomètres environ, par une série de petits bois.

Débouchant des arbres, l'artillerie prussienne nous couvrit d'abord d'obus, puis s'avança l'infanterie ; en tournant notre gauche, elle parvint à déloger la 1ʳᵉ compagnie des amas de sable qui couvraient le pont de gauche ; mais ramenés en avant par le brave colonel de Gislain, nos chasseurs y rentrèrent à la baïonnette.

A ce moment, l'action était générale ; le reste de la division s'était formé ; notre artillerie répondait avec succès à l'artillerie prussienne.

On nous laissa défendre les positions que nous occupions au commencement de l'engagement; nous nous y maintînmes, gagnant plutôt du terrain que nous n'en perdions. Cependant, vers 4 heures, la résistance était désorganisée; nous avions, presqu'au début, vu tomber notre commandant, les capitaines de Négrier, de Canisy, Thomas, les lieutenants Aymes, Cavaignac et Coquelet; la lutte était devenue individuelle; les chasseurs combattaient, groupés dans la plaine autour des officiers encore debout, et comme on disait qu'ailleurs tout allait bien, personne ne songeait à la retraite. Mais, vers 5 heures, nous vîmes l'artillerie amener ses avant-trains et s'engager au grand trot sur la route d'Amiens; elle n'avait plus une gargousse à brûler.

N'ayant presque plus de cartouches, ne sachant où en trouver, menacés d'être tournés par la gauche, coupés de la route d'Amiens, ne recevant aucun ordre, nous prîmes alors le parti de suivre l'artillerie.

Le bataillon, qui couvrait un front immense, ne pouvait se réunir, aussi forma-t-il deux groupes principaux; l'un deux, composé du capitaine Bourely, des lieutenants Sabot et Grandjean, du sous-lieutenant Poncelet et d'une centaine d'hommes, escorta l'artillerie jusqu'à Corbie. Une réquisition de voitures le ramena à Amiens, où il arriva à une heure assez avancée de la nuit.

20ᵉ *chasseurs à pied*.

Vers 11 heures, avant que les hommes aient eu le temps de manger, des masses prussiennes considérables, descendant des hauteurs boisées, gravissent les pentes du plateau occupé par les Français et se dirigent à la fois sur Boves, sur Gentelles, sur Cachy et sur Marcelcave.

La compagnie Roy reçoit le choc la première, se replie sur la tuilerie et s'y maintient, tandis que la compagnie Parent se déploie sur la gauche, afin de couvrir le ravin par lequel l'ennemi cherche à gagner Cachy, et que la compagnie Carrère engage l'action devant le cimetière.

En un instant, la 3ᵉ compagnie (lieutenant Rousset) est venue se placer entre les deux premières, et la 5ᵉ (lieutenant Ambrosini), à côté de la 4ᵉ. L'action, très vive dès le début, s'étend rapidement à droite jusqu'à Boves, à gauche jusqu'à Cachy, occupé depuis la veille au soir, par un bataillon du 43ᵉ de ligne.

Pendant longtemps, le 20ᵉ bataillon soutient l'effort croissant de l'ennemi.

Mais le nombre des assaillants va en augmentant; bientôt, deux batteries prussiennes, s'établissant à l'extrémité du plateau, en dehors des coups de nos tirailleurs, couvrent d'obus tout le terrain situé en avant de Gentelles, et le village lui-même, tandis qu'aucun secours n'apparaît encore.

Pour se conformer aux ordres qui prescrivent au 20e bataillon, en cas d'une attaque supérieure en forces, d'avoir à se replier sur le grand bois situé en arrière de Gentelles, et de s'y défendre avec acharnement le commandant Hecquet fait sonner la retraite. Il est environ 1 heure.

Malheureusement la ligne des tirailleurs étant très étendue, cette retraite n'est pas exécutée, en même temps, pour toutes les compagnies.

Tandis que les 1re, 2e, 3e compagnies, et une partie de la 5e, se dirigent en bon ordre, quoique sous une pluie de projectiles, sur un moulin à vent, dans la direction du grand bois, la 4e compagnie et le reste de la 5e se rabattent à droite.

Dans cette retraite, M. le lieutenant Rousset a la cuisse traversée par une balle.

La fraction de gauche, restée sous les ordres du commandant, prend position le long du chemin qui relie les deux villages, et y soutient une lutte meurtrière contre les Prussiens, devenus maîtres de Gentelles.

A 2 h. 1/2 le commandant Hecquet reforme sa troupe en arrière de Cachy, sur la lisière du bois.

Alors seulement, le général Lecointe arrive devant Gentelles, à la tête de quelques troupes de ligne et de mobiles. Le tronçon de droite du 20e bataillon rentre dans le village, d'où les Prussiens sont chassés. L'ennemi, à ce moment, porte toutes ses forces sur Villers-Bretonneux, ne laissant devant Gentelles et Cachy qu'un rideau de troupes.

A 4 heures, le tronçon de gauche du bataillon reprend position à droite de Cachy, prêt à recommencer la lutte. Mais le combat a cessé, et, vers 9 heures du soir, arrive, avec la nouvelle de la prise de Villers-Bretonneux par l'armée prussienne, l'ordre de battre en retraite sur Corbie.

Les chasseurs traversent de nouveau, à la lueur des incendies, le champ de bataille couvert de morts, Gentelles rempli de blessés des deux nations, et, par une route de 14 kilomètres, gagnent Blangy sans abandonner quelques prisonniers faits pendant la bataille. De là, remontant la Somme, ils arrivent exténués à Corbie vers 2 heures du matin.

Quant au détachement resté sous les ordres du capitaine Carrère, il s'est retiré sur Longueau.

68e *régiment de marche*.

Le 1er bataillon quitte son cantonnement à 3 heures du matin, et fait une reconnaissance sur la route de Roye; il rentre à 7 heures.

A 8 h. 1/2, l'ennemi attaque; le bataillon quitte Boves et prend position.

La 5ᵉ compagnie se porte sur le bois de Cachy, marche entre Cachy et Gentelles, et se dirige sur Villers-Bretonneux en repoussant l'ennemi.

La 2ᵉ compagnie se porte entre Gentelles et Boves, et lutte contre des forces ennemies considérables établies sur la route d'Amiens.

La 3ᵉ compagnie, qui était de grand'garde, combat en avant de ses positions, elle s'établit à cheval sur la route de Montdidier, le chemin de fer et le marais.

La 1ʳᵉ compagnie est en réserve.

Le bataillon combattit avec succès jusqu'à la nuit.

Le 2ᵉ bataillon part de Longueau, et arrive sur le champ de bataille au début de l'engagement.

La 1ʳᵉ compagnie se porte à droite de Gentelles, occupé par l'ennemi.

Les 2ᵉ et 3ᵉ compagnies, à gauche, attaquent le village, perdu par la garde mobile au commencement de l'action. Gentelles est enlevé et occupé, l'ennemi y abandonne cinquante tués ou blessés; les mobiles prisonniers sont délivrés et prennent part à l'action.

Les 4ᵉ et 5ᵉ compagnies, auxquelles vient s'adjoindre la 5ᵉ compagnie du 1ᵉʳ bataillon, attaquent Cachy.

Le village est enlevé à la baïonnette.

Les trois compagnies de droite dépassent Gentelles, et la lutte continue en avant du village jusqu'à la nuit.

Les deux compagnies de gauche, en avant de Cachy, se battent également jusqu'à la nuit.

Le 3ᵉ bataillon part de Camon, à 3 heures du matin, en reconnaissance sur Cagny et Saint-Fuscien. Deux de ses compagnies, détachées à Cagny, rentrent à Camon. Le commandant Zédé, entendant la canonnade sur la gauche, se rabat de Saint-Fuscien sur Boves, où il établit ses trois compagnies, avec des compagnies du 20ᵉ chasseurs et des mobiles.

Une lutte très vive s'engage en avant de Boves, une compagnie est entourée; tout le reste passe sur la rive droite de l'Encre, après avoir jeté un pont sur le marais, et gagne Longueau.

Le régiment se retire en bon ordre jusqu'à Amiens.

46ᵉ *mobiles*.

Vers 1 h. 1/2, le général Farre lança le 1ᵉʳ bataillon à l'assaut de Cachy.

Les 2ᵉ et 3ᵉ bataillons, qui se trouvaient à la droite du 1ᵉʳ, se jetèrent à leur tour sur Gentelles, qui fut vaillamment enlevé.

Il est environ 3 heures ; le régiment pousse de l'avant, et se trouve alors sans abri.

Nous avions repoussé l'ennemi en face de nous, mais il n'en était pas de même sur notre gauche ; vers le soir, des hourras formidables, venant de Villers-Bretonneux, nous firent supposer que l'ennemi y était vainqueur.

Les 1er et 3e bataillons conservèrent néanmoins leurs positions jusqu'à la nuit tombante.

Vers 4 heures, le 2e bataillon avait été envoyé sur la route de Roye, pour renforcer une ligne de tirailleurs formée par le 24e de ligne ; son concours força l'ennemi à se retirer.

Vers 8 heures du soir, le 1er bataillon reçut l'ordre d'aller occuper Rivery, au Nord-Est d'Amiens ; mais tout fut bientôt changé ; il fallut regagner le boulevard en face de la gare à Amiens ; là se fit une distribution de vivres, de cartouches pour deux jours, et des ordres furent donnés pour la retraite.

c) Opérations.

Rapport du général Farre.

Lille, le 14 décembre.

Monsieur le Ministre,

J'ai eu l'honneur de vous informer de la concentration, opérée près d'Amiens, comprenant les trois brigades du 22e corps à peu près organisées. L'avis de la marche vers cette ville des forces considérables sous les ordres du général de Manteuffel, ainsi que la vague indication de tentatives sérieuses que l'armée de Paris et l'armée de la Loire devaient entreprendre, m'avaient conduit à cette opération, que j'ai dû décider dès le lendemain du départ du général Bourbaki. Elle m'était imposée par la nécessité de ne point laisser l'ennemi s'emparer, sans coup férir, de l'importante ville d'Amiens, et par celle de maintenir vers le Nord des forces considérables qui pouvaient se porter sur Paris. Ce dernier résultat a été atteint, du moins en partie, puisque la bataille d'Amiens a eu lieu la veille du jour où les armées de Paris ont attaqué les lignes d'investissement. Si j'ai échoué dans la défense de cette ville, en présence de forces bien supérieures aux miennes, ce n'est pas sans gloire pour nos armes, et j'espère que vous voudrez bien le reconnaître ; l'échec du 22e corps n'est pas dû aux dispositions que j'avais prises.

La concentration, commencée le 22, a été terminée le 24 avec beaucoup d'ordre, quoique je fusse privé des services de tous les officiers d'état-major, au nombre de huit, qui étaient attachés au 22e corps et qui l'avaient quitté avec le général Bourbaki.

Les trois brigades étaient à peu près au complet, formées de quatre bataillons d'infanterie et de trois bataillons de garde mobile. Sur ces vingt et un bataillons, deux seulement n'avaient pu être amenés à Amiens. L'effectif total atteignait 15,000 hommes.

J'avais pu y joindre deux escadrons du 7e dragons de marche, en formation, et deux escadrons de gendarmerie.

L'artillerie comprenait sept batteries avec des chevaux neufs, des hommes à peine habillés. L'une est arrivée pendant le combat du 27 ; deux d'entre elles étaient servies par des fusiliers marins. Grâce au dévouement de chacun, ces batteries se sont admirablement bien comportées.

La place d'Amiens renfermait en outre près de 4,000 gardes mobiles, de divers départements, et deux bataillons d'infanterie non organisés.

Le général Bourbaki avait eu le projet de s'établir au Sud d'Amiens, le long du chemin de fer de Rouen. Cette position était fort bonne pour se porter sur Beauvais ou Creil, mais n'était pas acceptable quand l'ennemi s'avançait en force par la route de Montdidier, par celle de Roye et le long du chemin de fer de Tergnier, en s'étendant jusqu'à la Somme. Il fallait nécessairement être à portée de repousser une attaque de ce côté.

Afin d'éviter le campement sous la tente, trop pénible en cette saison, les trois brigades furent cantonnées à Amiens et dans les villages situés à l'Est, jusqu'à Corbie et Villers-Bretonneux.

Il fallait aussi garder soigneusement la Somme, entre Péronne et Corbie, pour protéger la ligne de retraite et la voie ferrée du Nord. Trois bataillons organisés en dernier lieu furent appelés de Lille et d'Arras sur cette rivière, dont tous les ponts furent détruits, à l'exception de ceux occupés par nous.

Quant à la position du combat, elle ne pouvait se borner à la rive droite de la Somme, très forte en raison des hauteurs qui dominent la vallée marécageuse de cette rivière.

Sur cette ligne, exclusivement défensive, notre armée eût été immobilisée, et la protection donnée à Amiens se réduisait à la défense directe des retranchements construits autour de cette ville par les autorités locales. Or, ces retranchements, établis il est vrai dans de bonnes positions, étaient incomplets ; leur profil était faible, leur développement énorme. Pour y tenir avec quelque chance de succès et lutter contre l'artillerie beaucoup plus nombreuse de l'ennemi, il aurait fallu joindre aux douze pièces que la ville était parvenue à y établir, les quarante-deux pièces du 22e corps. Cette disposition aurait compromis Corbie, clef de la voie ferrée d'Amiens à Arras.

Je me décidai, en conséquence, à porter nos efforts sur les hauteurs de la rive gauche comprises entre la Somme et l'Avre, dont le point culminant était occupé par la petite ville de Villers-Bretonneux et dont l'arête est couverte par les bois de Blangy et de Cachy.

Dans cette situation, où les deux brigades, cantonnées au dehors d'Amiens, pouvaient être rapidement réunies, on faisait face au corps principal de l'ennemi, signalé à l'Est, en s'établissant le long d'une ligne transversale de Villers à Cachy et à Gentelles, la droite appuyée à la vallée de l'Avre.

A Villers-Bretonneux comme pivot, commençait une seconde ligne défensive suivant l'arête qui descend de cette petite ville à Longueau, arête couverte de bois et qui prend en flanc les approches d'Amiens.

La retraite vers la rive droite de la Somme pouvait s'opérer par les pentes douces qui descendent vers la rivière et les ponts nombreux conservés dans cette partie de son cours.

Cette position était certainement bonne, mais son étendue, trop grande pour nos forces, ne pouvait point être réduite. En outre, l'ennemi ne nous laissa pas le temps d'y ajouter quelques retranchements en avant de la petite ville de Villers-Bretonneux, point capital à conserver, et au village de Boves, qui couvrait la trouée de Longueau, par où l'Avre s'écoule vers la Somme.

La 3e brigade, sous les ordres du colonel du Bessol, occupait Corbie et les villages environnants, Villers-Bretonneux, Cachy et Gentelles. La 2e était établie à Boves sur l'Avre, à Camon sur la Somme, et dans le voisinage, sous les ordres du colonel Derroja. La 1re était à Amiens, sous les ordres du général Lecointe.

La totalité des troupes n'était pas encore réunie sur le terrain lorsque, le 23 au soir, une compagnie de francs-tireurs s'engageait avec l'ennemi à Villers-aux-Érables, où des forces assez nombreuses étaient signalées. Une reconnaissance offensive fut dirigée, le lendemain, de ce côté par le colonel du Bessol. Un brillant combat fut livré près de Mézières. L'ennemi, repoussé à la baïonnette et chassé des bois, ne s'arrêta qu'à Bouchoir, emportant sept voitures de morts et de blessés. Nos pertes furent peu importantes; malheureusement, le lieutenant d'artillerie Laviolette fut atteint mortellement d'une balle à la poitrine.

Le 25, le pays fut battu par les uhlans, que nos avant-postes tinrent à distance; mais, le 26, un combat assez vif s'engagea dans l'après-midi vers Gentelles, où se trouvait une partie du 20e bataillon de chasseurs, que j'envoyai soutenir par une compagnie du 43e, prise à Villers-Bretonneux.

Le même jour, une colonne prussienne, partie de Moreuil, vint se jeter dans la vallée de l'Avre, sur les villages de Fouencamps et de Boves. Le premier de ces points, occupé faiblement comme grand'garde, fut évacué, mais l'ennemi ne tarda pas à être arrêté par les tirailleurs du 1er bataillon de chasseurs et du 24e de ligne, qui lui firent éprouver de fortes pertes. De notre côté, un officier supérieur de premier mérite, le commandant Jan, trouva une mort glorieuse dans cette affaire, qui se termina à notre avantage.

Dès que les divers incidents de cette journée se dessinèrent, je pris des dispositions pour renforcer les positions menacées.

L'ordre fut expédié, de bonne heure, à la 1re brigade de venir s'établir entre la 3e et la 2e. Je fis monter à Villers-Bretonneux toutes les troupes de la 3e brigade et renforcer, en même temps, les positions de Cachy et Gentelles.

Ces mouvements furent terminés avec ordre à la nuit tombante. Je prescrivis en outre à la 1re et à la 2e brigade d'envoyer le lendemain, dans la matinée, chacune deux bataillons en reconnaissance sur la ligne des hauteurs entre Villers-Bretonneux et Longueau, afin de bien éclairer le pays, et de tenir le surplus des troupes prêt à marcher. En quittant le colonel du Bessol à Villers-Bretonneux, je lui recommandai d'attirer à lui l'artillerie, la cavalerie et la partie de la 1re brigade qui était à Corbie, dès le matin du 27, si les apparences devenaient menaçantes.

Ces précautions n'étaient que de simples mesures de prudence. Le temps était pluvieux, les terres labourées peu praticables, et les efforts de l'ennemi ne m'avaient point paru assez considérables le 26 pour faire présumer avec certitude une action générale. Contre mon attente, le temps s'améliora pendant la nuit.

Les rapports qui m'arrivèrent dans la matinée du 27 étaient alarmants. Je convins avec le général Paulze d'Ivoy qu'il se porterait, avec toutes les troupes de la garnison, en avant des retranchements commencés pour couvrir Amiens. Ayant ensuite dirigé vers l'Est la batterie de 8 restée en ville, j'envoyai à cet officier général une batterie de 12, servie par des marins, qui descendait à l'instant même du train, par lequel elle arrivait de Douai. Ainsi, toutes nos forces ont pris part au combat, sauf un bataillon de mobiles, resté à la garde du convoi vers Vecquemont, et quelques compagnies qui protégeaient Corbie, en se reliant avec les trois bataillons destinés à la surveillance de la rivière. Notre retraite se trouvait ainsi assurée.

Dès que le combat commença avec une certaine intensité, je me rendis sur le terrain avec le général Lecointe; je parcourus la ligne en laissant à ma droite le village de Boves, où l'action était vivement engagée, pour arriver au plus vite à Villers-Bretonneux, qui était à mes yeux le point essentiel.

Une partie de la 1re brigade, à ce moment, fut lancée par le général Lecointe sur le bois de Gentelles, qui fut fouillé et traversé rapidement. Conduites par ce brave général, ces troupes repoussèrent l'ennemi, dégagèrent le village de Gentelles, serré de très près, et continuèrent leur mouvement offensif, jusqu'à la nuit, sans éprouver de résistance sérieuse ailleurs qu'au bois de Domart, qui fut brillamment conquis par le 4ᵉ bataillon des mobiles du Nord. Arrivé près du village de ce nom, le général Lecointe, sans nouvelles, très éloigné d'Amiens, se retira sur Longueau, où il n'apprit qu'à 8 heures du soir le résultat de la journée.

En m'avançant sur Villers, je trouvai le village de Cachy occupé en partie par les Prussiens, malgré l'héroïque résistance du bataillon du 43ᵉ, chargé de le défendre, et qui avait dû évacuer cette position, très vigoureusement attaquée. Son commandant avait été tué et sept officiers mis hors de combat.

Je fis reprendre l'offensive par la ligne de tirailleurs qui bordait le bois de Villers, par le 20ᵉ bataillon de chasseurs et par le bataillon de mobiles. Ces troupes prirent le pas de course, enlevèrent vivement le village.

Trois bataillons, placés en réserve sur la lisière des bois, furent portés en avant pour garnir plus solidement le long intervalle entre Cachy et Villers, où l'on faiblissait visiblement.

A ce moment (2 h. 1/2), la lutte avait atteint le plus haut degré d'intensité à Villers, où le colonel du Bessol venait d'être blessé après avoir eu un cheval tué sous lui. Toutes nos réserves étaient engagées, et une partie de nos soldats cédait du terrain sur le côté méridional de la tranchée du chemin de fer. Je n'épargnai rien pour rétablir le combat et je fis porter bien en avant la batterie de 12 et la batterie de 8, établies à la gauche du village.

De ce côté, l'infanterie de marine, le 2ᵉ bataillon de chasseurs et la compagnie du génie repoussèrent l'ennemi à grande distance; mais, à la droite de Villers, malgré tous nos efforts, la garde mobile finit par céder, en entraînant les troupes de ligne qui combattaient avec elle.

Les deux batteries de 4, postées à la droite du village, avaient épuisé leurs munitions pour répondre à plus de quarante bouches à feu ennemies, que nos quatre batteries avaient tenues en respect toute la journée; enfin, les munitions manquaient.

La longue ligne de Villers-Bretonneux à Cachy ayant fléchi et une batterie prussienne, qui put s'établir à peu de distance de ce dernier village, nous prenant en flanc, je dus ordonner la retraite.

Je chargeai le colonel de Villenoisy de diriger une partie des troupes par la route d'Amiens et je fis écouler le reste sur Corbie, avec la majeure partie de l'artillerie, appuyée par le 2ᵉ bataillon de chasseurs, l'infanterie de marine et la compagnie du génie. Ces troupes, toujours victorieuses, s'étaient avancées fort loin. Elles rentrèrent à Villers avec l'ennemi. Quelques détachements d'infanterie de marine défendirent les rues du village avec la valeur éprouvée de ce corps. Nous eûmes à subir, à ce moment, nos pertes les plus sérieuses. La compagnie du génie fut enveloppée, et c'est par miracle que ses deux capitaines et plus de la moitié des hommes parvinrent à s'échapper. D'ailleurs, l'ennemi avait été tellement intimidé par la lutte, et par les pertes énormes qu'il avait éprouvées, que notre retraite ne fut inquiétée ni sur Longueau ni sur Corbie.

Sur la droite, l'effectif très faible du corps d'armée n'avait permis d'affecter que peu de monde aux postes de Boves, Cagny et Longueau, qui devaient compter principalement sur la protection que pouvaient leur donner les ouvrages élevés par la garnison d'Amiens.

Le général Paulze d'Ivoy avait fait garnir ces ouvrages dans la matinée, et il envoya en avant du village de Dury une reconnaissance composée de quelques compagnies du 2e bataillon de chasseurs, du 43e de ligne et du 4e bataillon des mobiles de la Somme.

Ce détachement s'avança assez loin, mais, peu nombreux et dépourvu d'artillerie, il rétrograda à la rencontre d'un ennemi supérieur, pour reprendre position derrière les épaulements ébauchés, où se trouvaient neuf pièces de canon non encore approvisionnées.

Arrêter l'élan de l'ennemi eut été difficile de ce côté, sans l'arrivée d'une batterie de 12 rayée, servie par les marins de Brest et commandée par le lieutenant de vaisseau Meunier. Ces courageux artilleurs répondirent avec énergie au feu des Prussiens, non sans éprouver des pertes, dont la plus regrettable est celle de l'héroïque commandant Meunier, coupé en deux par un obus après avoir reçu trois blessures. Cette batterie allait être totalement démontée, lorsqu'elle reçut l'appui des compagnies de marins, commandées par les lieutenants de vaisseau Rolland et Bertrand, qui lui vinrent en aide avec des pièces de 4 empruntées à la garde nationale. Les pertes devant Amiens, s'élevant à 49 morts, 105 blessés et quelques prisonniers, ont été supportées presque en entier par les marins et par les troupes qui avaient pris part à la reconnaissance.

L'infériorité évidente de notre artillerie, et la retraite de nos troupes derrière les épaulements, permit aux Prussiens de s'établir dans le village à demi incendié de Dury, et dans celui de Saint-Fuscien, qu'ils dépassèrent, de sorte que la position de Boves se trouva tournée de bonne heure.

Les ruines du vieux château de Boves étaient gardées par deux compagnies, l'une du 33e, l'autre du 24e.

Le colonel Pittié, avec le 2e bataillon du 24e et le 4e bataillon des mobiles du Nord, devait reconnaître la rive droite de la vallée de l'Avre, tandis qu'un bataillon du 33e et une partie du 5e bataillon des mobiles du Nord devaient s'avancer vers Saint-Fuscien, que l'on croyait encore au pouvoir des nôtres.

Toutes ces troupes furent attaquées avec une grande vivacité. La résistance énergique des compagnies, retranchées dans les ruines de Boves, empêcha l'ennemi de s'avancer directement. Il en résulta un répit, pendant lequel les bataillons de la gauche, poursuivant leur marche offensive, prirent part à la prise de Gentelles. Mais bientôt les bataillons de la droite, 1er chasseurs, 33e de ligne et 5e bataillon de mobiles, tournés par les marais, pris de revers par les Prussiens, maîtres des villages de Saint-Fuscien et de Cagny, furent refoulés sur Longueau. Le colonel Derroja rallia les troupes et fit exécuter une charge à la baïonnette qui, vigoureusement dirigée par le commandant Zédé, du 33e, et par un capitaine du 5e bataillon de mobiles, arrêta la poursuite de l'ennemi.

L'heure avancée mit fin au combat, et le reste de la soirée fut employé à rallier les troupes à Longueau.

En quittant Villers-Bretonneux, je me portai sur Corbie, point capital dont la possession était indispensable pour assurer la retraite.

Comptant rejoindre le lendemain les généraux et officiers supérieurs réunis à Amiens, je préparai les moyens d'organiser la défense et pourvus autant que possible aux besoins les plus pressants. L'idée d'une retraite vers le Nord ne m'était pas venue, mais les avis que je reçus d'Amiens modifièrent mes résolutions.

La partie des troupes qui se replia de Villers-Bretonneux sur Amiens, sous la protection d'un bataillon du 91e, en réserve près du bois de Villers, s'arrêta à Longueau, où le colonel Derroja ralliait celles qui avaient combattu à Boves.

Vers 9 heures, le général Lecointe, le colonel Derroja, le colonel de Villenoisy, le commandant Charon délibérèrent et furent d'avis qu'en raison de l'impossibilité de remplacer les munitions et du danger pressant que faisait courir une attaque de l'ennemi en forces considérables, par Notre-Dame-de-Grâce, et même par la Somme, en aval, il fallait préparer la retraite.

Sans rien préjuger au sujet de la décision définitive qui pourrait être prise, on arrêta que les troupes seraient réunies sur les boulevards d'Amiens, après quelques heures de repos. Là, elles recevraient deux jours de vivres et ce que l'on possédait de cartouches; elles se trouveraient donc prêtes pour une retraite ou pour la défense de la place.

Le général Paulze d'Ivoy seul parla de résister dans les retranchements ébauchés autour de la ville, mais il demandait pour cela des pièces d'artillerie qui faisaient défaut ou que l'on ne pouvait utiliser puisque les munitions étaient à peu près épuisées.

Cette résolution me fut communiquée par le télégraphe à minuit. Après mûres réflexions, je dus reconnaître qu'elle était sage et je donnai, à 3 heures, l'ordre d'une retraite générale vers le Nord.

Le mouvement commença vers 5 h. 1/2, à Amiens comme à Corbie, en quatre colonnes : la première, sous les ordres du général Lecointe, se dirigea sur Doullens. La seconde, conduite par le général Paulze d'Ivoy, suivit la route de Pas. Je me dirigeai directement vers le Nord avec la troisième, tandis que la quatrième suivait la route qui longe le chemin de fer par Albert et Achiet.

Les troupes de ligne conservèrent l'ordre le plus complet ; mais une partie des gardes mobiles et, il faut l'avouer, quelques-uns de leurs officiers, se débandèrent pour retourner isolément chez eux.

A Amiens, une circonstance fâcheuse troubla l'ordre à la queue des deux premières colonnes. Des gardes nationaux déchargèrent leurs armes avant de les briser. Ces coups de feu occasionnèrent du désordre parmi les troupes qui recevaient une distribution de cartouches.

On crut à une attaque et l'escadron de gendarmerie, qui devait faire l'arrière-garde, partit au galop et coupa la colonne. Cet incident regrettable fut cause de la perte d'une ligne de caissons vides et d'une certaine quantité de cartouches.

Néanmoins, le colonel Crouzat, de l'armée auxiliaire, commandant l'artillerie de la garde nationale, réussit à emmener vers Abbeville et Montreuil la majeure partie des pièces appartenant à la ville ou au département.

La ville d'Amiens fut donc évacuée presque sans pertes. On laissait dans la citadelle une garnison d'environ 400 hommes qui y tint trois jours et fit essuyer de grandes pertes à l'ennemi. Elle aurait tenu bien plus longtemps si le brave officier qui y commandait n'avait été tué.

La retraite de nos troupes vers le Nord n'a pas été troublée, et elles ont été cantonnées autour d'Arras le 29 novembre.

Si la journée du 27, décorée par l'ennemi du nom de bataille d'Amiens, n'a pas été heureuse pour nous, elle n'a pas été sans gloire pour nos jeunes soldats. Leur solidité au feu a été telle que les Prussiens ont cru avoir à combattre de vieilles troupes, et ont été surpris de trouver, sur les corps de ceux qui ont succombé, des livrets faisant remonter leur entrée au service à quelques semaines seulement.

Les dispositions adoptées nous ont mis à l'abri de toute surprise et préservés de tout désastre. Le 22e corps n'a pas abandonné un seul canon de campagne aux mains de l'ennemi.

Nos pertes ont été malheureusement assez fortes pendant cette lutte de six heures. Nous comptons :

    266 tués, dont 12 officiers ;
    1117 blessés, dont 10 officiers ;
    Environ 600 disparus, dont 14 officiers.

Mais ce dernier nombre diminue chaque jour par la rentrée de mobiles éparpillés dans le pays.

J'ai l'honneur de joindre à mon rapport l'état des récompenses que je sollicite de votre bienveillance et la liste des militaires qui méritent une mention honorable. Mais je dois vous citer d'une manière spéciale, en sus des noms déjà mentionnés dans ce rapport, M. le général Paulze d'Ivoy, qui m'a secondé avec dévouement; M. le général Lecointe, dont le rare mérite et la froide vigueur doivent vous être particulièrement signalés. Le colonel du Bessol, commandant la 3e brigade, blessé à Villers-Bretonneux, où il avait parfaitement engagé le combat; le colonel Derroja, les lieutenants-colonels de Gislain et Pittié, mon chef d'état-major, le lieutenant-colonel de Villenoisy, à qui je dois un témoignage tout particulier, et enfin le commandant Charon, de l'artillerie, et le commandant Thouzellier, du génie. Les services administratifs ont été parfaitement conduits par les sous-intendants du 22e corps.

J'ose espérer que si les combats d'Amiens n'ont pas abouti à une victoire, ceux qui ont si vaillamment lutté sous mes ordres conserveront néanmoins toute votre bienveillance et recevront les récompenses bien méritées que je sollicite pour eux.

Farre.

Rapport du général Lecointe.

Lille, 1er décembre.

Mon Général,

J'ai l'honneur de vous rendre compte de la part prise au combat qui s'est livré le 27 novembre, sous Amiens, par les troupes placées sous mes ordres.

Ma ligne de bataille s'étendait des hauteurs qui dominent la route d'Amiens à Montdidier, à droite, au village de Cachy, à gauche.

Elle était défendue par les trois bataillons du 46e mobile, un bataillon du 24e, un bataillon du 43e, et, en réserve, par le 1er bataillon du 47e mobile et quelques compagnies du 20e chasseurs à pied.

Vers 11 heures, l'action s'engagea sur toute la ligne; les bataillons qui occupaient Cachy et Gentelles, vivement pressés, étaient obligés de reculer, lorsque votre présence et l'arrivée de quelques réserves les ranima, et tous se portèrent en avant en faisant reculer les Prussiens.

Cachy, Gentelles furent repris, dépassés, et toute cette ligne ne fit plus que prononcer un mouvement offensif, sans éprouver de résistance sérieuse ailleurs qu'au bois de Domart, qui fut énergiquement défendu et brillamment conquis par le 4e bataillon du Nord, commandant Patoux.

Je continuai à me porter en avant et je me préparais à attaquer Domart, petit village sur la Luce, aux premières maisons duquel j'étais arrivé, lorsque la nuit m'empêcha de mettre ce projet à exécution.

Ne recevant aucune nouvelle des corps placés à ma droite et à ma gauche, n'entendant aucun bruit qui put m'éclairer sur leur situation, sur Domart, d'ailleurs très éloigné d'Amiens, je crus prudent de me replier sur Longueau, où j'arrivai à 8 heures du soir, et où j'appris les résultats de la journée.

Après avoir pris les dispositions nécessaires pour repousser l'ennemi s'il se présentait, je fis rentrer la plupart des troupes dans leurs cantonnements.

Tous les corps qui ont combattu sous mes ordres pendant cette journée, ont montré beaucoup d'élan ; mais je dois signaler en première ligne le 4e bataillon de mobiles du Nord, qui a montré l'aplomb, le sang-froid et le courage d'un vieux régiment.

Veuillez agréer, mon Général, l'assurance de mon profond dévouement.

Le général,
LECOINTE.

Rapport du colonel du Bessol.

Mon Général,

J'ai l'honneur de vous rendre compte des opérations de ma brigade pendant les journées des 24, 25, 26 et 27 novembre.

Le 23 au soir, j'appris qu'une compagnie de francs-tireurs, dans une attaque contre les avant-postes Prussiens, près de Villers-aux-Érables, avait constaté la présence de forces assez considérables en infanterie, cavalerie, artillerie.

Je résolus de faire le lendemain une reconnaissance offensive afin d'empêcher l'ennemi de s'établir aussi près de mes positions.

Cette reconnaissance amena le combat de Mézières. Les bois situés en avant de Mézières et de Beaucourt furent enlevés après une très vive résistance et les Prussiens, quoique soutenus par l'artillerie, durent se replier dans le plus grand désordre. Nos pièces de 4 tinrent à distance, par quelques coups bien pointés, un peloton de uhlans qui s'apprêtait à charger nos tirailleurs au débouché du bois.

L'ennemi ne s'arrêta qu'à Bouchoir, sous la protection des réserves établies à Roye. On ramassa des armes et des munitions jetées à la hâte ; quelques prisonniers furent faits.

Cette journée appartient à peu près uniquement au bataillon d'infanterie de marine, qui fut appuyé dans son attaque par une ou deux compagnies de mobiles et une compagnie du 43e.

Le 25, toute la plaine fut battue par des uhlans. Les avant-postes en prirent ou en tuèrent 25 ou 30 dans toutes les directions. Les prisonniers s'accordaient à dire qu'ils faisaient partie d'un corps d'armée qui s'avançait sur Amiens, qu'ils étaient en nombre et qu'ils avaient été lancés pour reconnaître toutes nos positions.

Dans la nuit du 25, les avant-postes du 20ᵉ bataillon de chasseurs, établis à la tuilerie et dans le bois de Gentelles, échangèrent avec l'ennemi une violente fusillade.

Bientôt le combat devint extrêmement vif, et des renforts arrivant constamment aux Prussiens, les chasseurs se virent forcés d'abandonner le bois.

La fusillade continua toute la nuit ; mais dès 4 heures environ, le 20ᵉ bataillon de chasseurs avait repris la position, dont l'ennemi ne chercha plus à le déloger.

Le même soir, d'après vos ordres, je renforçai le village de Gentelles, où je réunis le bataillon de chasseurs.

Le bataillon du 43ᵉ fut placé à Cachy et je ne gardai à Villers que quatre compagnies du 48ᵉ régiment de mobiles.

Pendant la soirée et la nuit, les rapports des gens du pays laissaient voir que de graves événements se préparaient.

On vint m'annoncer que 12,000 hommes venant de Moreuil étaient arrivés à Domart avec une nombreuse artillerie ; je pus apercevoir les feux de leur camp, à 3 ou 4 kilomètres de nos grand'gardes.

J'écrivis alors à Amiens que le mouvement me paraissait sérieux, que j'allais probablement être attaqué de plusieurs côtés ; j'écrivis aussi à Corbie de m'envoyer les renforts dont on pouvait disposer.

La nuit fut calme, mais les courriers qui m'arrivaient signalaient l'ennemi dans toutes les directions, depuis Bray jusqu'à Moreuil et Ailly-sur-Noye. Au Nord du chemin de fer de Ham, une colonne bivouaquait, menaçant Bray, Sailly et Corbie ; une autre occupait Harbonnières, avec une avant-garde à Lamotte-en-Santerre, prête à se jeter sur nos derrières entre Corbie et Villers. On en signalait une troisième, assez forte, venue de Rosières et menaçant la voie. Au Sud du chemin de fer, des forces considérables s'étaient établies à Marcelcave.

Toutes ces colonnes menaçaient notre gauche. En face, nous avions les troupes signalées à Hangard, Domart ; d'autres troupes prussiennes suivaient la route d'Amiens.

Le 27 au matin, je reçus de Corbie le bataillon de chasseurs, commandant Giovanninelli, et un bataillon du 75ᵉ, sous les ordres du lieutenant-colonel de Gislain, ce qui, réuni à l'infanterie de marine, mit à ma disposition quatre bataillons d'infanterie, trois bataillons de gardes mobiles et 18 pièces d'artillerie.

Dès le jour, tout le monde était sous les armes dans Villers. Vers 10 heures, on vint m'annoncer l'arrivée des têtes de colonnes ennemies; une demi-heure après, la fusillade était engagée sur toute la ligne. J'avais disposé les troupes de la manière suivante :

Au Nord du chemin de fer, à l'Est de Villers-Bretonneux, un bataillon de gardes mobiles appuyés à droite par deux compagnies du 65e. Cette troupe devait faire face à la colonne qui venait d'Harbonnières par Lamotte.

Un peu plus près du chemin de fer, contre la route, se trouve un groupe de petites maisons et un moulin, que je fis occuper par les sapeurs du génie.

Un pont situé à 1200 mètres de Villers avait été confié à une compagnie de mobiles. Une compagnie de chasseurs y fut envoyée comme renfort; malheureusement, les mobiles qui y étaient de garde crurent que les chasseurs venaient les relever; ils abandonnèrent ce poste, bien qu'il fût protégé par un ouvrage qui l'eût rendu imprenable s'il avait été défendu par deux compagnies.

Le bataillon de chasseurs prit position entre l'épaulement et la route de Hangard, ses tirailleurs à 500 ou 600 mètres en avant, face à Marcelcave, reliant le pont à une batterie de 4 placée sur cette dernière route; le gros du bataillon, en arrière, abrité par de légères ondulations de terrain. La deuxième batterie de 4 se plaça sur la même route, en réserve. La batterie de 12 resta plus en arrière, au Nord du chemin de fer, de manière à pouvoir tirer sur les colonnes qui viendraient des deux côtés de la voie.

A droite de la route de Hangard, dans la direction de Cachy, étaient déployées deux compagnies du 65e et 75e, plus deux compagnies de mobiles. Ces troupes avaient pour soutien deux compagnies du 75e. Le gros des mobiles était en colonnes, à 100 mètres en avant de la sortie du pont de Villers.

Enfin, je fis réunir les postes intérieurs et le poste de la gare, ce qui formait deux compagnies environ d'infanterie de marine, lesquelles devaient me servir d'extrême réserve.

Les têtes de colonnes prussiennes se présentèrent à peu près en même temps dans toutes les directions et le feu des tirailleurs s'engagea sur un arc de cercle de 5 à 6 kilomètres; l'ennemi fit avancer un grand nombre de bouches à feu, auxquelles les nôtres répondirent avec un avantage marqué.

Jusqu'à 2 heures, on se battit sur place, sans perdre de terrain, sans avoir besoin de renforcer la ligne.

Vers 2 heures, les Prussiens firent un grand effort sur le pont du chemin de fer, situé à 1200 mètres à l'Est de Villers-Bretonneux. Après un feu de plusieurs batteries, ils firent attaquer l'épaulement par deux colonnes et parvinrent à s'en emparer. Ce mouvement produisit un grand désordre et les fuyards français arrivèrent jusqu'aux premières maisons de la ville.

Profitant de ce moment de désarroi, une colonne prussienne s'était jetée dans la voie ferrée, espérant arriver, sans être vue, jusqu'à la gare.

Des francs-tireurs, placés sur le pont de Villers, l'arrêtèrent, après lui avoir fait subir des pertes sensibles. Je réunis alors le bataillon de chasseurs, quelques compagnies d'infanterie de marine et de mobiles, pour former une colonne d'attaque, qui reprit le pont et l'épaulement à la baïonnette. Le bataillon de chasseurs, qui avait perdu son commandant, était un peu désorganisé. Une fois la position prise, il put se reformer et se maintenir. A la droite de la route de Hangard, tout se passait encore avec le plus grand ordre et les troupes de soutien n'étaient pas engagées. Le lieutenant-colonel de Gislain dirigeait cette partie de la défense avec une grande intelligence et une rare énergie.

A 3 heures, nouvel effort des Prussiens sur le pont et l'épaulement, qui nous sont encore une fois enlevés; nouveau commencement de désordre.

Après des efforts surhumains, faits pour arrêter nos fuyards, nouvelle colonne d'attaque française formée avec les débris des chasseurs à pied et des mobiles, appuyés par la compagnie d'infanterie de marine, laquelle formait ma dernière réserve.

Ces troupes, sous mon commandement immédiat, parviennent encore assez près du pont, pour que les Prussiens évacuent l'ouvrage; mais alors mon cheval est tué, je suis renversé et un peu meurtri. L'effort de mes hommes est brisé, ils s'arrêtent devant un feu terrible que les Prussiens dirigent sur eux, tout en battant en retraite. Nos soldats ne parviennent pas à couronner l'ouvrage, néanmoins ils le protègent, et empêchent l'ennemi de s'en servir. La situation est encore une fois sauvée.

Au moment où je revenais pour chercher un cheval qui me permît de continuer à diriger les mouvements, je reçus un coup de feu au côté droit; le projectile, arrêté par un corps dur (une pièce de vingt francs), me fit une blessure sans gravité, mais assez douloureuse pour qu'il me fût impossible de conserver le commandement. Je fis prévenir, par mon officier d'ordonnance, le colonel de Gislain, et je me dirigeai vers l'ambulance. Il était alors 3 h. 1/2.

Après un premier pansement, je me fis transporter en voiture sur le champ de bataille où je vous rencontrai. La position paraissait bonne, quoiqu'il y eût quelques traînards, ceux qu'on retrouve toujours derrière les armées, quand la discipline n'a pas eu le temps de s'affermir. Les troupes étaient en ordre et animées d'un excellent esprit; mais toutes les réserves avaient été engagées, l'artillerie n'avait plus de munitions, la batterie de 12 ne tirait plus depuis une heure; les hommes commençaient à manquer de cartouches; il était donc sage de profiter de ce temps d'arrêt dans la lutte, pour commencer, avec ordre, un mouvement de retraite.

Le général Farre voulut tenter un dernier effort, et, loin de se retirer, continua la lutte pendant plus d'une heure. En persistant à conserver Villers, il pouvait compromettre la retraite, perdre l'artillerie et les bagages, d'autant plus que l'aile droite de notre armée avait abandonné ses positions de Boves et de Longueau.

Mon Général, j'avais eu l'honneur de vous écrire, quelques jours auparavant, que la ligne d'Amiens à Villers-Bretonneux me paraissait défectueuse et très difficile à garder. Dans cette position, notre flanc gauche était en l'air, et pouvait être tourné par l'intervalle qui sépare Villers-Bretonneux de Corbie.

Les points de défense, en avant de Villers, sont excellents pour une armée nombreuse, mais les têtes des défilés sont trop éloignées pour qu'on puisse les garder sérieusement avec l'effectif dont je disposais.

En outre, nous avions à dos le canal et la Somme. La position de Villers-Bretonneux ne semblait donc être qu'une protection accordée à des intérêts commerciaux; nous aurions, au contraire, été inattaquables entre Amiens et Corbie, couverts par la Somme, dont on aurait fait sauter les ponts.

Tel est à peu près, mon Général, le sens de la lettre que j'ai eu l'honneur de vous adresser. Je terminais en disant qu'après avoir signalé le côté défectueux de cette ligne, je ferais tout ce qu'il était humainement possible pour la défendre.

Je crois avoir tenu ma parole, six bataillons dont trois de mobiles, armés de fusils à tabatière, ont tenu en rase campagne pendant sept heures, contre près de 15,000 Prussiens appuyés par une nombreuse artillerie. Ils n'ont pas perdu un pouce de terrain, ont fait reculer toutes les attaques, et n'ont commencé leur mouvement de retraite que quand l'ordre en a été donné, ordre rendu nécessaire par le manque de munitions.

L'infanterie de marine a soutenu sa vieille réputation; l'artillerie et le génie ont fait preuve d'une grande solidité; les troupes de la ligne et des chasseurs, composées de soldats de quinze jours, mais conduites par de vaillants officiers, ont été héroïques; les mobiles, peu solides parce qu'ils n'ont pas encore été rompus à la discipline, et qu'ils n'ont pas de chefs expérimentés, nous ont cependant énergiquement soutenus, entre autres deux compagnies du 48e de mobiles, qui se sont battues comme de vieilles troupes.

Les bataillons de Cachy et de Gentelles, qui font partie de ma brigade, mais qui se battaient ce jour-là en dehors de mon action directe, se sont aussi héroïquement conduits; ils n'ont quitté leur position que la nuit, pour se conformer au mouvement général.

Je me bornerai, pour aujourd'hui, à vous citer le lieutenant-colonel de Gislain, qui a eu plusieurs chevaux tués sous lui, et qui a déployé de brillantes qualités militaires; le commandant Giovanninelli, blessé trop tôt, dont la vigueur bien connue avait arrêté les Prussiens dans leur attaque sur le pont et l'épaulement, et qui aurait certainement maintenu sa position jusqu'à la fin; enfin M. de Courson, mon officier d'ordonnance, qui s'est multiplié, et n'a cessé de me rendre les meilleurs services, avec une intelligence et un sang-froid remarquables.

Pour moi, mon Général, il me tarde d'avoir pris les quelques jours de repos nécessaires, et de pouvoir recommencer la lutte.

Rapport du colonel Derroja.

Arras, 2 décembre.

La journée du 26 novembre, malgré la mort si regrettable du brave commandant Jan, du 1er bataillon de chasseurs à pied, a été marquée par un succès pour une partie de la 2e brigade de la 1re division.

Une colonne prussienne, partie de Moreuil, faisait une reconnaissance vers Fouencamps, occupé trop faiblement; ce village dut être évacué par la seule compagnie du 1er bataillon de chasseurs à pied, qui s'y trouvait en grand'garde. L'ennemi continua alors sa reconnaissance vers Boves, mais il ne tarda pas à être arrêté par les tirailleurs de deux compagnies de chasseurs à pied, et par deux compagnies du 1er bataillon du 24e de ligne, qui, sous la direction du commandant Talandier, s'étaient portées à sa rencontre. C'est à ce moment que le commandant Jan fut frappé mortellement.

Un mouvement offensif força l'ennemi à battre en retraite, et à laisser sur le lieu du combat 16 morts, 18 blessés, des armes et des effets de toute nature, sabres, sacs, casques, etc.

Le 27 au matin, les troupes composant la 2e brigade étaient établies de la manière suivante :

Le 1er bataillon de chasseurs à pied et le 1er bataillon de marche du 24e de ligne (commandant Talandier), occupaient le village de Boves. Une grand'garde, forte de 150 chasseurs, était établie sur la hauteur que couronnent les ruines du château de Boves, et en avant de laquelle se trouve le bois de Cottenchy. Le 2e bataillon du 24e de ligne (lieutenant-colonel Pittié), le 5e bataillon de mobiles, occupaient le village et la gare de Longueau.

Le bataillon du 33e (commandant Zédé) n'avait, le 27 au matin, que trois de ses compagnies; les deux autres étaient encore sur la route de Villers-Bretonneux.

Deux compagnies du 5e bataillon de mobiles furent données au commandant Zédé, pour les remplacer.

Le 4e bataillon de mobiles était venu de Rivery à Longueau.

Vers 10 heures, les reconnaissances, prescrites la veille, prirent les directions suivantes :

Le 2e bataillon du 24e (commandant Martin) et le 4e bataillon du Nord, sous les ordres du lieutenant-colonel Pittié, se dirigèrent sur la route de Roye, avec ordre d'appuyer les troupes placées à Boves.

Le commandant Zédé, qui devait opérer une reconnaissance sur Saint-Fuscien, Dury et Hébécourt, que l'on croyait encore occupés par nos troupes, devait aussi appuyer la position de Boves.

Ces reconnaissances ne tardèrent pas à rencontrer l'ennemi. La fusillade et la canonnade se firent d'abord entendre très fortement sur la gauche, du côté du village et du bois de Gentelles. Je me portai vers les deux bataillons que commandait le colonel Pittié, et je les rangeai en bataille, face au village et au bois de Gentelles, mon intention étant d'appuyer les troupes qui paraissaient fortement engagées à gauche.

Pendant ce temps, l'action, vers Boves, s'accentuait de plus en plus. Revenu vers ce point, je trouvai le bataillon du 24e en pleine retraite. Le bataillon de chasseurs à pied et le 33e de ligne, entièrement débordés par de fortes colonnes ennemies, descendues des hauteurs de Cagny, pris en flanc par une forte canonnade, étaient déjà refoulés sur Longueau; comprenant le danger qu'il y avait à laisser l'ennemi s'emparer du plateau qui domine la gare de Longueau, je fis tous mes efforts pour y rallier les fuyards, et j'y portai deux compagnies du 5e bataillon de mobiles qui se trouvaient à ma portée, à peu près reformés.

Déjà l'ennemi était arrivé à 100 mètres de la maison et du clos situé à l'embranchement des routes. Il était 4 heures du soir. Je fis exécuter une charge à la baïonnette qui, vigoureusement enlevée par le commandant Zédé, par un capitaine du 5e bataillon de mobiles, refoula l'ennemi, nous permit de conserver la position, et par suite, d'assurer la rentrée vers Amiens de toutes les troupes débandées, qui s'étaient battues à Villers-Bretonneux, Cagny, Gentelles et Boves.

J'employai le reste de la soirée à rassembler les troupes de la 2e brigade, et à réparer le désordre et la confusion.

Vers 7 heures, le colonel Pittié ralliait, avec ses deux bataillons, les troupes de la brigade; à 8 heures, j'allai prendre les ordres du général Lecointe, que je trouvai à l'embranchement des routes situées au-dessus de Longueau. Je reçus, du général commandant la 1re division, l'ordre de rentrer à Amiens dans la nuit.

Le lendemain matin, à 5 heures, toutes les troupes se dirigeaient sur Arras par Doullens.

Rapport du lieutenant-colonel Pittié.

Arras, 30 novembre.

Mon Colonel,

J'ai l'honneur de vous rendre compte de la part prise aux combats des 26 et 27 novembre par les différents bataillons du 68e régiment de marche.

Dès le 24, le 2e bataillon du 24e occupait Longueau, Saint-Acheul et La Neuville; le 1er bataillon du même corps occupait Boves et Fouencamps, avec le 1er bataillon de chasseurs; le bataillon du 33e était cantonné dans Camon, Glisy, Lamotte-Brébières.

Le 26, dans la matinée, l'ennemi a tenté une très vive attaque contre Boves.

Le chef du 1er bataillon de chasseurs s'est porté à sa rencontre, et l'a atteint à peu près à mi-chemin entre les deux positions; malgré toute son énergie, il fut obligé de battre en retraite, en disputant le terrain pied à pied.

Le bataillon du 24e avait pris position, pendant ce temps, sur la route de Roye à Amiens, protégeant tout à la fois la retraite des chasseurs, et couvrant les abords de Boves.

Dès le début, M. le commandant Jan fut atteint d'une balle dans le ventre. Cet excellent officier est mort des suites de sa blessure.

Le combat a duré un peu plus de quatre heures, de midi à 4 h. 1/2 environ; il s'est terminé par une charge à la baïonnette exécutée avec entrain par la compagnie de M. le capitaine Astré, du 24e de ligne.

J'ai reçu l'ordre, dans la soirée du même jour, de prendre part, le lendemain, à une reconnaissance offensive que devaient exécuter les différentes troupes du corps d'armée.

Le bataillon du 33e, sous les ordres de M. le commandant Zédé, avait pour mission de reconnaître les positions de l'ennemi en avant de Saint-Fuscien et de Dury; je devais me porter moi-même, avec le 2e bataillon du 24e, et le 4e bataillon des mobiles du Nord, sur la route de Roye.

Je me suis mis en route vers 10 heures.

A peine avais-je dépassé Boves, qu'une violente canonnade a éclaté dans la direction de Villers-Bretonneux. C'était de ce côté, évidemment, qu'il fallait aller, et j'ai pris, tout aussitôt, mes dispositions de combat. J'ai reçu ultérieurement, en effet, de la bouche même de M. le général

Farre, l'ordre d'appuyer toujours davantage dans la direction de Villers.

Couvert par une forte ligne de tirailleurs, je me dirigeai donc sur Gentelles, d'où le 20ᵉ bataillon de chasseurs avait été repoussé. Successivement pris et repris, ce village est finalement resté entre nos mains, et j'ai pu couronner les hauteurs qui dominent Cachy, en arrière de Villers-Bretonneux. J'ai déployé les trois premières compagnies du 24ᵉ, en appuyant leur droite à un ravin profond qu'il était fort important de garder, leur gauche à un ou plusieurs bataillons de mobiles. Les 4ᵉ et 5ᵉ compagnies du 24ᵉ avaient été placées en réserve en avant de Gentelles.

Le 4ᵉ bataillon du Nord, sous les ordres de M. le général Lecointe, avait pénétré dans Gentelles et pris la route de Domart.

L'ennemi a dirigé sur nous un très violent feu d'artillerie et de mousqueterie; il a tenté plusieurs fois de débusquer ma première ligne de tirailleurs, mais il a toujours échoué, car si cette première ligne a dû parfois se replier, la deuxième ligne n'a jamais été entamée, ni même sérieusement éprouvée.

A la nuit tombante, j'ai regagné Longueau en bon ordre.

Pendant ce temps, le 1ᵉʳ bataillon du 24ᵉ, et le 1ᵉʳ bataillon de chasseurs, étaient attaqués dans Boves avec plus de violence encore que la veille.

Les dispositions défensives prises par M. le commandant Talandier étaient les suivantes : 150 chasseurs avaient pris position dans le château de Boves; les quatre autres compagnies du même bataillon devaient défendre toute la portion de terrain située entre les marais et la route de Moreuil.

Quelques retranchements rapides ayant été construits sur le flanc gauche du village, ces retranchements devaient être protégés et couverts par trois compagnies du 24ᵉ; une quatrième compagnie était placée à 150 mètres plus en arrière, servant de soutien; la 5ᵉ compagnie, enfin, avait pour mission de défendre la gare.

Presque molle au début, et comme hésitante, l'attaque prit tout à coup des proportions très sérieuses.

Massés en avant et à droite des marais de Boves, les Prussiens s'efforçaient de tourner le château et de cerner les chasseurs. Vers 3 heures, ce mouvement tournant avait complètement réussi; l'ennemi couronnait le château et pénétrait dans le village. Vivement repoussés, les chasseurs durent abandonner le marais, entraînant dans leur mouvement de retraite une partie du 24ᵉ.

Malgré les efforts individuels, ce mouvement ne tarda pas de devenir général, et M. Talandier se vit dans l'obligation de se retirer dans la direction de Longueau.

L'artillerie ennemie, pendant toute la durée du combat, n'avait point cessé de tonner.

Pour compléter le récit des événements qui se sont accomplis pendant la journée du 27, il me reste à parler de l'action dirigée par M. Zédé, chef de bataillon commandant le 33° de ligne.

M. Zédé, ainsi qu'il a été dit plus haut, avait reçu l'ordre de diriger une reconnaissance sur Saint-Fuscien, Dury et Hébécourt. Arrivé à 1 kilomètre environ de cette dernière localité, M. Zédé crut avoir acquis la certitude que l'ennemi n'avait point paru de ce côté; tel fut du moins le renseignement qu'il recueillit de la bouche de plusieurs habitants interrogés à ce sujet. Renseignements absolument mensongers, ainsi qu'il a été prouvé plus tard.

Or, à ce même moment, le bruit de la canonnade de Boves redoublait d'intensité, et M. Zédé crut nécessaire de se porter de ce côté. Arrivé à proximité des ruines du château de Boves, il y prit rapidement quelques dispositions défensives, et fit ouvrir le feu contre une forte colonne ennemie, venue, elle aussi, de Saint-Fuscien, et précédée de 6 pièces de canon. Il était alors 1 h. 1/2.

J'ai déjà dit que le château de Boves était défendu par un groupe important de chasseurs à pied; M. Zédé y trouva en outre une compagnie de francs-tireurs.

Le château occupe une position dominante; il commande le village et en est pour ainsi dire la clef. M. Zédé, avec sa vive intuition des choses, le comprit bien vite.

Pendant ce temps, l'ennemi opérait le mouvement tournant dont il a été question. Voulant parer à ce danger, M. Zédé fit occuper le marais par l'une de ses compagnies, et ouvrit un feu très vif contre les tirailleurs prussiens.

Presque à la même heure, une batterie française venait s'établir à l'Ouest de Boves; mais cette diversion, si utile qu'elle put être, ne devait pas arrêter l'ennemi. Une colonne prussienne, sortie du bois de Boves, avait marché droit sur le château, que les francs-tireurs abandonnaient, suivis de près par les chasseurs.

On a vu que le 24° n'avait pu résister lui-même à ce mouvement en arrière. Une compagnie du 33°, surprise par suite d'une retraite aussi précipitée, perdit beaucoup de monde et fut rejetée sur le village.

M. Zédé s'efforça vainement de reprendre le château; il y subit de nouvelles pertes. Redoutant, non sans raison, d'être coupé, il envoya à sa batterie l'ordre de rétrograder sur Longueau, fit couvrir la retraite par la compagnie de son bataillon qui avait été placée dans le marais, et se replia lui-même, en prenant position sur la route de Cagny.

M. Zédé se loue hautement du courage dont ont fait preuve les militaires de différents grades placés sous ses ordres.

Avant de terminer, je dois rendre, moi-même, justice au zèle valeureux de la presque unanimité des officiers que j'ai eu à diriger pendant la journée du 27.

Rapport du commandant Zédé.

Arras, le 30 novembre.

Mon Colonel,

J'ai l'honneur de vous rendre compte que, parti de Longueau le 27 du courant pour aller, avec trois compagnies de mon bataillon et deux compagnies de la garde mobile, faire une reconnaissance vers Saint-Fuscien, Dury et Hébécourt, ainsi que vous m'en aviez donné l'ordre, je suis allé d'abord à Cagny. Là, j'ai interrogé le maire. Il m'a déclaré ne rien savoir de nouveau sur les points où je devais aller; il les savait toujours occupés par nos troupes. Dès ce moment, on entendait vers Boves une canonnade très vive. Je continuai ma route sur Saint-Fuscien, m'éclairant par une ligne de tirailleurs en avant et sur les côtés. Arrivé à environ un kilomètre de Saint-Fuscien, je rencontrai plusieurs individus qui semblaient en venir; je les interrogeai; tous me dirent que l'ennemi n'avait pas paru de ce côté-là. Ils me trompèrent, car, dès 10 heures du matin, l'ennemi, ainsi que je l'ai su depuis, était maître de Saint-Fuscien et de Dury. Croyant à la véracité de leur dire, entendant d'ailleurs le feu redoubler du côté opposé à celui où je marchais, je pris le parti de changer de direction et de marcher au canon, en me dirigeant sur Boves.

A peine avais-je pris cette nouvelle direction, que, sur mon flanc droit et derrière moi, je vis apparaître des cavaliers ennemis qui se bornèrent à m'observer.

J'avais pris pour point de direction les ruines du château de Boves; j'y arrivai sans encombre. Je plaçai aussitôt une compagnie sur un rang dans le chemin creux qui longe l'éperon sur lequel est situé le château. A peine placée, elle dut ouvrir le feu contre une forte colonne ennemie appuyée de 6 pièces de canon dont les obus me tuèrent plusieurs hommes. Cette colonne ennemie sortait de Saint-Fuscien; il était 1 h. 1/2.

Un groupe de chasseurs à pied et une compagnie franche du pays occupaient les ruines du château. Là était la clef de la position; je m'attachai à le faire comprendre aux chasseurs et aux francs-tireurs; tous me promirent le concours le plus énergique. Je les plaçai d'ailleurs moi-même, utilisant de mon mieux les admirables ressources défensives de cette position.

A ce moment, on m'annonce à la fois, et qu'on m'envoyait une batterie, et que l'ennemi était descendu dans un marais jointif à la route de Longueau. J'envoyai de suite au-devant de la batterie pour lui faire suspendre un peu son mouvement, car, pour passer, il fallait qu'elle longeât ce marais ; puis je partis avec une compagnie ; je lui fis occuper le marais, repousser les tirailleurs ennemis et lui donnai l'ordre de tenir bon, lui expliquant qu'elle couvrait la marche de la batterie qui nous arrivait, et à laquelle j'avais envoyé l'ordre de reprendre sa marche.

Ceci fait, je m'en fus choisir un emplacement pour la batterie. J'en trouvai un convenable sur un petit plateau, à l'Ouest de Boves, d'où elle pourrait tirer d'écharpe sur la colonne sortie de Saint-Fuscien et prendre en rouage la batterie qui tirait sur nous.

A ce moment, j'apprends que le château venait d'être enlevé par une colonne prussienne qui, sortie du bois de Boves, avait, sans tirer un seul coup de fusil, marché droit sur la position ; les francs-tireurs s'étaient enfuis sans tirer, entraînant dans leur déroute le détachement de chasseurs à pied ; ils n'avaient pas prévenu ma compagnie, que j'avais placée sur leur droite, laquelle, surprise, perdit beaucoup de monde et fut rejetée sur le village. Je tentai sans succès un effort désespéré pour reprendre le château. L'ennemi l'occupait déjà en grande force ; je fus repoussé avec grandes pertes.

Faute de pouvoir rentrer en possession de ce point, j'étais coupé en deux, car, derrière moi, était le marais. J'envoyai l'ordre à la batterie de rétrograder sur Longueau et à la compagnie qui était dans le marais de couvrir sa retraite ; puis, avec les deux compagnies du 33° et les deux de la mobile qui me restaient, j'essayai de prendre position en dehors du village, sur la route de Cagny ; là encore, je perdis bien du monde ; je me décidai alors à battre en retraite sur Longueau, où j'arrivai à 3 h. 1/2, laissant 4 officiers et 266 hommes que je ne puis porter que comme disparus, puisque, ayant perdu le champ de bataille, je ne sais ce qu'ils sont devenus, et n'ai pu régulièrement constater leur mort ou leurs blessures.

Je tiens, avant de terminer ce rapport, à signaler la brillante valeur d'une compagnie de gardes mobiles dont, à 3 heures du soir, à la Croix de Longueau, M. le colonel Derroja m'a donné le commandement. Cette compagnie a chargé à la baïonnette avec le plus noble entrain, une forte colonne prussienne. Elle est arrivée presque dessus, a fait une formidable décharge, s'est embusquée dans un fossé de la route et a obligé l'ennemi à la retraite.

J'ai l'honneur d'être avec respect, mon colonel, votre très obéissant serviteur.

ZÉDÉ.

Rapport du Commandant de l'artillerie du 22ᵉ corps d'armée.

Arras, 30 décembre.

Mon Général,

J'ai l'honneur de vous rendre compte de la part prise par les batteries sous mes ordres au combat qui s'est livré, en avant d'Amiens, dans la journée du 27 novembre 1870.

Position des batteries le 26 au soir :

La batterie de 4, capitaine Pigouche, à Villers-Bretonneux.
La batterie de 4, capitaine Grandmottet, à Villers-Bretonneux.
La batterie de 12, capitaine Chaton, à Corbie.
La batterie de 8, capitaine de Montebello, à Amiens.
La batterie de 4, capitaine Ravaut, à Amiens.
La 1ʳᵉ batterie mixte de 12, capitaine Giron, à Amiens.
La 2ᵉ batterie mixte de 12, capitaine Meunier, à Amiens.

Dans la soirée du 26 et la matinée du 27 les batteries exécutèrent les mouvements suivants :

Le 26 au soir, le colonel du Bessol, qui se sentait menacé, donna l'ordre à la batterie de 12, capitaine Chaton, de le rejoindre à Villers-Bretonneux.

La batterie de 8, capitaine de Montebello, reçut l'ordre, le 26 au soir, de se porter le 27 au matin d'Amiens sur Corbie ; elle devait se conformer aux prescriptions suivantes que je lui donnai : la batterie quitterait Amiens à 9 h. 1/2 du matin et prendrait la route de Longueau. Arrivée au point dit cabaret du petit Blangy, elle devait s'arrêter avant de s'engager sur la route de Corbie et se porter soit sur Saint-Nicolas et Boves, soit sur Villers-Bretonneux, selon qu'elle entendrait une forte fusillade vers le Sud, soit le canon dans la direction de Villers.

J'arrivai de ma personne à 10 h. 1/4 à Villers ; je fus informé qu'une colonne ennemie, forte de 3,000 hommes et suivie d'une nombreuse artillerie, était partie d'Harbonnières, se dirigeant sur Villers par Marcelcave. En même temps, je recevais avis qu'une autre troupe, munie d'artillerie, se dirigeait par Bayonvillers et Lamotte, ayant également pour objectif Villers-Bretonneux. Ces deux colonnes semblaient devoir opérer leur jonction entre Marcelcave et Lamotte, et se porter ensemble en avant pour enlever Villers.

J'envoyai immédiatement M. le sous-lieutenant Herment, un de mes officiers d'ordonnance, au-devant de M. de Montebello, pour lui porter l'ordre de me rejoindre. J'étais alors en mesure d'opposer bientôt 24 pièces de canon aux forces ennemies et d'empêcher l'efficacité de l'attaque simultanée des deux colonnes prussiennes parties d'Harbonnières et de Bayonvillers.

La batterie du capitaine de Montebello fut remplacée au centre de nos positions par la batterie de 4 (capitaine Ravaut) et par la 1re batterie mixte de marine (capitaine Giron).

Ces deux batteries, parties d'Amiens : la première à 11 h. 1/2 du matin, la seconde vers 1 heure, arrivèrent successivement sur le champ de bataille.

Enfin, à notre droite, se trouvait la batterie de 12 de marine (capitaine Meunier), qui, dans ses positions devant Dury, fut rejointe par deux canons de 4 appartenant à la garde nationale mobilisée et commandés par M. Bertrand, lieutenant de vaisseau.

La batterie Meunier arriva à midi et demi sur le champ de bataille; elle suivait la route d'Amiens à Dury et vint prendre position en avant de ce village, à 600 mètres environ du cimetière. Elle ouvrit son feu contre deux pièces prussiennes de petit calibre placées à droite du cimetière et contre une batterie de huit pièces de gros calibre, placée à gauche du cimetière. Bien placée et en partie abritée par le terrain, elle éteignit rapidement le feu des pièces de droite et lutta, malgré de grandes pertes, contre les pièces de gauche, qui furent contraintes à se reporter en arrière et finirent par cesser leur feu à la dernière distance de 1800 mètres.

Les pièces de 4 de la garde nationale mobilisée, du lieutenant de vaisseau Bertrand, prirent part toute la journée à cette canonnade.

Les pertes furent sensibles.

M. le capitaine Meunier, blessé trois fois, fut frappé mortellement à 3 h. 1/2 par un éclat d'obus; M. Bertrand fut frappé à la cuisse droite; M. Lenotte, adjudant, faisant fonction d'officier et commandant la section du centre, eut la tête emportée; 30 sous-officiers ou hommes et 20 chevaux furent tués ou blessés.

La batterie Ravaut s'engagea sur la route d'Amiens à Roye; elle fut arrêtée par l'infanterie prussienne et par des batteries ennemies qui la prenaient d'écharpe; elle était alors à deux kilomètres environ du bois de Gentelles. N'ayant aucune troupe de soutien, elle se replia et vint prendre position en avant de Longueau.

Suivant les ordres que j'avais donnés, les batteries, celles de 4 surtout, en raison de leur plus grande mobilité, devaient changer souvent de position, de manière à dérouter l'ennemi et l'empêcher de régler son tir. C'est en effet ce qui eut lieu, et le capitaine Ravaut put ainsi, pendant une partie de la journée, contre-balancer, sans toutefois réussir à l'éteindre, le feu des batteries ennemies, très supérieures en nombre, établies sur les hauteurs situées en avant de la forêt de Boves et à gauche du village de ce nom.

Ce n'est que quand la 1ʳᵉ batterie mixte de marine arriva sur le terrain que le feu de notre artillerie devint efficace.

Le capitaine Giron, qui commandait cette batterie, s'établit à gauche du capitaine Ravaut et, vers les 4 heures, les efforts de ces deux batteries avaient éteint le feu de l'ennemi. Dans le cours de la journée, elles furent à plusieurs reprises chargées par la cavalerie prussienne, laquelle fut repoussée par les troupes de soutien.

En raison de leurs changements fréquents de position et de l'espacement considérable de leurs pièces, ces deux batteries eurent peu à souffrir du feu de l'ennemi. La batterie de marine eut deux affûts brisés par le tir de ses propres pièces et quelques chevaux tués ou blessés; la batterie Ravaut eut quelques hommes blessés et une douzaine de chevaux tués ou blessés.

Les batteries engagées à Villers eurent plus à souffrir; de ce côté, en effet, l'ennemi était en forces et fit de grands efforts pour enlever le village.

En arrivant à Villers-Bretonneux, je trouvai les batteries Pigouche, Grandmottet et Chaton en train d'atteler et réunies sur la place du village. Après m'être concerté avec M. le colonel du Bessol, je montai immédiatement à cheval et j'emmenai les trois batteries en avant du village; je portai la batterie de 12 (capitaine Chaton) entre la route de Péronne et la voie ferrée, de manière à s'opposer à l'artillerie ennemie, qui pourrait se déployer en avant de Lamotte-en-Santerre; elle avait également pour mission de surveiller les mouvements de l'ennemi, s'il tentait de nous tourner par notre gauche.

Je portai les deux batteries de 4 (Pigouche et Grandmottet) sur la route de Demuin, de manière à les opposer aux batteries ennemies du côté de Marcelcave, du bois de Cachy et du village de Cachy.

Les trois batteries reçurent l'ordre de se masquer derrière les plis du terrain et de ne se mettre en batterie que lorsque l'ennemi aurait lui-même indiqué l'emplacement des siennes.

A midi, l'action était engagée sur tous les points autour de Villers.

En avant de Marcelcave, une batterie de douze pièces ouvrit son feu et fut contre-battue par la batterie Pigouche, bien placée sur la route même de Demuin, à 600 mètres environ de Villers, et abritée par le talus de la route. Elle avait là une position très forte et déjoua toutes les tentatives de l'ennemi, qui essaya de la prendre d'écharpe en établissant une batterie de six pièces dans le bois qui borde à gauche la route de Villers à Demuin, et d'enfilade par trois pièces de canon qui furent établies sur la route même de Demuin.

L'arrivée de la batterie du capitaine de Montebello, qui fut portée tout entière à gauche du village, me permit de prendre trois pièces de 12 au capitaine Chaton, de les ramener sur le côté droit de la voie ferrée et de les établir en batterie, de manière à contre-battre la batterie du bois. Les deux pièces de droite du capitaine Pigouche firent un changement de front à droite et éteignirent le feu des trois pièces situées sur la route, qui enfilaient la batterie.

Il y eut donc, une bonne partie de la journée, un combat heureux d'artillerie entre six pièces de 4 et trois de 12 contre environ vingt pièces de canon.

Il convient d'ajouter que la batterie de 4 eut des coups d'obus à balles extrêmement heureux, contre des bataillons d'infanterie ennemie, dont la marche en avant fut arrêtée court.

La batterie du capitaine Grandmottet se déploya en arrière, à droite de la batterie Pigouche, et de manière à ne pas être prise d'écharpe par la batterie ennemie de Marcelcave; elle occupait une position dominante; placée un peu en arrière de la crête, elle était abritée des feux directs par le terrain lui-même, tout en découvrant bien l'espace compris entre le bois de Hangard, le bois de Cachy, et le village même de Cachy; elle avait devant elle un champ de tir de 3 kilomètres 1/2 de profondeur et de plus de 2 kilomètres de largeur.

L'artillerie prussienne était moins nombreuse que de l'autre côté de la route de Demuin. Une batterie de six à huit pièces protégeait les efforts d'une infanterie qui tenta plusieurs fois d'enlever la batterie par sa droite et de pénétrer vers Villers, entre les bois d'Aquenne et de Hangard.

C'est en allant avertir M. le capitaine Grandmottet de surveiller attentivement les mouvements de cette infanterie ennemie, dissimulée dans les bois, que le capitaine Durand, mon officier d'ordonnance, fut grièvement blessé.

L'ennemi ne réussit pas dans ses tentatives, et le capitaine Grandmottet maintint sa position toute la journée.

D'après mes instructions, cette batterie changea plusieurs fois d'emplacement dans la journée, alors que le tir de l'ennemi devenait trop dangereux; elle eut un canon mis hors de service; l'affût lui-même fut brisé; ses pertes furent très nombreuses; 30 hommes au moins tués ou blessés, 16 chevaux tués, 8 blessés.

La batterie du capitaine Pigouche eut 20 hommes tués ou blessés, 15 chevaux tués, 7 blessés.

C'est au milieu de cette batterie que mon cheval eut la jambe cassée par un éclat d'obus.

La batterie du capitaine Chaton, placée entre la route et le chemin de fer, eut pour mission spéciale de surveiller les mouvements de l'ennemi, qui tenta plusieurs fois de nous tourner par notre gauche; elle devait également contre-battre l'artillerie prussienne établie en avant de Lamotte. Elle fut aidée dans cette mission par la batterie de 8 du capitaine de Montebello.

Leur feu, bien conduit, fit beaucoup de mal à l'ennemi, qui renonça à son mouvement tournant et concentra ses forces dans son attaque de front en avant de Marcelcave.

C'est alors que je pus distraire trois pièces du capitaine Chaton, les faire passer de la gauche à la droite de la voie ferrée, et leur donner comme objectif celui qu'avait déjà le capitaine Pigouche.

Les pertes de ces deux batteries furent relativement faibles; le capitaine Chaton eut 7 hommes tués ou blessés, une douzaine de chevaux tués ou blessés.

Ce développement d'artillerie sur notre gauche maintint les forces de l'ennemi toute la journée. Vers 4 h. 1/2 du soir, n'ayant plus que quelques coups, et voulant les réserver pour une défense plus rapprochée du village, me trouvant d'ailleurs trop en l'air avec les deux batteries Pigouche et Grandmottet seules, à 500 mètres en avant de l'infanterie qui n'avait plus de munitions, je fis remettre les avant-trains et reporter mes batteries plus près du village.

C'est alors que l'ordre d'évacuer Villers-Bretonneux fut donné.

Les batteries Pigouche et de Montebello furent dirigées sur Corbie, celles des capitaines Chaton et Grandmottet sur Amiens. Celles de la marine et du capitaine Ravaut avaient regagné Amiens en quittant le champ de bataille.

Le chef d'escadron,
commandant l'artillerie du 22e corps d'armée.

CHARON.

ÉTAT des officiers, hommes et chevaux tués, blessés ou disparus dans les journées des 24 et 27 novembre.

(Annexé au rapport du commandant Charon).

	OFFICIERS			HOMMES			CHEVAUX		
	Tués.	Blessés.	Disparus.	Tués.	Blessés.	Disparus.	Tués.	Blessés.	Disparus.
État-major............	»	1(1)	»	»	»	»	»	1	»
Batteries Grandmottet....	»	»	»	5	23	10	16	8	6
— Ravaut.........	»	»	»	»	2	»	6	5	»
— Chaton.........	»	»	»	1	6	10	3	5	16
— Gaigneau.......	2	2	»	9	18	8	12	14	»
— Giron..........	»	»	»	»	3	»	»	5	»
— de Montebello...	»	»	»	»	9	4	9	10	3
— Pigouche.......	»	1(2)	»	5	14	6	15	7	»
Totaux.....	2	4	»	20	75	38	61	55	25

(1) Capitaine Durand, blessé très grièvement.
(2) Lieutenant Laviolette, mort depuis des suites de sa blessure.

d) Situation et emplacements.

ÉTAT des tués, blessés et disparus à la bataille de Villers-Bretonneux, le 27 novembre (22ᵉ corps et garnison d'Amiens).

NUMÉROS DES RÉGIMENTS.	TUÉS.	BLESSÉS.	DISPARUS.
2ᵉ bataillon de chasseurs (commandant Giovanninelli).....................	37	163	250
65ᵉ régiment de ligne...............	7	31	40
75ᵉ régiment de ligne...............	5	63	82
91ᵉ régiment de ligne...............	1	12	53
1ᵉʳ bataillon de chasseurs...........	43	86	248
24ᵉ régiment de ligne...............	2	26	192
33ᵉ régiment de ligne...............	14	66	186
20ᵉ bataillon de chasseurs...........	25	67	130
43ᵉ régiment de ligne (Cachy).......	12	80	91
Artillerie........................	20	75	38
Génie............................	1	5	66
Dragons.........................	»	»	7
Train des équipages...............	»	»	2
Infanterie de marine...............	25	97	286
46ᵉ régiment de garde mobile du Nord.	6	24	140
47ᵉ régiment de garde mobile du Nord.	9	31	44
48ᵉ régiment de garde mobile du Nord.	13	179	176
1ʳᵉ compagnie des francs-tireurs de l'Aisne.............................	»	4	3
Tirailleurs volontaires du Nord.......	»	3	1
10ᵉ bataillon du Nord...............	4	12	19
3ᵉ bataillon de la Marne............	3	11	»
4ᵉ bataillon de la Somme............	»	3	»
1ᵉʳ bataillon du 2ᵉ chasseurs à pied (commandant Boschis)............	23	26	127
43ᵉ de ligne (Amiens)...............	4	12	17
Marins (capitaines Rolland et Bertrand).	3	21	»
Garde nationale mobilisée...........	1	»	»
TOTAUX.......	258	1,097	2,168

Pertes de la Ire armée allemande à la bataille de Villers-Bretonneux.

CORPS.	OFFICIERS			HOMMES			CHEVAUX		
	TUÉS.	BLESSÉS.	DISPARUS.	TUÉS.	BLESSÉS.	DISPARUS.	TUÉS.	BLESSÉS.	DISPARUS.
1er corps d'armée........	9	36	1	131	640	19	48	55	»
VIIIe corps d'armée......	10	20	»	80	334	2	78	67	1
3e division de cavalerie...	»	»	»	»	10	»	2	7	»
Total.......	19	56	1	211	984	21	128	129	1

. Total général : 76 officiers;
1216 sous-officiers et soldats;
258 chevaux.

DÉTAIL DES PERTES.

	OFFICIERS			HOMMES		
	TUÉS.	BLESSÉS.	DISPARUS.	TUÉS.	BLESSÉS.	DISPARUS.
1er CORPS.						
Régiment n° 1............	2	4	»	9	46	»
— n° 4............	2	13	1	36	210	18
— n° 44............	5	13	»	72	293	1
1re abtheilung montée......	»	1	»	1	30	»
2e abtheilung montée et artillerie à cheval............	»	4	»	8	35	»
3e abtheilung montée........	»	1	»	2	23	»
1er dragons.................	»	»	»	»	»	»
10e dragons.................	»	»	»	3	1	»
VIIIe CORPS.						
Régiment n° 33............	»	1	»	9	50	»
— n° 65............	1	1	»	1	15	»
— n° 28............	»	10	»	20	61	»
— n° 68............	3	1	»	17	54	»
— n° 69............	»	»	»	4	14	»
— n° 70............	2	2	»	9	61	»
— n° 40............	»	1	»	4	19	2
— d'artillerie n° 8...	3	3	»	11	48	»
Bataillon de pionniers......	»	»	»	»	2	»
7e hussards.................	»	»	»	»	»	»
9e hussards.................	1	1	»	5	8	»
Détachement sanitaire......	»	»	»	»	2	»

	OFFICIERS			HOMMES		
	TUÉS.	BLESSÉS.	DISPARUS.	TUÉS.	BLESSÉS.	DISPARUS.
3ᵉ DIVISION DE CAVALERIE.						
8ᵉ cuirassiers............	»	»	»	»	10	»
1ʳᵉ batterie à cheval du VIIᵉ corps................	»	»	»	»	1	»

CHAPITRE VI.

JOURNÉE DU 29 NOVEMBRE.

b) Organisation.

CORPS D'ARMÉE DU NORD.

Indication des moyens de transport attribués aux officiers, fonctionnaires et corps de troupe.

	Voitures à 4 roues.	Voitures à 2 roues.
Général commandant en chef..............	1	1
Chef d'état-major général......	1	»
Officiers d'état-major	»	1
État-major de l'artillerie..................	»	1
État-major du génie.......................	»	1
Intendant.................................	1	»
Service de santé du quartier général........	»	1
Officiers d'administration	»	1
Artillerie de réserve......................	1	»
Génie.....................................	»	1
Escadrons de gendarmerie.................	1	»
Escadrons de cavalerie....................	1	»
Prévôté...................................	»	1
Commandant d'une division et son état-major.	1	»
Sous-intendant de division	»	1
Officiers de santé d'une ambulance..........	»	1
Officiers d'administration d'une division......	»	1
Général de brigade........................	»	1
Bataillon d'infanterie......................	»	2
Régiment d'infanterie à 3 bataillons........	»	7

Le général chef d'état-major,
FARRE.

c) Opérations.

Capitaine d'état-major à Bodin, Capitaine d'artillerie, à Miraumont.

Lille, 29 novembre.

Par ordre du général Farre, tous les détachements rentrent dans leurs garnisons respectives. Le général était hier soir à Achiet ; il rentrera sans doute à Lille aujourd'hui.

JOURNÉE DU 30 NOVEMBRE.

c) Opérations.

Capitulation de la citadelle d'Amiens.

Art. 1er. — La citadelle d'Amiens, avec le matériel de guerre, et les approvisionnements, sera rendue au général de Goeben.

Art. 2. — Tous les officiers, sous-officiers et soldats, composant la garnison de la citadelle, seront prisonniers de guerre.

Art. 3. — Les gardiens, les employés de la manutention, seront libres, et resteront en possession de ce qui leur appartient en toute propriété, à l'exception de leurs armes.

Art. 4. — Le médecin de l'ambulance, et les infirmiers, seront libres, en vertu des décisions de la Convention de Genève.

Art. 5. — Le général de Goeben, considérant la situation pénible dans laquelle s'est trouvée la garnison de la citadelle, composée en grande partie de gardes nationaux mobiles du pays, et obligée de diriger son feu sur les habitations :

Considérant qu'après trois sommations faites, la garnison a essuyé le feu de l'ennemi pendant toute une journée, et n'a arboré le drapeau parlementaire que dans un but d'humanité pour les habitants d'Amiens :

Accorde aux officiers, pour leur donner un témoignage honorable, de garder leurs armes, chevaux et tout ce qui leur appartient personnellement.

Le général commandant le VIIIe corps d'armée allemand,
DE GOEBEN.

Ordre du général de Manteuffel pour l'occupation d'Amiens.

Pendant que l'armée se porte sur Rouen, le général de Goeben devra :
1° La couvrir ;
2° Occuper la position d'Amiens, et s'y maintenir contre les attaques de l'ennemi ;
3° Couvrir le chemin de fer d'Amiens à La Fère ;
4° Maintenir l'ennemi dans l'incertitude de ses mouvements, et du chiffre de ses forces.

Les mesures à prendre concordent entre elles. Une garnison permanente doit être, il est vrai, affectée à la ville d'Amiens ; mais sa sécurité sera assurée surtout par l'envoi de détachements à de grandes distances. Je recommande donc au général de Goeben d'éviter de laisser ses troupes immobiles, et de ne les concentrer que dans le cas où les opérations de l'ennemi le rendraient nécessaire.

L'ennemi battu à Amiens s'est replié en toute hâte et en désordre ; il lui faudra nécessairement quelques temps avant d'être capable de nouvelles entreprises sérieuses. L'armée va profiter de ce délai pour ses opérations contre Rouen ; mais de son côté, le général de Goeben doit, par tous les moyens possibles, entraver un nouveau rassemblement de l'ennemi derrière la Somme. Il fera donc détruire les chemins de fer et les lignes télégraphiques, qui vont d'Amiens à Arras, et de La Fère à Cambrai, à une distance d'au moins deux jours de marche, c'est-à-dire au delà d'Albert, et de Saint-Quentin ; ces deux derniers points, et les localités importantes, doivent de temps en temps, et momentanément, être occupés par des colonnes mobiles. Le chemin de fer d'Abbeville doit être également coupé. Péronne doit être surveillé ; on me fera même savoir s'il est possible de s'emparer de cette place, et par quels moyens.

Le général de Chargère, à Arras, au général Farre, à Lille (D. T.).

Arras, 30 novembre, 7 h. 43 soir (n° 561).

Suivant toute probabilité, Arras sera investi dans 48 heures ; je vous prie de modifier vos ordres de mouvements, afin de laisser dans la place assez de troupes régulières, infanterie et artillerie, pour pouvoir faire une défense convenable. Je vous prie de me laisser le bataillon de marins qui occupe la citadelle, et au moins trois bataillons d'infanterie. Des cartouches ! Des cartouches ! Réponse d'urgence, s'il vou plaît. Je fais détruire une partie du chemin de fer à Achiet, et à Boisleux.

Commandant de la place au général Farre, à Lille (D. T.).
Péronne, 30 novembre, 12 h. 50 soir.

L'officier supérieur prussien, qui commande à Ham, vient de me demander, par parlementaire, la reddition de la place. Je lui fais répondre que non seulement je ne veux pas la lui rendre, mais qu'il n'y entrera pas.

d) **Situations et emplacements.**

Dislocation du 22e corps d'armée et de la garnison d'Amiens.

Artillerie.

Les batteries Pigouche et Montebello, à Douai, le 30 novembre. Les autres à Douai et Lille, le 2 décembre.

2e compagnie *bis* du 2e génie à Lille, le 2 décembre.

Cavalerie.

Un escadron à Béthune, et un à Lille le 1er décembre.

Infanterie.

1re *brigade*. — 2e bataillon du 2e chasseurs à pied, à Douai, à Brebières et à Corbehem, le 1er décembre (ce bataillon ne comptait plus que 200 hommes armés et équipés) ; 1er bataillon du 65e à Valenciennes, le 30, par voie ferrée ; 1er bataillon du 75e à Lille, le 30, par voie ferrée; 1er bataillon du 91e à Lille, le 30, par voie ferrée ; 1er, 2e et 3e bataillons du Nord, à Valenciennes, le 1er décembre, par voie ferrée.

2e *brigade*. — 1er bataillon de chasseurs à pied, à Saint-Omer, le 4 décembre, par voie ferrée ; 1er bataillon du 24e, à Cambrai, le 2 décembre ; 2e bataillon du 24e, à Cambrai, par voie ferrée ; 1er bataillon du 33e, à Arras ; 4e bataillon du Nord, à Lille, le 2 décembre, par voie ferrée ; 5e bataillon du Nord, à Lille, le 3 décembre (ce bataillon comprenait 400 hommes, dont 250 sans sacs); 6e bataillon du Nord, à Lille, le 2 décembre.

3e *brigade*. — 20e bataillon de chasseurs, le 1er décembre, à Boulogne, par voie ferrée; 1er bataillon du 43e, à Béthune, le 2 décembre ;

infanterie de marine, à Arras; les 7ᵉ et 9ᵉ bataillons du Nord furent licenciés par le lieutenant-colonel à Arras, puis rassemblés à Lille, et dirigés sur Saint-Omer, le 1ᵉʳ décembre. Le 8ᵉ bataillon du Nord fut dirigé d'Arras sur Saint-Omer, le 1ᵉʳ décembre; bataillon du 17ᵉ chasseurs à pied, le 30 septembre, à Douai; 2ᵉ bataillon du 75ᵉ, à Cambrai, le 29 novembre; 5ᵉ bataillon du Pas-de-Calais, à Cambrai le 29 novembre.

Garnison d'Amiens.

1ᵉʳ bataillon du 2ᵉ chasseurs à pied, à Douai, le 3 décembre; compagnies de reconnaissance, à Lens, le 30 novembre; 2ᵉ bataillon du 43ᵉ, et dépôt, à Béthune, le 1ᵉʳ décembre. Le dépôt laissait 150 hommes et 1 officier à Péronne; bataillon de volontaires de la Somme et compagnie du génie de la garde nationale, à Arras; 2ᵉ et 3ᵉ bataillons du Gard, à Lens, le 3 décembre; 3ᵉ bataillon de la Marne, 4ᵉ bataillon de la Somme, cantonnés au Nord d'Arras.

JOURNÉE DU 1ᵉʳ DÉCEMBRE.

b) **Organisation et administration.**

Le colonel Crouzat au général Farre, à Lille (D. T.).

Montreuil, 1ᵉʳ décembre, 10 h. 40 matin (n° 5448).

Je suis arrivé à Montreuil avec tout le matériel que j'ai pu sauver d'Amiens; je traîne avec moi des hommes, des chevaux, et des officiers, mais rien n'est organisé. Je crois qu'il serait urgent de m'envoyer dans un poste qui me permette d'organiser mon artillerie, Saint-Omer ou Douai par exemple.

Le colonel Briant, directeur de l'artillerie, au général Farre, chef d'état-major de l'armée du Nord (D. T.).

Douai, 1ᵉʳ décembre.

En réponse aux deux télégrammes, que je viens de recevoir, j'ai l'honneur de vous rendre compte que la situation précise des approvisionnements ne pourra être connue que samedi soir. Je vous donnerai, dès ce soir, la situation présumée des cartouches 1866; je dis présumée, car des expéditions sur Amiens, ordonnées, n'ont pas eu lieu ; d'autres, faites, ne sont pas arrivées, ou ont dépassé la ville d'Amiens ; je suis incomplètement renseigné. Je pourrai compléter en munitions, et en très peu de temps, les approvisionnements des batteries. Il me faut cependant connaître les besoins aussitôt que possible, et je vous demande de me les faire connaître.

Les forges de Marquise ont déjà fourni 2,000 obus de 12, qui vont entrer dans les approvisionnements, grâce aux fusées que nous fabriquons chaque jour. Elles en fournissent de 1000 à 1500 par semaine ; la progression ira croissant.

Situation présumée des cartouches 1866 :

Douai, 140,000 à 150,000, fabriquées depuis samedi.
Cambrai, 115,000.
Valenciennes, 40,000.
Saint-Omer, 20,000.
Arras, 180,000 au moins, et 92,000 arrivées ensuite.

Les autres places n'ont rien, ou presque rien. J'ignore la situation de Lille, où je suppose qu'il y a 200,000 cartouches.

En résumé nous n'avons pas 800,000 cartouches libres, et il faudra recompléter les régiments !

Quant aux cartouches de 1863, la situation est bonne, malgré l'envoi à Avesnes de 230,000 cartouches de ce modèle. Il en est de même du modèle 1867, la situation n'a pas varié. Lille seule, en a perdu 200,000.

En résumé, nous recompléterons les batteries très promptement ; de nouvelles seront réorganisées ; j'ai une batterie de 12 prête (matériel). Il ne nous manque que des cartouches 1866.

Nous avons eu déjà recours aux batteries mobiles des places. Cette ressource nous fera défaut, mais nous pouvons encore avoir deux nouvelles batteries de 4, et une de 12.

c) Opérations.

Le général Farre au général de Chargère, à Arras, au commandant d'artillerie Charon, à Arras, aux capitaines du génie Allard et Mangin, à Arras, et au commandant de gendarmerie de Courchant, à Arras.

Lille, 1er décembre, 11 h. 55 (n° 5648).

Les batteries d'artillerie, les deux compagnies du génie avec leur parc, toutes voitures prêtes chargées d'outils, leur magasin d'habillement, etc., devront partir demain pour Douai, à 5 heures, voyageant ensemble, et se gardant bien. Elles seront accompagnées par deux escadrons de gendarmerie, on laissera à Arras un détachement de 40 sapeurs sous le commandement du capitaine Grimaud.

La gendarmerie et le génie, avec son parc, se rendront ensuite de Douai à Lille. La gendarmerie se cantonnera à Carvin, éclairant le pays, et à la disposition du général Paulze d'Ivoy.

Le Commandant de l'artillerie du 22e corps d'armée au général Farre, à Lille (D. T.).

Arras, 1er décembre, 7 h. 13 soir. Expédiée à 7 h. 48 (n° 8114).

Je vous apporterai mon rapport, et tous mes états de propositions, après-demain. Je pars d'Arras pour Douai, avec mes cinq batteries, demain, 2 décembre. Vous m'avez envoyé l'ordre de réunir en hâte mon artillerie à Douai. Le général Treuille me télégraphie qu'elle ne peut pas s'y installer au quartier Marchiennes. Je ne pense pas que cela soit exact ; télégraphiez au général Treuille, de mettre toute l'artillerie à Marchiennes ; cela est possible ; je ne puis ravitailler mes batteries qu'à Douai.

Le général Séatelli, commandant supérieur de Cambrai, au Général de division, à Lille.

Cambrai, 1er décembre.

Hier, vers 2 heures, j'ai appris que les Prussiens avaient coupé la voie ferrée près d'Iwuy, à environ 8 ou 9 kilomètres de la place. Une heure après, j'envoyais sur les lieux 300 hommes, et des ouvriers d'administration, pour rétablir la voie si c'était possible. Quelques heures après, le dégât était à peu près réparé sans que nous ayons été inquiétés, et un convoi, emportant tout le matériel de la gare, a pu partir dans la direction de Lille.

En attendant que les communications par les voies ferrées soient reprises, j'ai fait établir un service de piétons, qui porteront nos dépêches jusqu'à Somain, et nous rapporteront celles de Lille.

Hier, deux colonnes, que j'ai fait sortir de la place, ont rencontré des cavaliers ennemis à Noyelles et n'ont pu les atteindre. A la sortie du village, le bataillon de mobilisés de l'Aisne a été assailli par un feu très vif, venant du petit bois situé à droite de la route, et qui se trouvait bien garni d'infanterie prussienne. Les mobilisés ont vivement riposté et se sont repliés lentement en bon ordre. Quelques hommes, en petit nombre, ont lâché pied. Je me fais rendre compte de leur conduite par le chef de bataillon.

Ce matin, rien de nouveau. Tous mes éclaireurs ne sont pas encore rentrés. On me dit que, dans le courant de la nuit, l'ennemi a essayé de faire sauter le pont de Masnières, mais qu'il n'a pas complètement réussi. Le pont est encore praticable.

Renseignements.

1er décembre, 11 heures.

Il reste à La Fère environ 2,000 hommes avec de l'artillerie; plusieurs trains de troupes sont arrivés à La Fère, venant de Laon et Reims; 6 canons et 600 hommes se dirigent, dit-on, sur Péronne.

J'espère que vous avez eu connaissance des renseignements que j'ai fournis cette nuit au préfet (3,000 à 4,000 hommes vers Poix, rien sur la rive droite de la Somme hier, sauf quelques reconnaissances de cavalerie). On disait la citadelle d'Amiens rendue, et le commandant tué.

Georges BOURDON.

JOURNÉE DU 2 DÉCEMBRE.

b) Organisation et administration.

Le Ministre de la guerre au général Faidherbe, à Lille (D. T.).

Tours, 2 décembre.

Pour vous faciliter l'organisation de votre corps d'armée, je vous donne pleins pouvoirs pour requérir chevaux, harnais, armes, munitions, effets d'équipement et de campement, etc....., dans les cinq départements suivants : Nord, Pas-de-Calais, Somme, Aisne, Ardennes. Vous pourrez, dans ces cinq départements, prendre les hommes qui se trouvent dans les dépôts de l'armée, de la garde nationale mobile, et les incorporer parmi vos troupes; vous pourrez enfin, d'accord avec l'autorité civile, prendre sous votre commandement tous les mobilisés qui seraient en état de faire campagne.

Le Ministre de la guerre au Général de division, à Lille.

Tours, 2 décembre.

Général, par arrêté du 25 novembre dernier, vous avez prononcé la formation en un régiment des 5ᵉ, 6ᵒ, 7ᵉ bataillons de la garde nationale mobile du Pas-de-Calais, et vous m'avez fait connaître que M. le général commandant le 22ᵉ corps d'armée avait nommé au commandement de ce régiment M. Fovel, capitaine au 33ᵉ régiment d'infanterie de ligne.

J'ai l'honneur de vous informer que j'approuve la formation de ce nouveau régiment, qui devra porter le nᵒ 91, ainsi que la nomination de M. Fovel au grade de lieutenant-colonel.

Le Général, chef d'état-major général du 22ᵉ corps, commandant par intérim, au Ministre de la guerre, à Tours.

Lille, 2 décembre.

J'ai l'honneur de vous informer que j'ai nommé, à la date du 27 novembre, M. Sterlin (Louis-Irénée), curé de Plainville, aumônier attaché au 22ᵉ corps. Je vous prie de vouloir bien ratifier cette nomination, afin que la position de M. Sterlin soit complètement régularisée. Cet ecclésiastique s'est distingué à Amiens par son ardeur patriotique, qui en fait presque un soldat.

Le général Treuille de Beaulieu au général Farre, à Lille (D. T.).

Douai, 2 décembre, 6 h. 10 soir. Expédiée à 6 h. 25 soir (nᵒ 5553).

Le directeur de Douai va livrer des cartouches 1866 au bataillon de marins qui est prêt à partir ; je dois vous informer que la place de Douai ne possédant plus de cartouches de ce modèle, il sera nécessaire de s'adresser aux places de Lille ou d'Arras pour l'approvisionnement ultérieur du corps d'armée.

Le commandant Boschis, commandant le 2ᵉ bataillon de chasseurs, au général Farre, chef d'état-major, à Lille (D. T.).

Douai, 2 décembre, 1 h. 10 (nᵒ 5539).

Le bataillon, cantonné à Brebières et annexes, a bien besoin de se ravitailler en effets de toute nature ; l'armement est en mauvais état.

Le commandant demande sa rentrée à Douai pour peu de jours; il demande aussi de faire cesser cette similitude regrettable avec un autre 2ᵉ bataillon, commandant Giovanninelli.

Le général Farre au commandant Charon, à Arras (D. T.).

Lille, 2 décembre, 11 h. 45 (n° 5647).

Venez à Lille sans délai, dès que vous aurez installé votre artillerie à Douai, et après avoir pris des dispositions pour la réorganisation la plus rapide.

Le Ministre de la guerre au Général commandant le 22ᵉ corps d'armée, à Lille (D. T.).

Tours, 2 décembre, 11 h. 47 matin. Expédiée à 1 h. 15 soir.

Faites connaître au général Mazel, à Mézières, qu'il est replacé dans la section de réserve. Donnez l'ordre au colonel Blondeau, directeur des fortifications, de prendre le commandement supérieur de la place de Mézières; rendez-moi compte de l'exécution de cet ordre.

c) Opérations.

Le général de Chargère au général Farre, à Lille (D. T.).

Arras, 2 décembre, 4 h. 30 matin. Expédiée à 4 h. 40 matin (n° 5126).

Le commandant de Courchant est à Doullens avec ses deux escadrons; je lui télégraphie immédiatement de revenir pour escorter le génie et l'artillerie.

Dois-je les faire partir sans lui? ou dois-je l'attendre?

En haut de la page : « Partir sans l'attendre. »

Le même au même (D. T.).

Arras, 2 décembre, 7 h. 17 matin. Expédiée à 7 h. 40 matin (n° 5130).

J'envoie des reconnaissances dans les directions d'Albert et de Doullens. Je crains que les bataillons qui se rendent à Cambrai, et les chasseurs à pied qui prennent la même direction, n'aient leur flanc droit menacé; ils sont partis, mais ils connaissent la présence de l'ennemi à Albert et se garderont le mieux possible.

Le général Mazel au général Farre, chef d'état-major, à Lille (D. T.).

Mézières, 2 décembre, 6 h. 5 soir. Expédiée à 6 h. 20 soir (n° 5582).

En exécution de votre dépêche de ce jour, je mets à la disposition du colonel Martin un bataillon de 800 hommes du 3ᵉ de ligne, 500 hommes du bataillon de la garde mobile de Rocroi, un bataillon de 600 hommes du 40ᵉ de ligne de Givet.

Je donnerai les ordres de mouvement dès que le colonel m'aura fait connaître le jour où il voudra que ces troupes soient rendues soit à Hirson, soit à Vervins.

Après les envois d'artillerie et de chevaux, faits sur Douai, il ne reste plus rien à expédier d'ici.

Le général de Chargère au général Farre, à Lille (D. T.).

Arras, 2 décembre, 3 h. 20 soir. Expédiée à 3 h. 35 soir (n° 5148).

Le capitaine Fichet, commandant une compagnie d'éclaireurs de garde mobile, qui observe les environs de Bapaume, me télégraphie de la station d'Achiet : une colonne prussienne de 1000 hommes est sur la voie, elle semble vouloir la suivre, elle détruit rails et poteaux télégraphiques à Grandcourt, au Sud de Miraumont.

Ce capitaine me dit qu'il se replie en suivant la voie et se fait suivre du détachement gardant la gare d'Achiet.

Il stationnera à 3 ou 4 kilomètres pour avoir d'autres nouvelles et me les communiquer.

Les reconnaissances parties ce matin ne sont pas encore rentrées.

Le général Paulze d'Ivoy au général Farre.

Lens, 2 décembre.

Je reçois votre exprès à Lens, où je suis forcé de coucher, ayant été prévenu trop tard, ce matin, pour que je puisse mettre en mouvement, de bonne heure, les bataillons cantonnés autour d'Arras. Je vais donner des ordres pour que l'on s'occupe de réorganiser ces troupes ; demain, je compte aller à Lille pour m'entendre avec vous sur la formation de la brigade qui doit m'être confiée, et savoir quelle mission elle est appelée à remplir.

Le général Treuille de Beaulieu au Général commandant le 22ᵉ corps, à Lille (D. T.).

Douai, 2 décembre, 5 h. 34. Expédiée à 5 h. 40 soir (nº 5651).

Le commandant du 3ᵉ bataillon de marins à Douai demande s'il doit partir avec ses trois compagnies.

En bas de la dépêche : « Oui, les deux autres rejoindront à Cambrai, celle d'Arras, seule, ne rejoindra pas. »

Le général de Chargère au général Farre, à Lille (D. T.).

Arras, 2 décembre, 5 h. 38 soir. Expédiée à 5 h. 55 soir (nº 5157).

Reconnaissances faites dans la journée au Sud d'Arras :
Première reconnaissance, le lieutenant-colonel Fovel, 600 hommes : la route d'Arras à Péronne est libre, Ervillers et Bapaume n'ont pas vu de Prussiens. Les habitants, partis ce matin des environs de Péronne, n'ont rien vu ; on rapporte qu'un parlementaire prussien est venu sommer la ville de se rendre. Albert est occupé par l'ennemi.

Deuxième reconnaissance, commandant Zédé, 600 hommes, route de Bucquoy : rien vu, rien observé d'Arras à Ayette ; appris par un voyageur sérieux que les Prussiens ont encore 10,000 hommes dans Amiens ; ils ont fait un gros détachement sur Rouen.

Les reconnaissances des deux compagnies d'infanterie de marine, route de Doullens et route de Pas, ne sont pas encore rentrées.

Le colonel Martin, commandant supérieur, au général Farre, à Lille (D. T.).

Avesnes, 2 décembre, 9 h. 15. Expédiée à 10 h. 10 (nº 5985).

D'après votre dépêche de ce jour, 3 heures, j'avais pensé utiliser les pièces de montagne que j'ai à Avesnes avec les artilleurs de la mobile de Maubeuge. Landrecies a aussi 150 artilleurs.

Je donne l'ordre à deux compagnies de mobiles de Landrecies, fortes de 370 hommes, de partir, demain, 3 décembre, pour aller coucher le même jour à Guise et le lendemain à Vervins. Au bataillon mobile d'Anor, cinq compagnies de marche, fort de 750 hommes, de partir le 4 décembre pour arriver à Vervins le même jour ; deux compagnies de mobiles d'Avesnes, 300 hommes, partiront le 4 décembre et arriveront à Vervins ledit jour. Le général Mazel met à ma disposition 800 hommes de ligne, 500 hommes du bataillon de la garde mobile de Rocroi et un bataillon de 600 hommes du 40ᵉ de ligne. Toutes ces troupes réunies formeront un effectif de 3,444 hommes, indépendamment de la compagnie des zouaves éclaireurs ; ces troupes seront sous le commandement de M. le chef de bataillon Padovani ; je rends compte de ce mouvement au général Mazel, afin qu'il puisse mettre les siennes en route pour Vervins.

Le Chef d'escadron de gendarmerie au général commandant le 22ᵉ corps.

Arras, 2 décembre.

J'ai l'honneur de vous rendre compte que mes escadrons, partis hier d'Arras, à 7 heures du matin, ont opéré des reconnaissances sur toute la ligne d'Arras à Doullens, et de Doullens à Saint-Pol.

Les Prussiens sont venus en petit nombre à Beauval ; une colonne assez forte s'est dirigée sur Abbeville ; une autre colonne, évaluée à 1500 hommes, dont 800 de cavalerie, est passée à Marieux, se dirigeant sur Albert ou sur Arras.

A Doullens, où j'étais moi-même installé, la garde nationale avait été désarmée, les fusils emportés.

J'ai quitté Doullens ce matin, rappelé ici par un ordre du général commandant la subdivision.

Nos chevaux, habitués à des soins constants, souffrent beaucoup de la température et des longues routes qu'ils viennent de faire.

d) **Situation et emplacements.**

Le Commandant du 43ᵉ au général Farre, chef d'état-major général, à Lille (D. T.).

Béthune, 2 décembre, 9 h. 40. Expédiée à 9 h. 50 (n° 5368).

Nous sommes séparés de notre dépôt, qui est à Péronne. Nous manquons de chaussures, de pantalons, de fusils, de havresacs. A la rigueur, nous pouvons marcher quand même. Prière de compléter les cadres en officiers. Envoyez 35,000 cartouches.

Le lieutenant-colonel Crouzat, commandant l'artillerie de la Somme, au général Farre, chef d'état-major général, à Lille (D. T.).

Montreuil, 2 décembre.

J'ai l'honneur de vous envoyer les renseignements que vous me demandiez par votre dépêche d'hier :

1 canon de 12 rayé de siège, 120 coups;
1 canon de 8 lisse, 118 coups;
1 obusier de 16, pas de projectiles;
4 canons de 4 rayés et 5 caissons, 715 coups;
3 canons anglais Witworth, 98 coups.

Mon effectif présent en hommes est de 117; 29 hommes, dont 1 officier, ont disparu pendant la retraite.

4 hommes ont été blessés à Dury et sont restés chez eux, à Amiens. Mon effectif en chevaux est de 125.

Mon harnachement est dans un état déplorable; on travaille, depuis deux jours, aux réparations indispensables.

Le colonel Martin, commandant supérieur, au général Espivent de la Villesboisnet, à Lille (D. T.).

Avesnes, 2 décembre, 10 h. 20. Expédiée à 11 h. 25 (n° 5954).

Cinq compagnies des francs-tireurs des Ardennes arrivent aujourd'hui à Avesnes. Prière de donner d'urgence leur destination; j'attends votre réponse pour les faire partir.

Le Sous-Préfet au Préfet, à Lille (D. T.).

Cambrai, 2 décembre, 1 h. 40. Expédiée à 2 h. 10 soir (n° 5240).

Deux bataillons du 24° de ligne arrivent; nous manquons littéralement de place; j'envoie à Lille le bataillon du Cateau; ne puis-je en envoyer un autre non équipé? Il y a urgence, sous tous les rapports, à ne pas laisser les mobilisés ici.

Au bas de la dépêche. — Il faut qu'au contraire les troupes arrivent à Cambrai. L'ordre en a été donné dans ce sens à la place.

Renseignements.

Le Préfet de la Somme au Ministre de l'intérieur, à Tours, aux Préfets du Nord et du Pas-de-Calais et au général Faidherbe, à Lille (D. T.).

Abbeville, 2 décembre, 11 h. 9 soir. Expédiée à 12 h. 20 matin (n° 562).

Longpré-les-Corps-Saints et Hangest-sur-Somme évacués; l'ennemi se retirant dans la direction d'Amiens; chemin de fer rétabli d'Abbeville à Pont-Rémy. L'ennemi aurait aussi, dit-on, fait sauter les ponts de Picquigny.

Le Préfet à M. Testelin, commissaire de la défense nationale, à Lille (D. T.).

Arras, 2 décembre, 9 h. 10. Expédiée à 9 h. 30 (n° 5163).

Renseignements certains : 2,500 Prussiens à Albert; 1900 hommes d'infanterie, 600 de cavalerie, deux pièces de canon. Dans la matinée, 600 hommes, envoyés à Miraumont, ont fait sauter le pont du chemin de fer. Ils annoncent à Albert qu'ils doivent partir demain pour Amiens; ne restent à Amiens que 1500 hommes et quatre pièces de canon.

M. de Menouville, commissaire de surveillance administrative, au général Farre, chef d'état-major général (D. T.).

Saint-Quentin, 2 décembre, 8 h. 38 soir (n° 5724).

La garnison prussienne de Ham, moins quelques hommes pour garder la place, est partie ce matin, se dirigeant sur Nesle; on signale le passage de Prussiens à Noyon, se dirigeant sur Nesle par Ham. 1200 Français sont arrivés à Péronne.

JOURNÉE DU 3 DÉCEMBRE.

c) Opérations.

Le général Séatelli au Général en chef, à Lille (D. T.).

Cambrai, 3 décembre, 1 h. 48 soir. Expédiée à 2 h. 10 soir (n° 5261).

Les troupes de la 1re division seront cantonnées dans les localités suivantes :

Faubourg de Paris, 800 hommes; Proville, 900; Noyelles, 900; Rumilly, 2,500; Masnières, 2,500 et 200 chevaux; Crèvecœur, probablement, en cas de nécessité, 200 hommes et 200 chevaux; Marcoing, 2,400 hommes.

Le colonel Martin, commandant supérieur, au général Farre, chef d'état-major général, à Lille (D. T.)

Avesnes, 3 décembre, 3 h. 50. Expédiée à 4 h. 40 (n° 512).

Le général Mazel m'informe qu'il a désigné M. le lieutenant-colonel du génie de la Sauzaye, énergique et tout à fait capable de bien remplir sa mission, pour commander la colonne en formation à Vervins. Le lieutenant-colonel arrivera directement à Vervins, où je lui enverrai les instructions que vous m'avez données par votre dépêche d'hier après-midi.

J'envoie la compagnie des zouaves éclaireurs du Nord à Vervins, à la disposition du commandant de la colonne; ils seront très utiles pour éclairer sa marche. J'ai donné l'ordre au détachement de marins, en marche pour Guise, de rejoindre son bataillon à Cambrai, suivant votre dépêche de ce jour.

Le Commandant de place au général Farre, à Lille (D. T.).

Péronne, 3 décembre, 5 h. 50 soir. Expédiée à 11 h. 45 (n° 5672).

Je reçois la nouvelle qu'une reconnaissance ennemie de 40 cavaliers, a été rencontrée ce matin à quatre kilomètres de la place, à Cléry, route d'Albert, par une reconnaissance de mobiles partie de Péronne; un cavalier blessé a été fait prisonnier; un cheval a été tué et un autre blessé. De notre côté, pas de blessés; quelques ennemis seulement vont et viennent de Ham à Nesle; vers Amiens, ils font des réquisitions; rien de menaçant de ce côté; 2,000 ennemis sont cantonnés à Albert depuis ce matin.

Renseignements.

Le général de Chargère au général Farre, à Lille (D. T.).

Arras, 3 décembre, 8 h. 35 soir. Expédiée à 8 h. 45 soir (n° 5203).

Le sous-préfet de Doullens me télégraphie à 7 heures, ce soir, que 60 Prussiens sont venus aujourd'hui à Doullens; ils y sont restés une heure et sont repartis; ils se sont enquis des francs-tireurs et des troupes régulières; les environs sont parcourus, en tous sens, par des petites bandes ennemies.

Copie d'une dépêche d'Achiet.

Achiet, 3 décembre, 1 h. 45 soir.

Un correspondant d'Albert, parti de cette ville à 9 heures ce matin, me déclare que les Prussiens sont tous partis ce matin à 7 heures, se dirigeant sur Amiens. Albert est complètement évacué. Des voyageurs, partis d'Amiens hier dans l'après-midi, me disent qu'il y reste une forte garnison prussienne.

M. Lardière, préfet de la Somme, au Ministre de l'intérieur, à Tours, au général Faidherbre, à Lille, à M. Testelin, commissaire de la défense, à Lille, et aux Préfets de la Seine-Inférieure et du Pas-de-Calais (D. T.).

Abbeville, 3 décembre, 2 h. 50 soir (n° 5378).

L'armée de Manteuffel a évacué le pays, moins 5,000 hommes restés à Amiens et quelques troupes disséminées dans différentes localités; 15,000 hommes sont signalés à Montdidier.

TABLE DES MATIÈRES

DES

DOCUMENTS ANNEXES

	Pages.
CHAPITRES I ET II............................	1

CHAPITRE III.

Journée du 20 novembre.........................	42
Journée du 21 novembre.........................	43
Journée du 22 novembre.........................	45
Journée du 23 novembre.........................	46
Journée du 24 novembre.........................	47
Journée du 25 novembre.........................	48
Journée du 26 novembre.........................	49

CHAPITRES IV ET V.

Journée du 27 novembre.........................	51

CHAPITRE VI.

Journée du 29 novembre.........................	85
Journée du 30 novembre.........................	86
Journée du 1er décembre	89
Journée du 2 décembre..........................	92
Journée du 3 décembre..........................	99

Paris. — Imprimerie R. CHAPELOT et Cⁱᵉ, 2, rue Christine.

13 mai 90

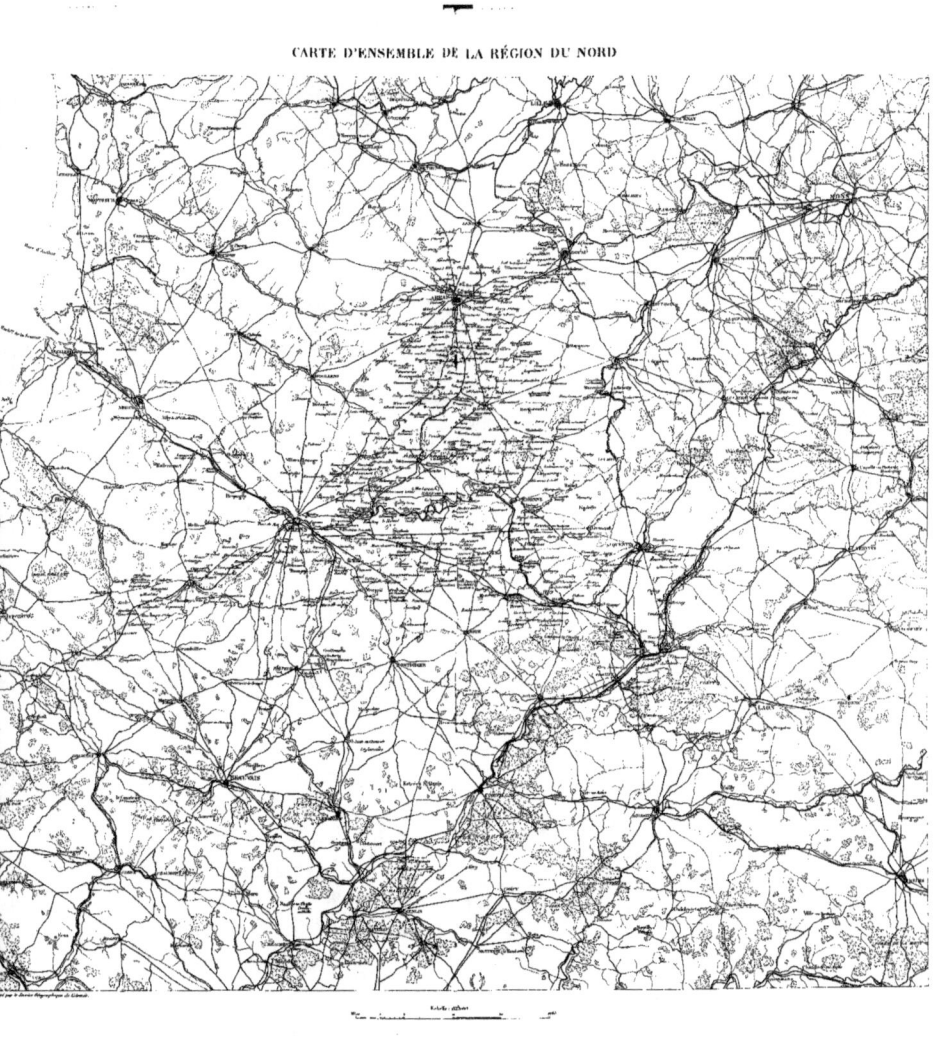
CARTE D'ENSEMBLE DE LA RÉGION DU NORD

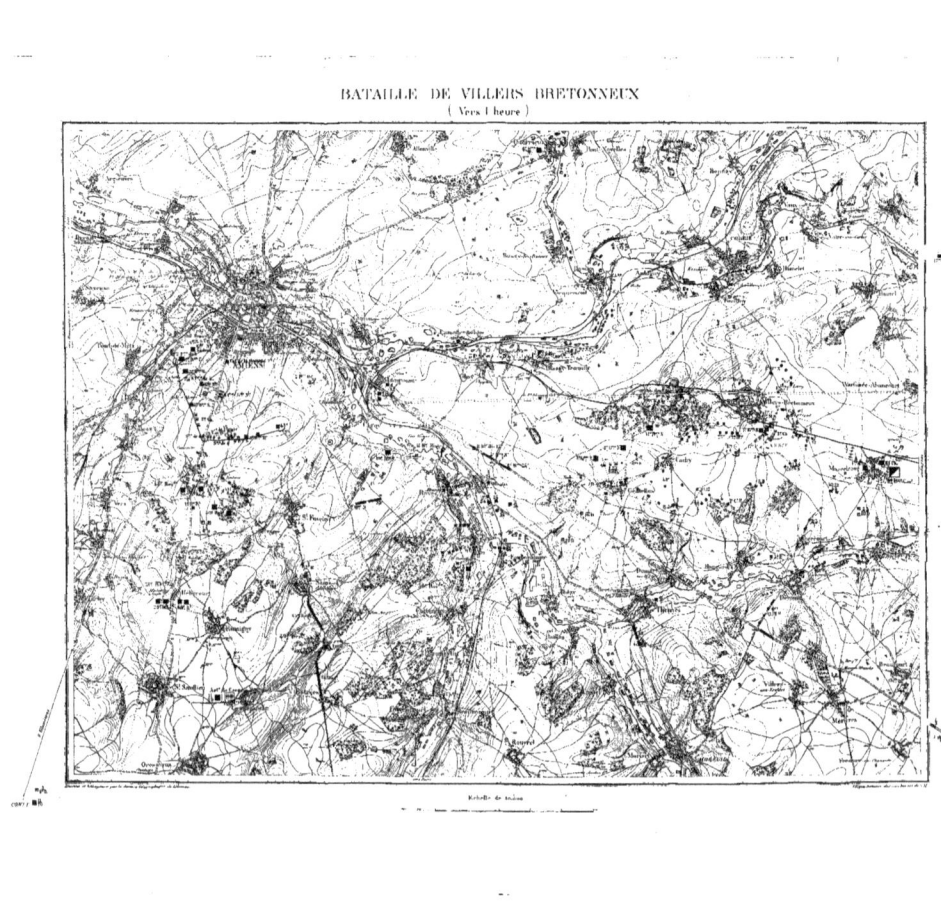

EMPLACEMENT DES TROUPES LE 26 NOVEMBRE AU SOIR

ENVIRONS DE LA FÈRE

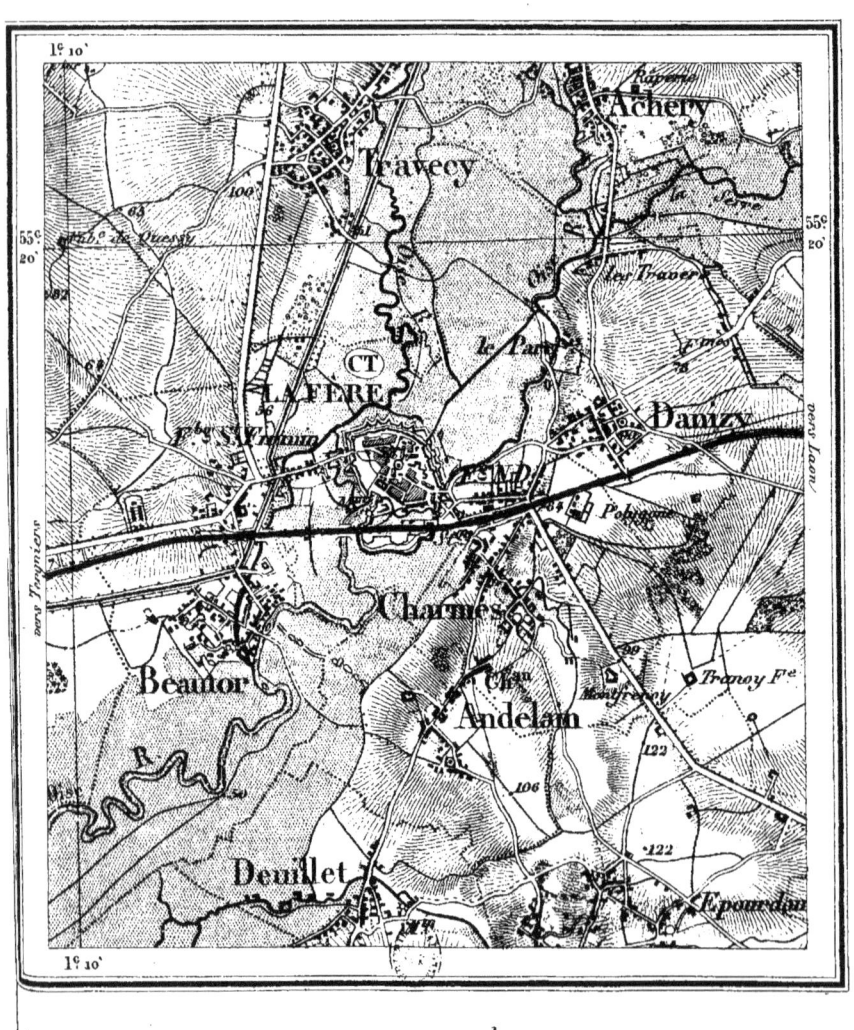

Echelle de $\frac{1}{50000}$

A LA MÊME LIBRAIRIE

Général **Bonnal.** — *L'Esprit de la guerre moderne :*

    De Rosbach à Ulm. — Paris, 1903, 1 vol. in-8 avec 11 cartes en couleurs et des croquis............................ 7 fr. 50

    Sadowa. — Étude de stratégie et de tactique générale. Paris, 1901, 1 vol. in-8 avec 25 cartes et croquis en couleurs............ 6 fr.

    Frœschwiller. — Récit commenté des événements militaires du 15 juillet au 12 août 1870. 1 fort vol. in-8 avec *atlas* de 38 cartes... 12 fr.

Général **Kessler.** — **Tactique des trois armes.** 2e édition. Paris, 1903, 1 vol. in-8................................... 3 fr.

Campagne de 1870-1871. — **Opérations de la 1re armée, sous le commandement du général von Manteuffel,** depuis la capitulation de Metz jusqu'à la prise de Péronne, d'après les documents officiels du quartier général de la 1re armée; par le comte Hermann de **Wartensleben,** colonel d'état-major. Traduit de l'allemand par G. Niox, capitaine d'état-major. Paris, 1873, 1 vol. in-8 avec une carte............................ 6 fr.

Causes des Succès et des Revers dans la guerre de 1870. — Essai de critique de la guerre franco-allemande jusqu'à la bataille de Sedan : par le général **de Woyde,** de l'armée russe. Traduit par le capitaine Thiry, du 79e d'infanterie. 2 vol. in-8 et *atlas*.................. 16 fr.

Éléments de la guerre. — 1re Partie : *Marches, Stationnement, Sûreté*; par le colonel **L. Maillard.** Paris, 1891, 1 fort vol. gr. in-8 avec figures dans le texte et un *atlas* comprenant 28 grandes planches......... 12 fr.

Colonel **Ardant du Picq.** — **Études sur le Combat :** Combat antique et combat moderne. *Nouvelle édition.* Préface de **M. E. Judet.** Paris, 1903, 1 vol. in-12 avec portrait............................ 3 fr. 50

Thèmes tactiques gradués. — Application des règlements sur le service en campagne et sur les manœuvres à un détachement de toutes armes ; par le major **Griepenkerl.** Traduit de l'allemand par le capitaine Richert, de l'École supérieure de guerre. 2e édition. Paris, 1899, 1 vol. in-8.... 10 fr.

Publication du 2e Bureau de l'État-Major de l'Armée. — **L'Armée allemande : Étude d'organisation**; par le commandant **F. Martin** et le capitaine **F. Pont.** Paris, 1903, 1 vol. in-8 avec carte......... 10 fr.

Publication du 2e Bureau de l'État-Major de l'Armée. — **La guerre Sud-Africaine**; par le capitaine **Fournier,** de l'État-Major de l'Armée. Paris, 1902.

    Tome Ier. 1 vol. in-8 avec cartes et croquis................. 6 fr.

    Tome II. 1 vol. in-8 avec cartes et croquis................. 6 fr.

Paris. — Imprimerie R. Chapelot et Cie, 2, rue Christine.

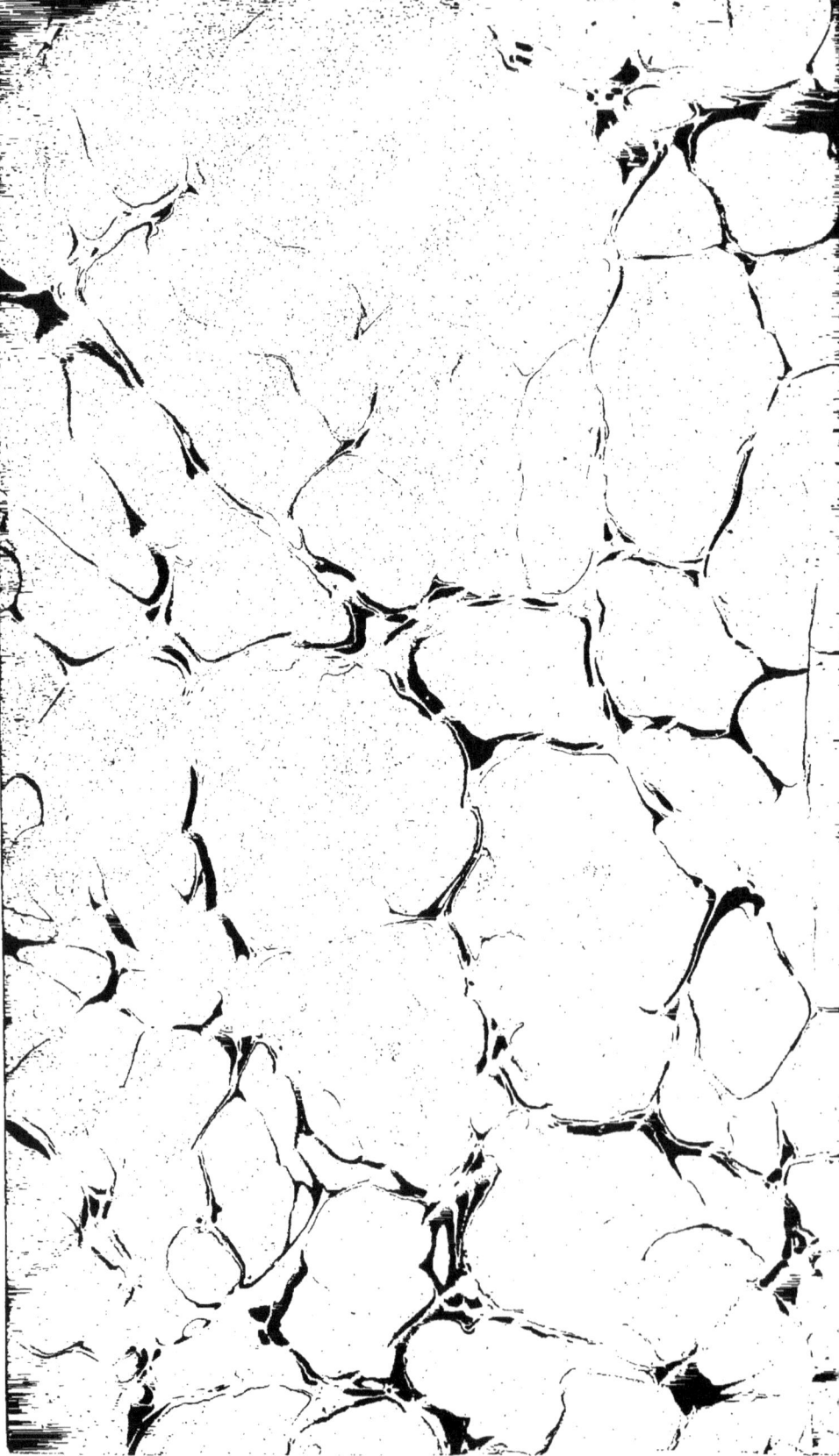

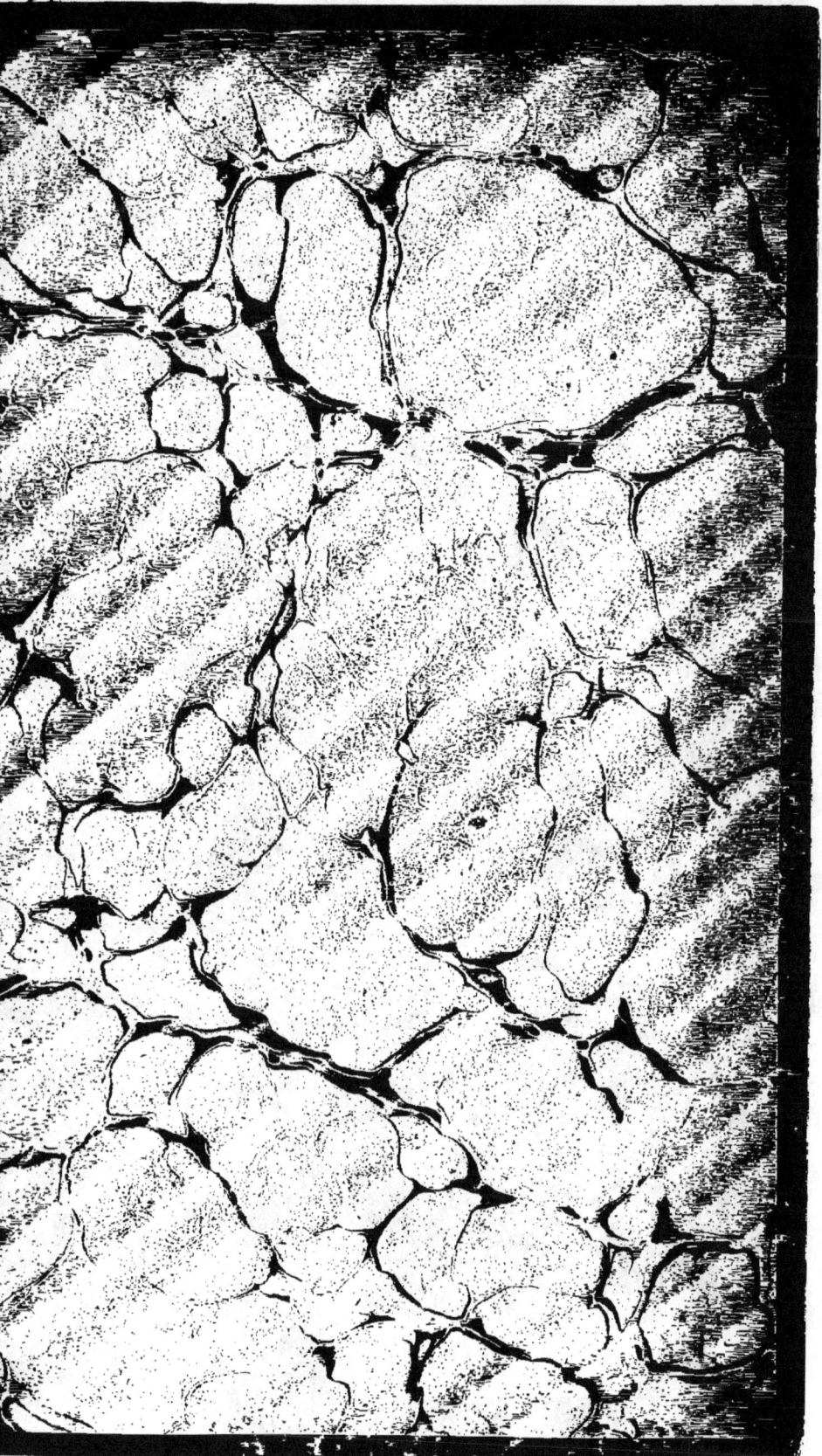

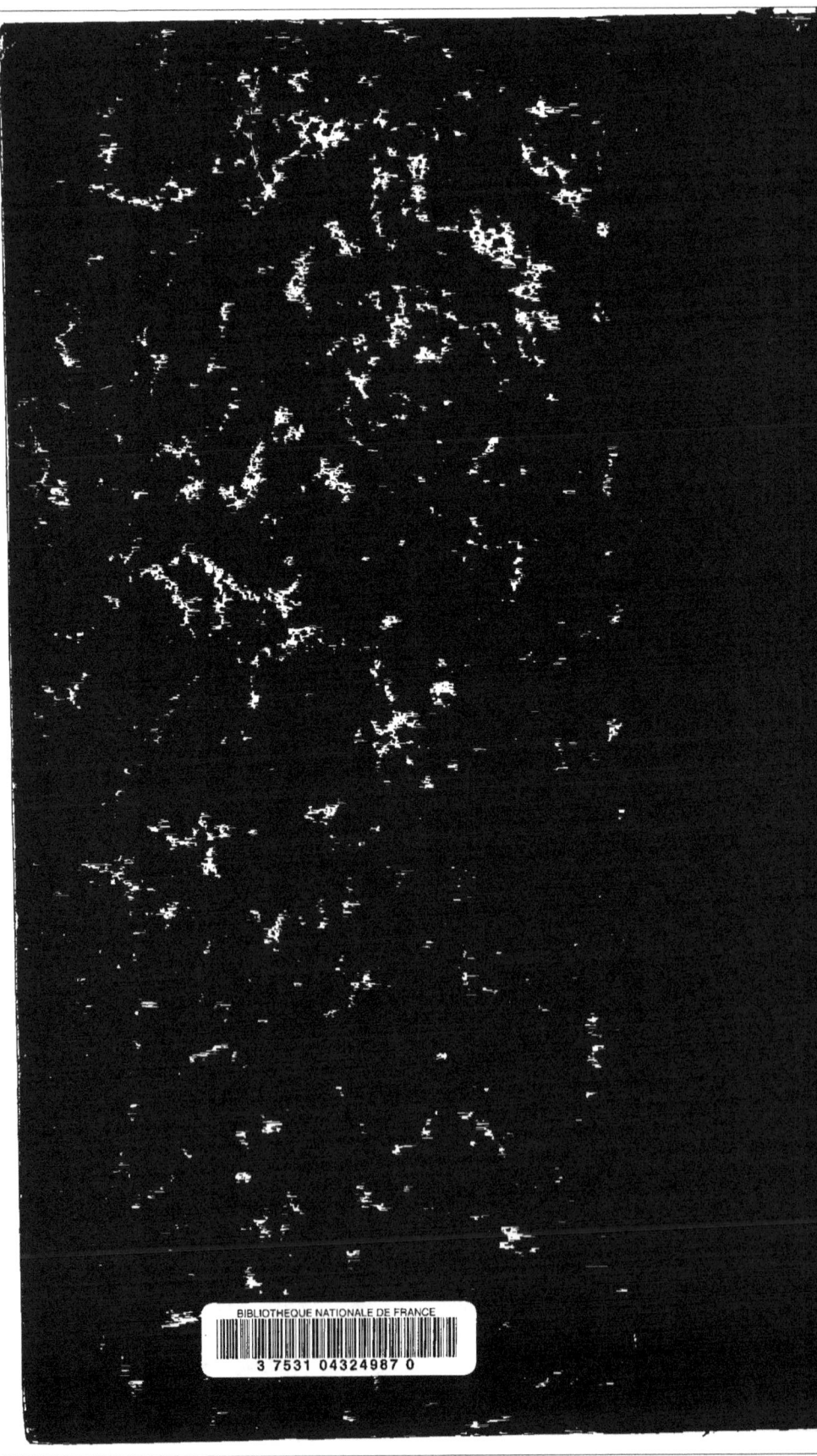

www.ingramcontent.com/pod-product-compliance
Lightning Source LLC
Chambersburg PA
CBHW050642170426
43200CB00008B/1118